KB184492

行政判例研究 XXIX-1

社團法人 韓國行政判例研究會 編

2024

博英社

Studies on Public Administration Cases

Korea Public Administration Case Study Association

Vol. XXIX- 1

2024

Parkyoung Publishing & Company

刊 行 辭

    2024년 상반기를 마무리하며 『행정판례연구』 제29집 제1호를 발간하게 되어 매우 기쁘게 생각합니다. 올해는 한국행정판례연구회가 창립 40주년을 맞이하는 뜻 깊은 해입니다. 우리 행정판례연구회는 이를 기념하기 위해 오는 10월에 행정판례 40년의 회고하고 학계와 실무계 양방향에서 이를 평가하는 학술대회를 개최할 예정입니다. 우리 연구회가 그동안 수준 높은 학문적 성과를 이루어 온 것은 회원 여러분의 헌신적인 노력과 지속적인 성원이 있었기에 가능했습니다.

    최근 행정법 분야는 많은 변화와 발전을 거듭해 왔습니다. 오늘날 행정기능의 확대, 행정의 전문화·기술화 등 양적, 질적으로 행정 영역이 확장·고도화되고 있고, 또 환경문제 등 새로운 공법관계의 문제도 부각되고 있습니다. 행정법 분야의 법적, 사회적 환경 변화는 새로운 판례의 등장과 기존 판례의 재해석을 요구하였고, 이는 법 해석과 적용의 발전으로 이어졌습니다. 우리 연구회는 그동안의 연구를 토대로 이러한 변화를 면밀히 추적하고 분석하여 발전적인 방향을 제시하는 데 선도적인 역할을 해 왔다고 자부합니다.

    우리 연구회 출범의 계기가 된 것은 행정소송법 전부 개정입니다. 1984년에 전부 개정된 행정소송법은 1994년 일부 개정을 제외하고는 기본적 구조에 큰 변화 없이 40년 가까이 시행되었습니다. 그동안 우리나라는 민주화의 진행과 더불어 국민의 권리의식이 신장하였고, 또 행정 현실에도 많은 변화가 있었습니다. 이러한 변화된 행정 현실에 부응하여 공법관계 분쟁의 해결을 담아낼 수 있는 행정소송제도의 개혁이 중요하고 시급합니다. 우리는 선진 국가에 부합하는 책임 행정을 확보할 수 있도록 행정소송법의 선진화를 이루기 위해 노력하여야 할 것입니다.

올해 상반기에도 총 5회의 월례발표회가 성황리에 이루어졌습니다. 이번에 발간하는 『행정판례연구』 제29집 제1호에는 그간 월례발표회에서 발표된 판례평석을 중심으로 총 7편이 엄정한 심사 결과를 거쳐 게재되었습니다. 바쁜 일정에도 귀중한 시간을 내어 투고해 주신 모든 분께 진심으로 감사의 말씀을 드립니다. 이번 호가 회원 여러분의 연구와 실무에 유익한 자료가 되고, 이러한 연구 결실이 학계와 실무계의 발전에도 큰 역할을 할 것으로 기대합니다.

끝으로, 이번 『행정판례연구』의 출간을 위해 많은 수고와 노력을 기울여 주신 출판이사 이승민 교수, 김재선 교수, 출판간사 장윤영 교수, 배기철 교수, 문광진 박사께 깊이 감사드립니다. 아울러 『행정판례연구』가 전문학술지로서 질적으로 높은 수준을 유지할 수 있도록 노고를 아끼지 않으신 최진수 간행편집위원장, 김의환 연구윤리위원장을 비롯한 편집위원·윤리위원께도 감사의 말씀을 전합니다.

2024년 6월 25일

사단법인 한국행정판례연구회 회장

안철상

차 례

Table of Contents

行政立法

행정입법의 처분성 인정기준에 관한 검토통제 (곽신재)

행정입법의 처분성
인정기준에 관한 검토

곽신재**

대법원 2022. 12. 1. 선고 2019두48905 판결

Ⅰ. 대상판결의 요지

1. 사실관계

원고는 공기압 전송용 밸브(Valves for pneumatic transmission)를 국내에 수출하는 일본 기업이다. 공기압 전송용 밸브를 생산하는 국내 기업 2개는 피고보조참가인인 산업통상자원부 무역위원회(이하 '참가인'이

---

* 이 논문은 2024. 5. 17. 행국행정판례연구회 제396차 월례발표회에서 발표한 글을 수정·보완한 것이다.
** 법학박사, 서울남부지방법원 판사

라 한다)에 대하여, 일본산 공기압 전송용 밸브(이하 '이 사건 물품'이라 한다)의 덤핑으로 동종물품을 생산하는 국내산업이 실질적인 피해를 받고 있다고 주장하면서 덤핑방지관세를 부과하여 줄 것을 신청하였다.

참가인은 2014. 2. 21. 이 사건 물품의 덤핑사실과 국내산업 피해 유무에 관한 조사개시결정을 하였다. 이후 참가인은 원고를 포함한 일본 기업에 대한 의견 수렴, 전문가 회의, 공청회, 현지실사 등 절차를 거쳐 2015. 1. 20. 이 사건 물품의 덤핑으로 국내산업이 실질적 피해를 받고 있다고 판정하고, 원고 및 원고의 제품을 수출하는 자가 공급하는 이 사건 물품에 11.66%의 덤핑방지관세를 5년간 부과하여 줄 것을 피고 기획재정부장관에게 건의하였다.

피고는 2015. 8. 19. 원고 및 원고의 물품을 수출하는 자가 공급하는 이 사건 물품에 대하여 2015. 8. 19.부터 5년간 11.66%의 덤핑방지관세를 부과하는 내용을 포함한 기획재정부령 제498호 '일본산 공기업 전송용 밸브에 대한 덤핑방지관세의 부과에 관한 규칙'을 제정·공포하고, 같은 날 관보에 게재하였다(이하 위 시행규칙을 '이 사건 시행규칙'이라 한다).[1] 위 시행규칙의 내용은 다음과 같다.

---

[1] 덤핑방지관세 부과에 관한 시행규칙 제정의 근거규정은 관세법 제51조로, 그 내용은 다음과 같다.
제51조(덤핑방지관세의 부과대상)
국내산업에 이해관계가 있는 자로서 대통령령으로 정하는 자 또는 주무부장관이 부과요청을 한 경우로서 외국의 물품이 대통령령으로 정하는 정상가격 이하로 수입(이하 "덤핑"이라 한다)되어 다음 각 호의 어느 하나에 해당하는 것(이하 이 관에서 "실질적 피해등"이라 한다)으로 조사를 통하여 확인되고 해당 국내산업을 보호할 필요가 있다고 인정되는 경우에는 기획재정부령으로 그 물품과 공급자 또는 공급국을 지정하여 해당 물품에 대하여 정상가격과 덤핑가격 간의 차액(이하 "덤핑차액"이라 한다)에 상당하는 금액 이하의 관세(이하 "덤핑방지관세"라 한다)를 추가하여 부과할 수 있다.
1. 국내산업이 실질적인 피해를 받거나 받을 우려가 있는 경우
2. 국내산업의 발전이 실질적으로 지연된 경우

제1조(목적)

이 규칙은 「관세법」 제51조에 따라 덤핑방지관세를 부과할 물품과 공급자를 지정하고 해당 물품에 적용할 관세율을 규정함을 목적으로 한다.

제2조(부과대상 물품)

덤핑방지관세가 부과되는 물품은 일본산 공기압 전송용 밸브[「관세법 시행령」 제98조에 따른 관세·통계통합품목분류표 번호 제8481.20.2000호에 해당하는 것을 말한다] 중 다음 각 호의 요건을 모두 갖춘 것으로 한다. 다만, 별표 1에 규정된 물품은 제외한다.

1. 압축공기를 이용하여 기계적인 운동을 발생시키는 공기압 시스템에서 사용되는 것일 것
2. 관로상의 압력이 10바 미만인 압축공기의 흐름을 제어하는 것일 것
3. 안지름 320밀리미터 이하의 액추에이터(actuator)를 구동시키기 위한 것일 것

제3조(부과대상 공급자)

덤핑방지관세가 부과되는 공급자는 제2조에 따른 부과대상 물품의 공급자로 한다.

제4조(덤핑방지관세율)

일본산 공기압 전송용 밸브의 공급자에 대한 덤핑방지관세율은 별표 2[2])와 같다.

부칙 〈제498호, 2015.8.19〉

제1조(시행일) 이 규칙은 공포한 날부터 시행한다.

제2조(유효기간) 이 규칙은 공포한 날부터 5년간 효력을 가진다.

제3조(일반적 적용례) 이 규칙은 이 규칙 시행 이후 수입신고하는 물품부터 적용한다.

---

2) 별표2에서는 원고를 포함한 3개 회사 및 그 밖의 공급자에 적용되는 덤핑방지관세 율을 다음과 같은 표로 명시하고 있다.

공급자	덤핑방지관세율(%)
1. 원고 및 그 회사의 물품을 수출하는 자	11.66
2. CKD 및 그 회사의 물품을 수출하는 자	22.77
3. 토요오키 및 그 회사의 물품을 수출하는 자	22.77
4. 그 밖의 공급자	22.77

2. 제1심판결 및 원심판결

제1심판결[3]과 원심판결[4]에서 이 사건 시행규칙의 처분성은 쟁점으로 다뤄지지 않았다. 제1심법원 및 원심법원은 이 사건 시행규칙의 처분성과 원고의 원고적격이 인정됨을 당연한 전제로 본안판단에 나아갔다.

제1심판결은 다음과 같은 이유로 원고의 청구를 인용하여 이 사건 시행령 중 원고에 관한 부분을 취소하였다. ① 관세법 제51조에 근거하여 덤핑방지관세를 부과하기 위해서는 ⓐ 덤핑이 있을 것, ⓑ 국내산업에 실질적 피해 등이 있을 것, ⓒ 덤핑과 국내산업의 실질적 피해 등 사이에 인과관계가 있을 것이라는 요건을 충족해야 한다. ② 그런데 피고는 영업상 비밀 보호를 이유로 일체의 비공개본 자료 제출을 거부하였다. 그러나 관련 법령 및 WTO 반덤핑협정[5]에 비추어볼 때 위 거부를 정당하다고 보기 어렵다.[6] ③ 피고가 제출한 자료만으로는 위 ⓑ, ⓒ 요건 충족이 증명되었다고 볼 수 없으므로, 이 사건 시행령은 위법하다.

원심판결은 제1심판결과 달리 이 사건 시행령을 통한 덤핑방지관

---

3) 서울행정법원 2017. 9. 1. 선고 2015구합76360 판결

4) 서울고등법원 2019. 7. 3. 선고 2017누73251 판결

5) 세계무역기구(World Trade Organization; WTO)의 1994년 관세 및 무역에 관한 일반협정 제6조의 이행에 관한 협정(Agreement on Implementation of Article VI of the General Agreement on Tariffs and Trade 1994)을 의미한다.

6) 관련하여, 위 협정은 국가 사이의 권리·의무관계를 설정하는 국제협정으로서 사인에 대하여는 직접 효력이 미치지는 않는다는 것이 판례의 태도이므로(대법원 2009. 1. 30. 선고 2008두17936 판결), 피고의 자료제출 거부가 타당한지를 판단하는 근거로 WTO 반덤핑협정 규정을 인용하는 것이 타당한지 의문이 제기될 수 있다. 그러나 제1심판결이 WTO 반덤핑협정 규정 위반을 직접적인 근거로 적시한 것은 아니다. 단지 덤핑방지관세 부과 요건에 관한 피고의 증명이 부족하며, 이러한 증명 부족에 정당한 이유가 있다고 보기 어렵다는 판단에 관한 근거로 WTO 반덤핑협정 규정을 검토한 데 불과하다. 이러한 점에서 제1심판결이 WTO 반덤핑협정의 효력 범위에 관한 잘못된 판단을 하였다고 보기는 어렵다.

세 부과의 적법성 및 타당성을 자세히 검토한 뒤 덤핑과 국내사업의 실질적 피해 등 사이에 인과관계가 인정되지 않는다고 판단하여 피고와 참가인의 항소를 기각하였다. 그 요지를 간략하게 살펴보면 다음과 같다. ① 이 사건 물품의 수입물량이 크게 상승한 것은 사실이나, 원고의 재고관리 정책 변경이 수입물량 상승을 일으켰을 가능성이 있기 때문에 물량 상승의 원인을 덤핑으로 단정할 수 없다. ② 참가인이 적용한 가격분석방식은 환율변동으로 인한 효과를 그대로 반영하고 있어, 이 사건 물품의 덤핑으로 인하여 국내 동종물품의 가격이 하락하였다거나 가격인상 억제의 효과가 발생하였다고 단정하기 어렵다. ③ 국내산업의 이윤, 시장점유율, 생산량, 가동률 고용 등 지표를 보더라도 국내산업에 실질적 피해가 발생하였다고 보기 어렵다.

3. 대상판결

대상판결은 이 사건 시행규칙의 대상적격을 직권으로 판단하였다. 대상판결은 먼저 행정처분이 "특정사항에 대하여 법률에 의하여 권리를 설정하고 의무를 명하며, 기타 법률상 효과를 발생케 하는 등 국민의 권리의무에 직접 관계가 있는 행위"이므로 일반적, 추상적인 법령 등은 포함되지 않는다는 일반론을 설시하고, 다음과 같은 이유로 이 사건 시행규칙의 처분성을 부정하였다.

(1) 이 사건 시행규칙은 덤핑방지관세를 부과할 물품과 공급자를 지정하고 해당 물품에 적용할 관세율을 정한 조세법령에 해당한다. 이 사건 시행규칙에서 덤핑물품과 관세율 등 과세요건을 규정하는 것만으로 납세의무자에게 덤핑방지관세를 납부할 의무가 성립하는 것은 아니다.

(2) 이 사건 시행규칙은 수입된 덤핑물품에 관한 세관장의 덤핑방지관세 부과처분 등 별도의 집행행위가 있어야 비로소 상대방

의 권리의무나 법률관계에 영향을 미치게 된다.

(3) 이 사건 시행규칙에 근거한 관세부과처분 등에 따라 덤핑방지
관세를 납부하게 될 자는 덤핑물품을 수입하는 화주 등이지 원
고와 같이 덤핑물품을 수출하는 자가 아니다. 그리고 이 사건
시행규칙은 덤핑물품의 수출 또는 수입행위를 규제하거나 외
국 수출자와 국내 수입자 사이의 덤핑물품에 관한 법률관계를
규율하지 않는다. 그러므로 이 사건 시행규칙이 그 효력 범위
밖에 있는 원고의 구체적인 권리의무나 법률관계에 직접적인
변동을 초래한다고 보기 어렵다.

4. 참고판결:
서울행정법원 2005. 9. 1. 선고 2004구합5911 판결[7]

대상판결의 제1심 및 원심에서는 이 사건 시행규칙의 처분성을 쟁
점으로 삼지 않았는데, 이는 관세법 제51조에 근거한 재징경제부령(이하
'덤핑방지관세 부과규칙'이라 한다)의 처분성을 인정한 다수의 선례가 있었
기 때문인 것으로 보인다.

대표적인 선례로서 서울행정법원 2005. 9. 1. 선고 2004구합5911
판결[8]을 살펴본다. 사안에서 피고 재정경제부장관은 덤핑방지관세 부
과규칙이 일반적·추상적 법령으로서 원고들의 구체적인 권리의무에 직
접적인 변동을 초래하지 않아 처분으로 볼 수 없다고 주장하였다. 그러

---

7) 위 판결에 관한 평석으로, 권순일, "재정경제부령에 의한 덤핑방지관세부과조치의
처분성 재론 — 기능적 관점에서 —", 「행정판례연구」, 제12집, 2007, 191면 이하;
김중권, "이른바 처분적 시행규칙의 문제점에 관한 소고", 법률신문 제3478호,
2006. 7. 27., 15면; 정하중, "집행적 법규명령과 처분적 법규명령의 개념", 법률신문
제3482호, 2006. 8. 17., 14면이 있다.
8) 위 판결은 서울고등법원 2006. 7. 14. 선고 2005누21950 판결로 원고의 항소가 기각
되었고, 당사자 모두 상고하지 않아 확정되었다.

나 법원은 다음과 같은 이유를 들어 덤핑방지관세 부과규칙의 처분성을 인정하였다.9)

　　(1) 관세법 제53조 제1항은 재정경제부장관이 덤핑방지관세 부과 결정을 위한 조사가 종결되기 전이라도 잠정적으로 추계된 덤 핑차액 이하의 잠정덤핑관세를 부과할 수 있다고 규정하고, 제 54조 제1, 2항은 당해 물품의 수출자 또는 재정경제부장관이 가격 수정이나 덤핑수출 중지에 관한 약속을 제기할 수 있다고 규정하는 등 조사대상공급자에게 잠정조치의 대상 또는 협상 상대방으로서의 법적 지위를 부과하고 있다.

　　(2) 덤핑방지관세는 특정 물품 및 공급자 또는 공급 국가를 지정하 여 당해 물품에 대해 부과되는 것이어서 그 물품의 우리나라에 대한 수출에 직접적인 영향을 미친다.

　　이후 덤핑방지관세 부과규칙의 처분성이 인정됨을 전제로 다수의 판결이 이루어졌다. 이중 서울행정법원 2007. 12. 24. 선고 2006구합 29782 판결은 서울고등법원 2008. 9. 5. 선고 2008누3618 판결, 대법원 2009. 1. 30. 선고 2008두17936 판결로 항소 및 상고가 기각됨에 따라 확정되었다.10)

---

9) 다만 서울행정법원은 본안에서 위 시행규칙의 적법성 및 타당성을 인정하여 원고 청구를 모두 기각하는 판결을 선고하였다.

10) 이외에 덤핑방지관세 부과규칙의 처분성을 인정하여 본안판단에 나아간 판결례로, 서울행정법원 2009. 10. 1. 선고 2008구합40363 판결, 서울행정법원 2019. 7. 12. 선 고 2018구합87439 판결 등이 있다. 한편 대상판결이 선고된 이후에는 하급심에서 도 덤핑방지관세 부과규칙의 처분성을 부정하는 판결이 선고되고 있다(서울행정법 원 2023. 2. 2. 선고 2022구합61441 판결 등).

Ⅱ. 평석

1. 서론

행정입법에 대한 사법심사는 방대하고 중요한 쟁점이다. 행정입법과 행정행위의 차이에 관한 행정작용법적 논의, 취소소송의 성질과 효력에 관한 논의, 제소기간과 잠정처분에 관한 논의 등 수많은 문제가 이에 연결되어 있다. 이에 관한 논의는 행정소송법 제2조 제1호에 관한 해석론을 넘어서 입법론으로 연결되고, 헌법소원과 행정소송의 영역 설정, 즉 헌법 제107조 제2항의 해석론과 헌법재판소와 대법원의 기능 및 권한 분장에 관한 논의로까지 이어진다.[11]

그러나 행정소송법 개정에 관한 오랜 논의에도 불구하고 아직까지 어떠한 입법적 개선도 이루어지지 못하였다. 현재 우리나라의 행정입법 사법심사 제도는 대법원의 부수적 규범통제를 원칙으로 하되, 일정 범위에서 헌법소원 또는 취소소송으로 직접 다툴 수 있도록 하는 구조를 취하고 있다. 헌법소원심판은 보충적 성격을 가진 절차이나, 행정입법의 처분성 범위를 좁게 인정하는 판례의 태도로 인하여 사실상 행정입법에 관한 주된 불복절차로 기능한다.

대상판결은 서울행정법원이 2005년 처분성을 인정한 이래로 계속

---

11) 입법론에 관하여서는 정하중, "행정소송법의 개정방향", 「공법연구」, 제31집 제3호, 2003, 11면 이하; 박정훈, 행정법연구 3: 행정법 개혁의 과제, 박영사, 2023, 165면 이하; 이원우, "행정입법에 대한 사법적 통제방식의 쟁점", 「행정법연구」, 제25호, 2010, 1면 이하 등 다수의 연구가 있다. 한편 헌법소원과 행정소송의 영역 설정에 관한 연구로, 최계영, "헌법소원에 의한 행정작용의 통제 — 기능과 한계 —", 「공법연구」, 제27집 제2호, 2008, 201면 이하; 이원우, 앞의 글, 1면 이하; 이상덕, "항고소송과 헌법소원의 관계 재정립 — 실무의 상황과 나아갈 방향 —", 「공법연구」, 제44집 제1호, 2015, 227면 이하; 정호경, "항고소송과 헌법소원의 관계 — 보충성 원칙과 명령·규칙에 대한 심사권을 중심으로 —", 「사법」, 제36호, 2016, 305면 이하 등이 있다.

법원의 심사대상에 포함되었던 덤핑방지관세 부과규칙의 처분성을 부정하였다. 이는 행정입법의 대상적격을 매우 협소하게 인정하는 대법원 판례의 경향을 더욱 강화하여, 종래 처분성이 인정되는 것으로 여겨졌던 영역에서조차 처분성을 줄이는 방향을 취한다. 이러한 판단이 과연 지금까지의 판결례에 비추어 정합적인지, 나아가 정책적으로 타당한지 검토할 필요가 있다. 본 평석에서는 현행 행정소송법의 틀 내에서 행정입법의 '예외적' 대상적격을 판단하는 기준에 관하여 논의하고, 이를 바탕으로 대상판결의 타당성을 논하고자 한다.

2. 판례 및 선행 논의 검토

(1) 판례의 태도

1) 기본적인 입장: 행정입법의 처분성 불인정

대법원은 원칙적으로 행정입법의 처분성을 인정하지 않는다. "항고소송의 대상이 되는 행정처분은 행정청의 공법상의 행위로서 특정사항에 대하여 법률에 의하여 권리를 설정하고 의무를 명하며, 기타 법률상 효과를 발생케 하는 등 국민의 권리·의무에 직접관계가 있는 행위"이므로, "구체적인 권리·의무에 직접적인 변동을 초래하는 것이 아닌 일반적, 추상적인 법령"은 취소소송의 대상이 될 수 없다는 것이다.12) 대표적인 사례로 대법원 2007. 4. 12. 선고 2005두15168 판결이 있다. 이 판결에서는 구 의료법 시행규칙(2003. 10. 1.1 보건복지부령 제261호) 제31조의 대상적격이 문제되었다. 위 법령은 의료기관의 명칭표시판에 진료과목을 함께 표시하는 경우 그 글자의 크기를 의료기관 명칭을 표시하는 글자 크기의 2분의 1 이내로 제한하였다. 대법원은 위 법령이 위반자에 대하여 과태료를 부과하는 등 별도의 집행행위가 매개되지 않으

---

12) 대법원 1994. 9. 10. 선고 94두33 판결 등 다수.

면 그 자체로서 국민의 구체적인 권리·의무나 법률관계에 직접적인 변동을 초래하지는 않으므로 처분성이 인정되지 않는다고 보았다.

이외에도 행정입법의 처분성을 부정한 판결례는 많다. 대법원 1992. 3. 10. 선고 91누12639 판결에서는 원동기, 동력전달장치, 제동장치 등 일정 부분에 한하여 자동차정비사업 허가 없이 수리업을 영위할 수 있도록 규정한 자동차관리법 시행규칙(1990. 11. 15. 교통부령 제938호로 개정된 것)의 처분성을 부정하였다. 대법원 2015. 2. 25. 선고 2014두44670 판결은 창원시 시청 소재지를 정한 조례 규정의 처분성을 부정한 원심을 확정하였고, 대법원 2010. 10. 28. 선고 2010두18574 판결에서는 시립보육시설 시설장의 정년을 61세에서 60세로 낮춘 조례의 처분성을 부정하였다.[13]

행정입법의 처분성에 관한 대법원의 일반론은 행정처분을 '행정청의 공법상의 행위로서 특정 사항에 대하여 법률에 의하여 권리를 설정하고, 의무를 명하며, 기타 법률상 효과를 발생케 하는 등 국민의 권리·의무에 직접적 변동을 초래하는 행위'로 보는 판례에 뿌리를 둔다.[14] 이러한 판례는 근래 들어 대법원이 처분성을 확대하는 방향으로 입장을 선회함에 따라 적용범위가 축소되고 있다.[15] 대표적 선례인 대법원 2016. 8. 30. 선고 2015두60617 판결은 이른바 '쟁송법적 개념'을 채택하여 권리의무의 변동이라는 실체법적 요소에 구애받지 않고 처분성을 확대할 수 있는 가능성을 열었다.[16] 그러나 위와 같은 법리의 적용례는 법령에 명시적 근거가 없는 의료원 폐지결정의 공포,[17] 국방전력발전업

---

13) 처분성이 부정된 사례를 자세히 정리한 연구로, 박찬석, "처분적 조례에 대한 항고소송의 적법 요건", 「대법원판례해설」, 제107호, 법원도서관, 2016, 469면 참조.
14) 대법원 1987. 11. 24. 선고 87누761 판결 등 다수.
15) 김동희·최계영, 행정법 I , 제27판, 박영사, 2023, 690-691면.
16) 박균성, 행정법론(상), 박영사, 2023, 1235면; 김동희·최계영, 앞의 책, 691면.
17) 대법원 2016. 8. 30. 선고 2015두60617 판결

무훈령에 따른 연구개발확인서 발급,18) 지방법무사회의 사무원 채용승
인 신청 거부,19) 총포·화약안전기술협회의 회비납부통지20) 등과 같은
사실행위에 집중되어 있다. 처분성을 확대하는 법리가 행정입법에 적용
된 사례는 발견되지 않는다.

2) 예외적 인정례
① 두밀분교폐지조례 판결(대법원 1996. 9. 20. 선고 95누8003 판결)

이 판결은 조례 형식으로 내려진 행정작용의 처분성을 인정한 최
초의 사례이다.21) 사안에서 교육부는 학령인구 감소에 따른 소규모학
교 통·폐합을 추진하는 과정에서 상색초등학교 두밀분교(이하 '두밀분
교'라 한다)를 폐지하기로 결정하였다. 그런데 공립초등학교는 공공시설
로서 그 설치 및 관리를 조례로 정하도록 규정되어 있으므로, 초등학교
의 설립 및 폐지는 조례로써 이루어져야 한다. 이에 경기도의회는
1994. 2. 22. 경기도립학교설치조례 제2조(도립학교의 명칭과 위치)의 [별
표 1] 가평군란 중 '상색초등학교 두밀분교장'란을 삭제하는 내용의 개
정 조례를 의결하였고, 경기도교육감은 이를 공포하였다. 두밀분교 근
처에 거주하는 주민인 원고들은 이 사건 조례의 무효확인을 구하는 소
를 제기하였다.

제1심인 서울고등법원22)과 대법원은 모두 위 조례의 처분성을 인
정하였다. 조례가 집행행위의 개입 없이도 그 자체로서 직접 국민의 구

---

18) 대법원 2020. 1. 16. 선고 2019다264700 판결
19) 대법원 2020. 4. 9. 선고 2015다34444 판결
20) 대법원 2021. 12. 30. 선고 2018다241458 판결
21) 대법원은 일찍이 1954. 8. 19. 선고 4286행상37 판결에서 행정입법의 처분성을 예외
   적으로 인정할 수 있다는 취지로 판시하였다. 그러나 두밀분교폐지조례 판결 이전
   까지는 위와 같은 법리를 근거로 행정입법의 처분성을 인정한 선례는 존재하지 않
   았다.
22) 서울고등법원 1995. 5. 16. 선고 94구26631 판결

체적인 권리의무나 법적 이익에 영향을 미치는 등의 법률상 효과를 발
생하는 경우 그 조례는 항고소송의 대상이 되는 행정처분에 해당하는
데, 위 조례는 두밀분교 취학아동이 영조물인 특정의 초등학교를 구체
적으로 이용할 이익을 직접 상실하게 하는 것이므로 처분성이 인정된다
는 것이다.

　　② **약가고시 사건**(대법원 2003. 10. 9.자 2003무23 결정,
　　　　대법원 2006. 9. 22. 선고 2005두2506 판결 등)

　　처분적 행정입법 사안에서 가장 중요한 의미를 지닌 선례는 국민
건강보험법 제41조 제3, 4항 및 이에 근거한 국민건강보험 요양급여의
기준에 관한 규칙에 따라 제정·공포되는 요양급여대상에 관한 고시이
다. 국민건강보험 요양급여의 기준에 관한 규칙 제8조는 보건복지부장
관이 요양급여의 대상을 특정하기 위하여 ⓐ 약제를 제외한 요양급여
중 비급여대상과 ⓑ 약제의 급여대상을 고시하여야 한다고 규정한다.
이에 따라 건강보험 행위 급여·비급여 목록표 및 급여 상대가치점수(이
하 '건강보험고시'라 한다), 약제급여 목록 및 급여상한금액표, 치료재료 급
여·비급여 목록 및 급여상한금액표(이하 '약가고시'라 한다), 한약제제 급
여목록 및 상한금액표 등에 관한 보건복지부 고시가 제정된다.[23]

　　대법원 2003. 10. 9.자 2003무23 결정은 약가고시의 처분성을 인정
한 대표적인 판례이다.[24] 2002. 8. 14. 개정된 보건복지부 고시 '요양급

---

23) 김동희·최계영, 앞의 책, 693면은 약가고시를 상위법령의 위임에 따른 것으로서 법
　　적 구속력이 있는 법령보충적 행정규칙에 해당한다고 본다. 다만 약가고시는 그
　　본질에서 행정입법이 아니라 일반처분 또는 물적 행정행위에 불과하므로 위 판결
　　을 행정입법의 처분성을 인정한 선례로 볼 수 없다는 견해로, 김중권, "조문형식을
　　띤 고시의 처분성 인정에 따른 문제점에 관한 소고", 「저스티스」, 통권 제98호,
　　2007, 286－290면 참조.

24) 위 판결에 관한 평석으로, 박해식, "고시의 처분성과 제약회사의 당사자적격", 「대
　　법원판례해설」, 제47호, 법원도서관, 2004, 642면 이하; "이선희, 약가고시의 처분
　　성 ― 대법원 2003. 10. 9.자 2003무23 결정 ―", 행정판례평선, 박영사, 2011, 1342

여의 적용기준 및 방법에 관한 세부사항'은 '자이프렉사'라는 약품에 관하여, '소요비용이 저렴한 대체 약품 투여로 효과가 없는 경우에 투여할 경우 요양급여를 인정하나, 이와 다른 경우에는 약값의 100%를 본인부담하도록 한다'는 규정을 두었다. 대법원은 ⓐ 위 고시는 불특정의 항정신병 치료제 일반을 대상으로 한 것이 아니라 특정 제약회사의 특정 의약품을 규율 대상으로 하고, ⓑ 의사에 대하여 특정 의약품을 처방할 때 지켜야 할 기준을 제시하면서 만일 이를 따르지 않을 경우에는 약제비용을 보험급여로 청구할 수 없도록 한 점을 근거로 고시의 처분성을 인정하였다.

대법원 2006. 9. 22. 선고 2005두2506 판결 역시 약가고시의 처분성을 인정한 대표적인 선례이다.[25] 이 사건에서는 특정 약품의 상한금액을 인하하는 내용의 약가고시가 문제되었다. 원고 제약회사들은 의료보험 가입자가 고시에서 정한 상한금액의 범위 내에서 약제의 실제 구입에 든 비용을 국민건강보험공단으로부터 상환받는 '실거래가상환제도' 아래에서는 위와 같은 상한금액의 인하가 곧바로 약품 가격에 직접적인 영향을 미친다고 주장하면서 위 고시의 취소를 구하였다. 대법원은 다음과 같은 근거를 들어 처분성을 인정한 원심의 판단을 받아들였다. ⓐ 이 사건 고시는 특정 제약회사의 특정 약제에 대하여 국민건강보험가입자 또는 국민건강보험공단이 지급하여야 하거나 요양기관이 상환받을 수 있는 약제비용의 구체적 한도액을 특정하여 설정하였다. ⓑ 약제의 지급과 비용의 청구행위가 있기만 하면 달리 행정청의 특별한 집행행위의 개입 없이 이 사건 고시가 적용된다. ⓒ 약제 상한금액의 변동은 곧바로 국민건강보험가입자 또는 국민건강보험공단이 지급

면 이하 참조.

25) 위 판결에 대한 평석으로, 박평균, 대법원 2006. 2. 22. 선고 2005두2506 판결, 「대법원판례해설」, 제64호(2006년 하반기), 법원도서관, 2007, 100면 이하; 박균성, "명령·규칙에 대한 항고소송", 「사법」, 제2호, 사법연구지원재단, 2007, 267면 이하 참조.

하여야 하거나 요양기관이 상환받을 수 있는 약제비용을 변동시킨다.

약가고시의 처분성을 인정하는 입장은 대법원의 확립된 판례로 자리잡았다. 대법원 2004. 5. 12.자 2003무41 결정, 2004. 5. 17.자 2004무6 결정, 2006. 12. 21. 선고 2005두16161 판결 등에서 약가고시의 처분성을 인정하여 본안판단에 나아갔다.[26] 뿐만 아니라, 건강보험고시 역시 처분성이 인정되어 본안판단의 대상이 된다. 대법원 2006. 5. 25. 선고 2003두11988 판결에서는 차등수가제 신설, 야간가산율 적용시간 축소, 진찰료와 처방료의 통합, 주사제 원외처방료의 삭제 등을 정한 개정고시 규정의 처분성이 인정되었다.[27] 대법원 2014. 10. 27. 선고 2012두7745 판결에서는 백내장수술 등 7개 질병군의 상대가치점수를 10~25% 인하함으로써 요양급여 수가를 조정하는 내용의 개정고시 규정이 행정처분으로 인정되었다.

(2) 학술적 논의

앞서 언급한 바와 같이, 행정입법의 대상적격에 관한 논의는 매우 넓은 영역에 걸쳐져 있다. 그러나 이 논문에서는 위와 같은 쟁점을 자세히 살펴보지는 아니하고, 현행 행정소송법의 틀 내에서 행정입법의 처분성을 인정할 수 있는지, 인정할 수 있다면 그 범위는 어떻게 설정하여야 하는지에 관한 논의를 살펴보고자 한다.

1) 행정입법의 처분성 인정 가능성

현행 행정소송법 제2조 제1호의 규정, 나아가 처분의 범위를 "국민

---

26) 최계영, "국민건강보험의 행정법적 쟁점", 「서울대학교 법학」, 제55권 제2호, 2014, 62면. 다만 같은 글 63면에 따르면, 요양급여에 관한 고시 중 개별·구체성이 상대적으로 강한 고시는 주로 항고소송으로, 일반·추상성이 강한 고시는 헌법소원으로 다투는 실무적 경향이 드러난다고 한다.

27) 이 판결의 제1심인 서울행정법원 2003. 1. 15. 선고 2001구25210 판결에서는 건강보험고시의 처분성에 관한 명시적인 판단이 이루어졌다.

의 권리·의무에 직접적인 변동을 초래하는 행정작용"으로 좁게 특정하는 대법원 판례에 따르더라도 행정입법의 대상적격을 예외적으로 인정할 수 있다고 보는 견해가 일반적이다.[28] 이러한 견해는 '형식은 규범이지만 실질적 성질은 처분'인 행정입법이 분명히 존재한다는 점을 근거로 한다(이른바 '처분적 행정입법').[29] 이렇듯 형식과 실질이 일치하지 않는 행정작용이 존재하는 이상, 행정입법의 처분성을 일률적으로 부인할 수는 없다는 것이다.

이와 달리 '처분적 행정입법' 개념이 법리적으로 타당하지 않다는 견해가 있다.[30] 이 견해는 서로 다른 형식을 가진 행정작용을 실질에 따라 동일하게 취급하는 것은 입법자의 의사에 명백히 반하고, 행정의 작용형식 체계를 흐트러뜨리며, 행정절차법의 적용범위나 행정상 강제집행의 대상, 행정소송 체계 등 여러 분야에 이론적 난맥을 초래한다는 점에서 타당하지 않다고 본다.[31] 조례는 그 형식에서 분명한 행정입법이므로, 그 내용이 아무리 개별적·구체적 결정(행정행위)에 가깝더라도 취소소송이 아닌 규범통제절차를 적용하여야 한다는 것이다.[32] 따라서 입법론적으로는 행정입법에 대한 규범통제절차를 제정하는 것이 타당하고, 현재 우리나라의 법제와 같이 규범통제절차가 마련되지 않은 상황에서는 처분의 형식을 가진 집행행위를 특정하여 이를 대상으로 한 취소소송을 제기하여야 한다.[33]

---

28) 박균성, 앞의 책, 1223-1225면; 김동희·최계영, 앞의 책, 692-693면; 이원우, 앞의 글, 23-26면; 정하중·김광수, 행정법개론, 제16판, 법문사, 2022, 131면.

29) 앞서 본 두밀분교폐지조례가 그 전형적인 예시에 해당한다. 김동희·최계영, 앞의 책, 690면.

30) 김중권, "이른바 처분적 행정입법의 문제점에 관한 소고",「공법연구」, 제42집 제4호, 2014, 285면 이하; 손상식, "처분적 법규범에 대한 통제 — 명령·규칙에 대한 본원적 규범통제를 중심으로 —",「헌법학연구」, 제19권 제1호, 2013, 454-455면.

31) 김중권, 이른바 처분적 행정입법의 문제점에 관한 소고, 297-302면.

32) 위의 글, 303-304면.

2) 처분성 인정범위

행정입법의 처분성을 인정하는 범위에 관하여서는 견해가 갈린다. 처분성 인정 기준 및 범위에 관한 견해가 다양하여 일률적으로 정리하기는 어려우나, 이하에서는 '협의설'과 '광의설'로 구분하기로 한다.[34)]

① 협의설

협의설은 행정입법의 처분성을 인정하는 예외의 범위를 처분적 행정입법으로 엄격하게 제한하여야 한다는 입장을 보인다.[35)] 이러한 입장은 기본적으로 처분이 개별적·구체적인 방식으로 법률관계에 직접 영향을 미치는 강학상 행정행위로 한정되어야 한다는 점을 전제한다.[36)] 이때 개별성이란 규율의 수범자가 특정한 대상으로 한정된다는 의미이며, 구체성이란 규율의 대상, 즉 사안이 특정된다는 의미이다.[37)] 행정입법은 그 본질에서 일반적·추상적 규율, 즉 불특정한 수범자에 대하여 불특정한 사안에 관한 규율을 부과하는 작용이므로 처분성을 인정할 수 없다. 그러나 그 내용에서 분명히 개별성과 구체성을 가짐에도 불구하고 제정자의 착오 또는 취소소송을 회피하고자 하는 의도로 행정입법의

---

33) 위의 글, 304면. 위 논문의 저자는 두밀분교폐지조례 사건에서 조례 자체가 아니라 조례의 집행행위인 '폐쇄조치'를 대상으로 삼아야 한다고 본다.

34) 이는 윤정인, "법원의 명령·규칙에 대한 사법심사 — 실무현황과 항고소송을 통한 본안적 규범통제소송의 가능성 —", 「인권과정의」, 제457호, 2016, 82-83면을 참조하여 설정한 것이다. 한편 박균성, "명령·규칙에 대한 항고소송", 279면은 행정입법의 대상적격을 무제한적으로 인정하고 원고적격을 통하여 범위를 제한하고자 하는 견해를 '최광의설'로 소개하고 있으나, 이는 현행 행정소송법 규정의 해석론이라기보다는 입법론으로서의 성격을 가지므로 본 논문에서는 논의하지 않기로 한다. 위와 같은 입법론을 전개하는 대표적인 연구로, 박정훈, 앞의 책, 165면 이하 참조.

35) 정하중, "집행적 법규명령과 처분적 법규명령의 개념", 14면.

36) 정하중, "법무부의 행정소송법 개정안에 대한 입법론적 고찰", 「지방자치법연구」, 제7권 제3호, 2007, 399-400면 참조.

37) 정하중, "집행적 법규명령과 처분적 법규명령의 개념", 14면.

형식을 취한 행정작용이 있을 수 있다. 따라서 처분적 행정입법의 처분성을 예외적으로 인정할 필요가 있다.[38]

다만 일반적·추상적 성격을 가지고 있으나 집행행위 없이도 국민의 권리와 의무를 직접 규율하는 성격을 가진 자기집행적 행정입법은 처분성을 인정할 수 없다고 본다. 예컨대 '당구장에 18세 미만 청소년의 출입을 금지한다'는 문화체육부장관 부령은 그 자체로 직접 당구장 영업주에게 의무를 부과한다. 그러나 그 수범자가 불특정다수이고 규율대상인 사안 역시 불특정하므로 항고소송의 대상이 될 수 없고, 별도의 규범통제절차에 의하여야 한다.

② 광의설

광의설은 처분적 행정입법을 넘어선 범위에서도 행정입법의 처분성을 인정할 필요가 있다고 본다. 다만 인정범위를 설정하는 기준에 관한 견해는 다소 차이가 있다.

먼저 처분적 행정입법뿐 아니라 자기집행적 행정입법도 처분성을 인정하여야 한다는 견해가 있다.[39] 자기집행적 행정입법이란 단순히 처분의 기준을 정하는 데에서 그치지 않고 직접 국민의 행위기준 또는 권리의무의 요건을 규율하는 행정입법을 의미한다.[40] 이러한 행정입법은

---

38) 위의 글, 14면은 두밀분교폐지조례를 그 대표적인 예시로 소개한다. 즉 두밀분교폐지조례는 그 실질에서 영조물의 공용폐지행위에 불과하므로 개별·구체적 행정행위에 해당하므로 처분성을 인정할 수 있다는 것이다.

39) 이원우, 앞의 글, 24면, 위 연구는 행정입법을 ① 처분적 행정입법, ② 자기집행적 행정입법, ③ 처분을 매개로 집행되는 통상의 행정입법으로 구분하고, 이중 ①, ②는 현행법에 의하더라도 처분성이 인정될 수 있으나 우리 판결례는 ②의 대상적격을 인정하지 않는 것으로 해석된다고 본다.

40) 자기집행적 행정입법의 예시는 헌법재판소에서 직접성이 인정된 사례로부터 찾을 수 있다. 예컨대 당구장 출입문에 18세 미만자의 출입 금지를 표시하도록 명한 체육시설의설치·이용에관한법률 시행규칙(헌법재판소 1993. 5. 13. 선고 92헌마80 결정), 노래방에 보호자를 동반하지 않은 18세 미만의 출입을 금지하고 영업시간을 9시부터 24시로 제한한 풍속영업규제에관한법률 시행령(헌법재판소 1996. 2. 29. 선

권리의무의 요건을 직접 규율하는 동시에 다른 행위의 기준으로 기능한다는 점에서 도시관리계획과 유사하며, 따라서 동일한 논리에 따라 처분성이 인정되어야 한다고 본다.[41] ① 명령·규칙이 직접 국민에게 일정한 행위의무 또는 행위금지의무를 부과하는 경우, ② 단순한 사실적 집행행위를 예정하고 있을 뿐인 경우, ③ 국민에게 일정한 행위의무 또는 행위금지의무를 부과하는 법규정을 정한 뒤 이를 위반할 경우 형벌 또는 행정벌을 부과할 것을 정한 경우에는 집행적 행정입법으로서 처분성을 인정하여야 한다는 견해도 같은 맥락이다.[42]

행정입법 역시 처분성 판단의 일반법리에 따라 그 대상적격을 판단하여야 한다는 견해가 있다.[43] 대법원이 쟁송법적 요소를 고려하여 처분성을 확대하였음에도 행정입법에 관하여서만 처분개념을 좁게 제한하는 것은 논리일관성이 없다는 것이다.[44] '관련 법령의 내용과 취지, 그 행위의 주체·내용·형식·절차, 그 행위와 상대방 등 이해관계인이 입는 불이익과의 실질적 견련성, 그리고 법치행정의 원리와 당해 행위에 관련한 행정청 및 이해관계인의 태도' 등 다양한 요소를 종합적으로 고려하여 처분성을 판단하여야 한다는 법리를 행정입법에 적용하면, 결국 문제된 행정입법이 법률관계에 미치는 직접성·구체성의 정도에 따라 처분성을 인정할 수 있을 것이다.

행정입법의 처분성 인정 범위를 확대하여야 한다는 견해의 기저에는 ① 행정입법과 행정행위는 그 작용방식에서 상대적인 차이를 가질

고 94헌마213 판결) 등이 있다.

[41] 이원우, 앞의 글, 24면.

[42] 윤정인, 앞의 글, 84-85면. 이러한 기준은 현재 헌법재판소의 헌법소원 적법요건 중 직접성 판단 기준과 유사하다. 헌법재판소의 직접성 판단례에 관하여, 이상덕, "항고소송과 헌법소원의 관계 재정립", 243-246면 참조.

[43] 박균성, "명령·규칙에 대한 항고소송", 284면; 同人, "법규명령에 대한 항고소송의 제문제", 「특별법연구」, 제9권, 2011, 71면.

[44] 박균성, "법규명령에 대한 항고소송의 제문제", 71면.

뿐 그 본질에서 다르지 않다는 이해[45]와 함께 ② 행정입법에 대한 사법
적 통제 및 권리구제 보장의 필요성에 대한 고려가 있다고 보인다.[46]
행정입법은 복잡한 현실에 효과적으로 대응하기 위한 수단으로서 그 중
요성과 입지가 계속 성장하고 있고, 이에 따라 행정입법이 직접적이고
구체적으로 국민의 권익을 제한하는 사례도 계속 늘고 있다. 이러한 상
황에서 오로지 행정작용의 형식이라는 법리적 이유로 행정입법에 대한
직접적 불복수단을 엄격하게 제한하는 것은 타당하지 않다. 행정형벌이
나 제재처분 등과 같은 불이익처분을 받은 뒤 이에 대한 불복절차에서
행정입법을 다투도록 하는 것은 국민의 권리구제에 대한 부당한 제한이
라는 점 또한 중요한 근거로 제시된다.[47]

(3) 검토

1) 대법원 판례에 관한 이론적 검토

앞서 살펴본 바와 같이, 대법원은 행정입법의 처분성을 매우 좁은
범위에서 예외적으로만 인정한다. 이중 두밀분교폐지조례는 특정한 하
나의 사실관계에 관한 1회적 규율로서, 규범으로서의 작동방식이 사실
상 전혀 드러나지 않는다.[48] 반면 약가고시와 건강보험고시는 수범자
가 불특정다수라는 점에서 '일반성'을 갖추고 있기는 하나, 규율대상이

---

45) 박정훈, 앞의 책, 194-195면; 박균성, 앞의 책, 1224-1225면. 한편 행정입법과 행
   정행위의 차이가 상대적인 것에 불과하다는 점은 인정하면서도 전형적인 규범과
   전형적인 처분은 분명히 다른 성질을 가진다고 보는 견해로, 이원우, 앞의 글, 23
   면; 정호경, 앞의 글, 325면 참조.
46) 박정훈, 앞의 책, 168-169면; 이원우, 앞의 글, 19-20면; 이상덕, "항고소송과 헌법
   소원의 관계 재정립", 257면; 윤정인, 앞의 글, 83면; 김수정, "취소소송의 대상으로
   서의 행정입법 — 프랑스에서의 논의를 중심으로 —",「행정법연구」, 제13호, 2005,
   127면 등 참조.
47) 이상덕, "항고소송과 헌법소원의 관계 재정립", 255-256면; 윤정인, 앞의 글, 85면.
48) 같은 취지로, 최계영, "헌법소원에 의한 행정작용의 통제", 211면 참조.

고유명사로 특정되어 있다는 점에서 높은 '구체성'을 가진다.[49] 이러한 점에서 두밀분교폐지조례와 약가고시, 건강보험고시 사례는 모두 전형적인 자기집행적 법규명령과 뚜렷하게 구분되는 '예외'로서의 특성을 가진다.[50]

　　다만 이러한 예외가 이론적으로 어떻게 설명될 수 있는지는 불확실하다. '집행행위의 개입 없이도 그 자체로서 직접 국민의 구체적인 권리의무나 법적 이익에 영향'을 미쳐야 한다는 일반법리는 언뜻 자기집행적 행정입법까지 포괄하는 것으로 해석되나, 실제 사례를 살펴보면 인정범위가 훨씬 좁다. 앞서 살펴본 학술적 논의 중 협의설은 두밀분교폐지조례 판결을 긍정하는 반면 약가고시에 대하여는 반대하는 입장을 보이고, 광의설은 자기집행적 행정입법 전반으로 인정 범위를 확대하여야 한다고 본다. 결국 두 견해 모두 대법원이 설정한 예외적 기준에 관한 이론적인 설명이 될 수는 없다고 보인다. 그렇다면 두밀분교폐지조례와 약가고시 판결을 관통하는 이론적 설명을 어떻게 구성할 수 있을까?

　　본 논문은 그 단초를 일반처분 또는 물적 행정행위와 행정계획의 처분성으로부터 찾고자 한다. 일반처분 또는 물적 행정행위[51]는 구체적

---

49) 이는 약가고시에 관한 평가가 갈리는 이유다. 박해식, 앞의 글, 652면은 약가고시가 의료기관과 국민건강보험공단, 환자 등 불특정 다수인을 적용대상으로 한다는 점에서 일반적·추상적인 법규명령 또는 행정규칙으로서의 성격을 갖는다고 본다. 반면 이상덕, "항고소송과 헌법소원의 관계 재정립", 254-255면은 약품명과 제조사명, 급여상한금액을 정한 약가고시는 수많은 약품의 가격을 한꺼번에 결정하여 공고한다는 특수성이 있을 뿐 그 본질에서 개별·구체적 결정이거나 개별공시지가결정과 같은 일반처분에 해당한다고 지적한다.

50) 다만 차등수가제, 야간 가산율 적용시간 축소, 진찰료와 처방료의 통합, 주사제 처방료 삭제 등에 관한 건강보험고시 사례는 건강보험고시와 여타 자기집행정 행정입법 사이의 차이는 상대적이다. 이러한 점에서 최계영, "국민건강보험의 행정법적 쟁점", 66면은 "건강보험 관련 고시는 법원이 행정입법의 처분성을 확장하는 과정에서 견인차가 되고 있다."라고 평한다.

사물을 규율대상으로 하는 한편 수범자는 불특정다수인 행정결정으로
서 일반적·구체적 성격을 가진다. 예컨대 청소년유해매체물 결정 및 고
시처분의 수범자는 특정 매체물을 제조하거나 판매, 대여하는 불특정다
수이나, 특정 매체물에 관한 표시의무, 포장의무, 청소년에 대한 판매·
대여 등의 금지의무를 부과한다는 점에서 구체성을 가지고, 따라서 처
분성이 인정된다.[52] 처분성이 인정되는 행정계획 역시 마찬가지다. 도
시관리계획은 결정의 수범자를 특정하지 않는다는 점에서 일반적이나,
① 특정 지역에 대한 용도지역·용도지구 지정 및 변경, ② 특정 지역에
대한 개발제한구역, 도시자연공원구역, 수산자원보호구역의 지정 및 변
경, ③ 공공시설 설치에 관한 결정 결정을 포함하고 있다는 점에서 구
체성을 가지고, 따라서 국민에 대하여 직접적으로 구속력을 가지는 처
분으로 인정된다.[53] 도시관리계획은 건축허가 또는 개발행위허가, 수용
처분 등과 같은 후속적 집행행위를 예정하고 있음에도 불구하고 높은
구체성을 고려하여 처분성을 인정한 것이다.

　이처럼 개별·구체적 행정결정뿐 아니라 일반적·구체적 행정결정
역시 '처분으로서의 실질'을 가진다면, 이를 근거로 일반적·구체적 행정
입법의 처분성을 인정하는 논리가 가능하다. 일반처분의 가능성이 인정
되는 이상 '실질에서 처분'인 행정입법의 범위를 개별성과 구체성을 모
두 갖춘 경우로 제한할 이유는 없다. 두밀분교폐지조례와 같이 개별성
과 구체성을 모두 갖춘 행정입법뿐 아니라, 약가고시와 같이 규율대상
인 물건, 장소, 대상이 고유명사로 특정된 행정입법 역시 가장 협의의

51) 김동희·최계영, 앞의 책, 693−694면에 따르면, 특정한 물건을 규율함으로써 관련
　　 된 자들의 권리·의무에 영향을 미치는 행정작용을 일반처분 또는 물적 행정행위
　　 라 한다.
52) 대법원 2007. 6. 14. 선고 2004두619 판결
53) 대법원 1982. 3. 9. 선고 80누105 판결; 헌법재판소 2012. 7. 26. 선고 2009헌바328
　　 결정.

구체성을 갖춘 것으로 보아 처분성을 인정할 수 있게 된다. 요컨대, 규율의 구체성은 행정입법의 처분성이 인정되어야 하는 최소한의 범위를 특정하는 기준이 되는 것이다.[54]

2) 권리구제의 공백 방지 필요성

행정입법은 현대 행정기관의 중요한 정책적 도구로서 국민의 권익에 미치는 영향이 중대하므로 이에 대한 실효성 있는 사법적 통제 및 권리구제 수단을 마련하여야 한다. 이러한 점에 이론(異論)이 있다고 보기는 어렵다. 단지 ① 행정작용의 형식을 준별하여 별도의 절차를 만들어야 하는지 아니면 최소한의 특칙을 두고 취소소송의 대상으로 포섭하여야 하는지, ② 행정입법에 대한 사법심사의 관할을 대법원과 헌법재판소 중 어디에 둘 것인지, ③ 직접적 통제와 간접적·부수적 통제 중 어떠한 방식을 취할 것인지 등과 같은 제도 설정 방식에 관한 문제에서 의견이 갈릴 뿐이다.

그러나 제도 설정 방식을 둘러싸고 장기간 이루어진 심도 있는 논의에도 불구하고 아직까지 어떠한 입법적 개선도 이루어지지 아니하였다. 이러한 상황에서 법실무가 수행하여야 할 가장 중요한 과업은 현행 제도 안에서 가능한 한 권리구제의 공백을 방지하는 데 있을 것이다. 권리구제와 적법성 통제에 명백한 공백이 발생할 우려가 있는 상황에서 법리적 정합성만을 고수하는 것은 타당하지 않다. 정교한 제도를 구성하기 위한 연구와 논의를 이어가는 한편으로, 당면한 권리구제를 위한 최대한의 유연성을 발휘할 필요가 있을 것이다.

현재 우리나라의 행정입법에 대한 사법심사 제도는 ① 집행적 행정입법과 처분적 행정입법은 (그 범위의 차이는 있으나) 헌법재판소와 대

---

54) 행정소송법 제2조 제1호가 처분의 요건을 "구체적 사실에 관한 법집행"이라고 정의할 뿐, "개별·구체적 사실에 관한 법집행"이라고 정의하지 않는다는 점도 이를 뒷받침한다.

법원에서 중첩적으로 관할하여 직접적 쟁송을 허용하고, ② 이외의 행정입법에 대하여서는 대법원의 부수적 규범통제를 통하여 다투도록 구성되어 있다. 이러한 상황에서 일어날 수 있는 가장 큰 권리구제의 공백은 '후속 집행행위가 없거나 집행행위를 상정하기 매우 어려워 부수적 규범통제가 사실상 불가능함에도 취소소송의 대상적격을 인정받을 수 없는 경우'일 것이다. 이 경우 국민은 취소소송과 부수적 규범통제 중 어떠한 방법으로도 행정입법의 위법성을 다툴 수 없게 된다.[55] 더 나아가, 후속 집행행위를 상정할 수 있다고 하더라도 행정입법의 구체성이 매우 높아 사실상 기계적인 적용에 불과한 경우, 행정입법으로 인하여 권익이 제한되는 자가 집행행위의 대상이 아니어서 이를 다투기가 곤란한 경우 역시 권리구제에 불필요한 어려움을 초래한다는 점에서 권리구제의 공백을 만들 수 있다. 적어도 이러한 영역에서는 행정입법의 처분성을 인정하여 취소소송으로 직접 다툴 수 있는 가능성을 열어주어야 한다. 이러한 점에서 앞서 살펴본 '처분으로서의 실질'을 판단하는 기준이 되는 '규율의 구체성'은 가능한 폭넓게 인정하는 것이 타당하다고 생각된다.

3. 비교법적 검토

행정입법에 관한 사법심사 제도는 국가마다 다양한 모습을 보인다. 프랑스, 영국, 유럽연합 등과 같은 다수의 국가는 행정입법을 취소소송의 대상으로 인정하되 원고적격을 통하여 제한을 가한다.[56] 한편 행정

---

55) 취소소송의 대상적격을 인정하지 않더라도 헌법소원이 가능하므로 권리구제의 공백이 없다는 견해가 제기될 수 있다. 그러나 이는 법원 절차에 내재한 권리구제의 공백을 별도의 제도인 헌법소원에 전가하는 것으로서 부당하며, 국민에게 절차 선택에 따른 불확실성을 전가한다는 점에서도 옳지 않다. 적어도 법원이 제공하는 소송제도 내에서 권리구제의 공백이 발생하지 않도록 보장할 필요가 있다.

입법을 취소소송의 대상에서 제외하되, 별도의 소송유형을 통하여 다툴 수 있도록 하는 국가로 독일이 있고, 우리나라와 같이 협소한 범위에서 예외적으로 대상적격을 인정하는 국가로 네덜란드가 있다. 본 논문에서는 행정입법의 예외적 대상적격 인정 범위를 정하는 데 참고할 만한 입법례로 독일과 네덜란드를 살펴보고자 한다.

(1) 독일

독일 행정소송에서 행정입법을 직접 다툴 수 있는 소송유형은 주위적 규범통제절차(prinzipale Normenkontrolle)이나, 확인소송(Feststellungsklage) 등을 통하여 예외적으로 행정입법의 효력을 다툴 수 있는 가능성이 열려 있다.[57] 우리나라의 법제와는 상당한 차이가 있지만, 주위적 규범통제절차의 대상이 되지 않는 행정입법(가장 대표적으로는 연방기관의 행정입법)에 관한 예외를 설정하는 법리가 있다는 점에서 참고할 만하다.

주위적 규범통제절차의 적용범위는 한정적이다.[58] 이를 벗어나는 행정입법은 원칙적으로 행정쟁송의 대상이 될 수 없다. 그러나 독일 연방행정법원은 행정법원법(Verwaltungs-gerichtsordnung) 제43조에 규정된 확인소송을 통하여 집행행위의 매개 없이 직접 시민의 권리를 침해

---

56) 프랑스, 영국, 미국의 법제를 개관한 연구로, 박정훈, 앞의 책, 209-211면 참조. 한편 프랑스의 행정입법에 대한 사법심사제도에 관한 연구로, 김수정, 앞의 글, 109면 이하 참조. 유럽사법재판소의 입법작용에 관한 사법심사에 대한 연구로, 拙著, "주관소송과 객관소송 체계의 특성에 관한 연구 ─ 원고적격, 본안심사 범위, 재량심사 강도에 관한 비교법적 검토를 중심으로 ─", 서울대학교 법학박사논문, 2024, 124면 이하 참조.

57) 독일의 법제에 관하여, 박정훈, 앞의 책, 170-193면 참조. 독일의 주위적 규범통제절차에 관한 또다른 연구로, 이상덕, "독일 행정법원법에서의 규범통제소송제도에 관한 고찰", 「행정법연구」, 제32호, 2012, 115면 이하 참조.

58) 독일 행정법원법 제47조 제1항 제1, 2호는 규범통제절차의 대상을 ① 연방도시계획법전에 근거하여 발령된 조례 및 연방도시계획법전 제246조 제2항에 근거하여 발령된 법규명령, ② 주(州)법이 정한 범위 내에 있는 주법의 하위 규정으로 정한다.

하는 행정입법을 다툴 수 있는 길을 열었다.[59] 행정법원법 제43조는 "원고가 조기 확정에 관한 정당한 이익을 가지고 있는 경우, 소를 통하여 법률관계의 존재, 부존재 또는 행정행위의 무효 여부의 확인을 구할 수 있다."라고 규정한다.[60] 위 규정에 근거하여 원고는 행정입법에 의하여 형성된 법률관계가 부존재하거나 의무가 없다는 점을 확인하여 줄 것을 법원에 청구할 수 있다. 확인판결은 그 자체로 행정입법의 효력을 소멸시킬 수는 없으나, 원고에게 가해진 행정입법의 제한을 없앨 수 있다.[61]

확인소송이 적법하게 인정되기 위해서는 문제된 사안이 '충분히 구체화된 법률관계'여야 한다.[62] 즉 원고가 확인을 구하는 법률관계는 구체적인 사실관계에 근거하여야 하고, 법적 관계여야 하며, 사람과 사람, 또는 사람과 사안 사이의 관계여야 한다. 반면 추상적인 법리적 문제나 법률의 내용에 관한 다툼은 확인소송의 대상이 될 수 없다.[63] 이에 따라 확인소송을 통하여 다툴 수 있는 행정입법의 범위는 구체적인 법률관계를 형성하는 행정입법, 즉 국민에 대하여 구체적인 의무를 부과하거나 권리를 제한하는 내용의 행정입법으로 특정된다. 음료수 용기 수거를 위하여 제조업체에 소비자로부터 보증금을 받을 것을 명령하는 규칙,[64] 우편사업자에 대하여 우편배달부의 최저임금을 정하는 규칙[65]

---

59) Hufen, Friedhelm, Verwaltungsprozessrecht, 13.Aufl., C.H.Beck, 2024, §18, Rn. 8; 박 정훈, 앞의 책, 185-186면. 독일 연방행정법원이 위와 같은 가능성을 인정한 최초의 판례로, BVerwG, NJW 2000, 3584 참조.

60) 원문은 다음과 같다. "Durch Klage kann die Feststellung des Bestehens oder Nichtbestehens eines Rechtsverhältnisses oder der Nichtigkeit eines Verwaltungsakts begehrt werden, wenn der Kläger ein berechtigtes Interesse an der baldigen Feststellung hat."

61) Hufen, op. cit., §18, Rn. 8

62) Hufen, op. cit., §18, Rn. 9

63) Hufen, op. cit., §18, Rn. 10

64) BVerwG, NVwZ 2007, 1311

등이 이러한 예시에 해당한다.

(2) 네덜란드

네덜란드에서 입법작용은 원칙적으로 취소소송의 대상이 될 수 없다. 네덜란드 일반행정법전(Algemene wet bestuursrecht) 제1:3조 제1항은 '행정결정'(besluit)을 '행정청의 공법적 행위가 포함된 서면으로 이루어진 결정'이라 정의하고, 제2항은 '개별적 행정결정'(beschinkking)을 '행정결정 중 일반적 효력을 가진 결정(besluiten van algemene strekking)을 제외한 나머지 결정 및 그 신청을 거부하는 결정'이라고 정의한다. 한편 일반행정법전 제8:1조는 취소소송의 대상으로 개별적 행정결정만이 취소소송이 될 수 있음을 명시하였다. 이에 따라 네덜란드 국사원은 행정입법을 포함한 모든 일반적 효력을 가진 결정의 대상적격을 원칙적으로 부정한다.[66] 행정입법의 효력은 개별 결정을 다투는 취소소송에서 간접적인 방식으로 심사될 수 있을 뿐이다.[67]

다만 국사원은 '구체화된 일반적 결정'(concretiserense besluiten van algemene strekking)의 경우에 예외적으로 대상적격을 인정한다.[68] 구체

---

[65] BVerwG, NVwZ 2010, 1300. 이 판결은 원고가 규범제정자인 연방고용복지부를 피고로 하여 확인소송을 제기하였기 때문에 규범 제정자와 수범자 사이에 어떠한 구체적인 법률관계가 있을 수 있는지도 문제되었다. 연방행정법원은 "규범 제정자와 수범자 사이에는 원칙적으로 어떠한 법률관계도 없고, 이는 '자기집행적 규범'(self－executing Normen)의 경우에도 마찬가지다."라고 하면서도, "규칙이 후속적 행정작용을 통한 추가적인 구체화나 개별화가 불가능할 정도로 원고의 권리와 의무를 직접 결정하는 경우에는 규범 제정자와 수범자 사이에 권리 제한 또는 의무 부과에 관한 구체적인 법률관계가 있다."라고 보아 적법성을 인정하였다.

[66] Eliantonio, Mariolina · Grashof, Franziska, in: Cases, Materials and Text on Judicial Review of Administrative Action, 1st edition, Oxford; Chicago: Hart, 2019, pp. 127, 149.

[67] Ibid., pp. 648－650.

[68] Ibid., p. 136; Van Wijk, H.D. · Konijnenbelt, Williem · Van Male, Ron, Hoofdstukken van bestuursrecht, 16e dr., Deventer: Wolters Kluwer, 2014, pp. 239－240.

화된 일반적 결정이란 권리를 제한하거나 의무를 부과하는 내용의 일반
규정을 전제로, 위 규정이 적용되는 특정한 대상, 장소, 적용기간 등을
정하는 행정입법을 의미한다.[69] 대표적인 예로는 지방자치단체의 규칙
이 도보로 지정되지 않은 장소에서의 보행을 금지할 경우에 특정 장소
를 도보로 지정하거나 지정하지 않은 규칙, 특정 지역을 자연보호구역
또는 소음제한구역으로 설정하는 규칙, 특정 지점에 대한 교통신호 설
정 등이 있다.[70]

　　구체화된 일반적 결정이 인정된 판결례를 살펴본다. 네덜란드 국사
원 2008년 1월 16일 판결에서는 2005년 스카스터란(Skarsterlân) 주택 규
칙이 문제되었다.[71] 이 규칙은 주택을 허가 없이 거주 목적 이외의 다
른 용도로 사용하는 것을 금지하면서, 다만 규칙이 시행될 당시 거주
이외의 다른 용도로 사용하는 주택에는 적용되지 않는다는 규정을 두
고, 위와 같은 예외가 적용되는 주택과 그 소유자의 목록을 첨부하였다.
국사원은 '장소, 시간, 대상을 특정하는 규칙'은 일반적 행정입법이 아니
라는 점을 전제로, 문제된 규칙이 개별적이고 구체적인 주택의 명칭을
기재한 이상 이는 구체화된 일반적 결정으로서 취소소송의 대상이 된다
고 보았다.

　　구체화된 일반적 결정으로 인정되지 않은 사례를 살펴본다. 국사원
2000년 2월 28일 판결[72]에서는 암스테르담 시의 알베르트 카이프 재래
시장(Albert Cuypmarkt)에 관한 결정이 문제되었다. 암스테르담 시의 노
상판매에 관한 규칙에 따르면, 시민은 시장 및 시의회의 허가 없이 노
상 판매를 할 수 없으며, 시장과 시의회는 노상점포의 숫자, 구성, 업종
별 점포 수, 권장되는 업종 등 허가 기준을 정할 수 있다. 이에 따라 암

---

69) Van Wijk, H.D. · Konijnenbelt, Williem · Van Male, Ron, op. cit., p. 239.

70) Ibid., p. 240.

71) ABRvS, 16 januari 2008, ECLI:NL:RVS:2008:BC2100

72) ABRvS, 28 februari 200, ECLI:NL:RVS:2000:AA5105

스테르담 시의회는 알베르트 카이프 재래시장의 점포 숫자와 구성 등을 정하였고, 원고는 이러한 구성을 다투는 소를 제기하였다. 그러나 국사원은 알베르트 카이프 재래시장의 점포 숫자, 구성 등에 관한 결정은 단순히 노상판매에 관한 규칙을 시간, 장소 및 대상의 측면에서 구체화한 것이라 볼 수 없고, 허가 결정을 내리는 데 적용되는 독자적인 평가기준을 새롭게 정한 것이므로 일반적 효력을 가진 행정입법으로 보아야 한다고 판단하였다.

(3) 검토

독일과 네덜란드는 행정입법이 (적어도 일부 영역에서는) 행정소송의 대상에 포함되지 아니하되, 예외적으로 대상적격을 인정할 수 있는 가능성을 열어두었다는 점에서 우리나라와 유사하다. 구체적인 법리 구성과 표현에서는 차이가 있으나 기저에 있는 논리는 직접성과 구체성을 기준으로 한다는 점에서 공통된다.

독일 확인소송은 '구체적인 의무 부과 또는 권리 제한'이라는 기준을 설정한다. 이러한 기준에 따르면, 앞서 살펴본 일반적·구체적 행정입법뿐 아니라 우리나라에서는 대상적격이 인정되지 않는 자기집행적 행정입법 중 상당한 부분도 대상적격을 가질 수 있다. 한편 네덜란드는 '대상, 장소, 적용기간'을 구체적으로 특정할 것을 요구하는데, 이는 일반처분에 준할 정도의 일반적·구체적 성격을 가진 행정입법과 동일한 범주를 형성한다고 보인다. 이러한 점에서 우리나라의 행정입법 대상적격 인정 범위는 네덜란드와 가장 유사하다고 생각된다.

그러나 네덜란드 국사원이 설정한 명확하고 실용적인 기준과 달리, 우리나라 대법원이 설정한 기준은 다소 모호하고 부정확하다. 대법원이 제시한 '국민의 권리·의무에 직접관계가 있는 행위' 또는 '구체적인 권리·의무에 직접적인 변동을 초래하는 행위' 등과 같은 기준은 독일 확인소송에 적용되는 기준과 더욱 유사하나, 대법원은 실제로 권리·의무를 직접 규율하는 자기집행적 행정입법의 대상적격을 인정하지 않는다는 점에서 정확하다고 보기 어렵다. 대상적격이 인정된 약가고시와 건강보험고시에 관하여 대법원은 구체적 타당성에 근거한 이유를 설시할 뿐, 정확히 어떠한 법리적 기준에서 위와 같은 행정입법이 다른 행정입법과 구분되는지 밝히지 않았다. 뒤에서 자세히 살펴보는 바와 같이, 이러한 이론적 부실함은 대상판결에서도 그대로 이어진다.

4. 대상판결에 관한 검토

(1) 대상판결 분석

대상판결은 관세법 제51조에 근거하여 발령되는 기획재정부령인 덤핑방지관세 부과규칙의 처분성을 부정하였다. 2005년 이후로 처분성이 계속 인정되고 있었고, 당사자들도 적법요건을 다투지 아니하였으며, 원심에서 매우 상세한 본안판단이 이루어지기도 한 이 사건에서 대법원이 직권판단에 나아가 처분성을 부정한 것이다. 여기에서는 대상판결에 대한 검토에 나아가기 전에 대법원 판결과 이에 관한 대법원판례해설[73]을 참조하여 처분성 부정 근거를 보다 상세히 살펴보도록 한다.

대법원이 든 첫째 근거는 '이 사건 시행규칙에서 덤핑물품과 관세율을 규정하는 것만으로 납세의무자에 덤핑방지관세를 납부할 의무가 생기는 것은 아니다'라는 점이다. 이에 관하여 대법원판례해설은 과세물건, 세율과 같은 과세요건을 규정한 것만으로는 납세의무가 생기지 않으므로 '직접성 요건'을 갖추었다고 볼 수 없다고 한다.[74] 이때 '직접성 요건'이란 판례 법리 중 '다른 집행행위의 매개 없이 그 자체로서 직접'이라는 부분을 의미한다.[75] 대법원판례해설은 대법원이 약가고시에

---

73) 박설아, "덤핑방지관세를 부과하는 시행규칙의 처분성 및 덤핑방지관세의 부과요건", 「대법원판례해설」, 제134호, 2023, 89면 이하.
74) 위의 글, 104면.

관하여 직접성의 예외를 허용한 것으로 보이기는 하나, 이는 국민건강
보험제도의 특수성에 기인한 것이므로 일반화하기 어렵다고 본다.[76] 이
러한 설시를 종합하면, 대법원은 덤핑방지관세 부과규칙이 앞서 본 자
기집행적 행정입법 – 예컨대 당구장 업주에게 18세 미만 청소년 출입금
지 표시를 할 의무를 부과하는 규정 – 과 같이 직접적으로 권리를 제한
하거나 의무를 설정하지 않는다는 점을 고려하였던 것으로 보인다.

둘째 근거는 '덤핑방지관세 부과규칙은 세관장의 덤핑방지관세 부
과처분 등 별도의 집행행위가 있어야 비로소 상대방의 권리의무나 법률
관계에 영향을 미친다'는 점이다. 이는 앞서 살펴본 첫 번째 근거와 같
은 맥락에 있다. 다만 이러한 설시가 원고의 권리구제 가능성, 즉 원고
가 후속 집행행위를 다투는 과정에서 부수적 규범통제를 통해 덤핑방지
관세 부과규칙을 다툴 가능성이 충분하므로 처분성을 인정할 필요가 없
다는 취지로까지 연결되지는 않는 것으로 보인다. 대법원판례해설에도
원고의 권리구제 보장에 관한 구체적인 논의는 발견되지 않는다.[77]

세 번째 근거는 원고가 관세부과처분의 직접상대방이 아니라는 데
초점을 맞춘다. 이 사건 시행규칙에 근거한 관세부과처분에 따라 덤핑
방지관세를 납부하게 될 자는 덤핑물품을 수입하는 화주이지 원고와 같
은 덤핑물품의 제조·수출자가 아니다. 또한 이 사건 시행규칙이 덤핑물
품의 수출·수입행위를 규제하거나 덤핑물품에 관한 법률관계를 규율하
지 않는다. 즉 원고는 '이 사건 시행규칙의 효력 범위 밖'에 있으므로,
원고의 권리의무나 법률관계에 영향을 미치지 않는다는 것이다. 이에

---

75) 위의 글, 99면.

76) 위의 글, 104면.

77) 다만 위의 글, 102-103면은 WTO 반덤핑협정 위반 여부를 검토하면서, 세관장의
덤핑방지관세 부과처분에 대한 항고소송에서 선결문제로서 시행규칙의 위법성을
다툴 수 있도록 하는 것도 WTO 반덤핑협정 제13조에서 규정하고 있는 사법심사
에 해당한다는 취지로 권리구제 방안에 관하여 간략하게 검토하고 있다.

관하여 대법원판례해설은 덤핑방지관세 부과규칙으로 인하여 외국 수출자의 수출물량이 감소하더라도 사실적·경제적 불이익에 불과하므로 '권리의무의 변동'을 인정할 수 없다고 본다.[78] 이를 종합하면, 대법원은 외국 수출업자가 ① 후속적 집행처분의 상대방도 아니고, ② 직접적으로 수출을 금지당하거나 제한당하는 등 규율을 받지도 아니하며, ③ 덤핑방지관세로 인하여 수출가격이 상승하고 수출물량이 감소하는 결과가 발생한다 하더라도 이는 '이 사건 시행규칙의 규율범위 밖'에서 벌어지는 사실적·경제적 불이익에 불과하여 처분성 인정의 근거가 될 수 없다고 판단한 것으로 보인다.

(2) 대상판결에 대한 비판적 검토

1) 기존 판례와의 정합성

대상판결이 이 사건 시행규칙의 처분성을 부정한 첫 번째 근거는 시행규칙으로 납세의무가 직접 발생하는 것은 아니라는 점이다. 그러나 대법원이 처분성을 인정한 사례인 두밀분교폐지조례와 약가고시 중 어느 것도 엄밀한 의미에서 그 자체로 권리를 제한하거나 의무를 발생시키지는 않는다. 두밀분교폐지조례는 영조물인 국민학교를 폐지하였을 뿐, 인근 학부모들이나 학생들에게 취학에 관한 특정 의무를 부과한 것이 아니다. 약가고시 역시 마찬가지다. 자이프렉사의 요양급여 지급조건을 정하고, 특정 약제의 상한금액을 정하는 것만으로는 누구에게 어떠한 의무도 부과하지 않는다. 일반처분으로서 처분성을 인정받은 공시지가결정, 청소년유해매체물 지정고시 역시 그 자체로 구체적인 의무를 발생시킨다고 볼 수 없다. 특히 공시지가결정은 후속처분의 근거가 될 뿐 그 자체만으로는 어떠한 법률효과도 발생시키지 않는다. 그럼에도 불구하고 법원은 그 처분성을 인정하여 본안심사에 나아갔다. 이는 위

와 같은 행정작용들이 구체적인 대상을 특정하여 규율하였고, 이에 따른 이해관계와 권익 침해가 뚜렷하게 드러났으며, 따라서 사법심사를 더 뒤로 미룰 필요가 없기 때문이다. 이처럼 대법원은 지금까지 '구체성', 즉 규율대상의 특정 정도를 중요한 기준으로 삼아 처분성을 판단하였다고 보인다.

대상판결이 중요한 기준으로 사용한 '직접적인 권리 제한 또는 의무 부과'라는 표지는 오히려 자기집행적 행정입법이 가지는 특징이다. 예컨대 의료기관의 명칭표시판에 진료과목을 함께 표시하는 경우 그 글자의 크기를 의료기관 명칭을 표시하는 글자 크기의 2분의 1 이내로 제한하는 규정은 의료기관 운영자에게 분명한 의무를 부과한다. 그러나 대법원은 이렇듯 직접적인 의무가 발생한다는 사정만으로는 처분성을 인정하지 않는다. 달리 말하면, '행정입법으로 인하여 직접적인 의무가 발생하는지'는 그 처분성을 판단함에 있어 중요하게 고려되는 요소가 아니다.

앞서 제2의 (3)항에서 검토한 바와 같이, 적어도 일반처분에 상응하는 일반적·구체적 성격을 지닌 행정입법은 처분성을 인정하는 것이 타당하다. 덤핑방지관세 부과규칙은 부과대상인 품목과 제조업자의 명칭을 고유명사로 특정하였으며 부과율과 부과기간 역시 구체적인 수치로 이루어져 있다.79) 이는 건강보험 관련 고시 중에서도 가장 구체성이 높은 약가 상한금액 고시에 비견될 만하다. 원고와 같은 덤핑물품 제조업자 및 수출업자는 이 사건 시행규칙에 의하여 5년 동안 11.66%의 관세율을 확정적으로 적용받게 되며, 후속 집행행위인 관세부과처분은 위와 같은 규정을 개별 사안에 기계적으로 적용하는 수준에 불과하다. 그렇다면 덤핑방지관세 부과규칙은 일반적·구체적 행정입법으로서 처분성이 인정되어야 한다.

---

79) 앞서 본 서울행정법원 2005. 9. 1. 선고 2004구합5911 판결 또한 덤핑방지관세 부과규칙이 물품과 공급자를 특정하고 있으므로 물품 수출에 직접적인 영향을 미친다는 점을 근거로 설시하였다.

2) 권리구제의 측면

앞서 살펴본 바와 같이, 행정입법의 처분성 판단에 중요하게 고려하여야 할 요소 중 하나는 권리구제의 부당한 공백을 방지하는 것이다. 부수적 규범통제를 원칙으로 삼은 우리나라에서 후속 집행행위의 유무는 실효성 있는 권리구제를 보장하는 문제와 직결된다. 문제된 행정입법으로 인하여 권익이 침해되는 자가 후속 집행행위를 다투기 용이한지, 즉 후속 집행행위를 특정할 수 있고, 이를 직접 다툴 수 있으며, 지나친 불이익 없이 적시에 권리구제를 받을 수 있는지를 검토할 필요가 있다.

그렇다면 덤핑방지관세 부과규칙 사안에서는 어떨까? 후속 집행행위를 특정하는 데에는 어려움이 없다. 세관장의 덤핑방지관세 부과처분이 예정되어 있기 때문이다. 실제로 하급심에서는 덤핑방지관세 부과규칙에 따라 부과된 관세부과처분 취소소송 또는 관세경정청구 거부처분 취소소송 사건이 발견되며, 부과처분 및 경정청구 거부처분을 다투면서 그 전제가 되는 덤핑방지과세 부과규칙의 위법성을 주장하는 사례도 발견된다.[80] 그러나 위와 같은 소송은 부과처분의 직접상대방인 수입업자가 원고이며, 납세의무자가 아니라거나 문제된 제품이 실질적으로 과세대상이 아니라는 취지의 주장이 주를 이룬다. 피고 역시 기획재정부장관이 아닌 각 지역의 세관장으로 특정된다. 이와 달리 외국 국적의 수출업자가 원고로서 직접 다투는 경우에는 덤핑방지관세 부과규칙을 대상으로 취소소송을 제기하였고, 피고는 재정경제부장관이었다. 대상판결이 선고된 이후 외국 제조업자 및 수출업자에게 관세처분을 다툴 제3자 원고적격이 인정될 것인지는 확실하지 않다.[81] 그러나 외국 기업

---

80) 대표적인 예시로 부산지방법원 2018. 10. 19. 선고 2018구합22358 판결, 인천지방법원 2017. 1.6. 선고 2016구합51249 판결 등이 있다.

81) 다만 제3자 원고적격이 인정되지 않는다면 외국 제조업자 및 수출업자가 덤핑방지관세 부과규칙을 다툴 방법이 원천 차단되므로 아래 제(3)항에서 살펴볼 WTO 반

에 제3자 원고적격이 인정된다 하더라도, 덤핑방지관세 부과규칙을 다투기 위해서는 먼저 국내 수입업체와 계약을 체결하여 물품을 수출하고, 수출품에 부과된 관세를 다투는 과정을 밟아야 한다. 국내 수입업체가 소송 리스크를 부담하기를 꺼려해서 수입을 거부할 경우 외국 기업은 사실상 덤핑방지관세 부과규칙을 다툴 방도가 없다. 여러 업체에게 물품을 수출하여 여러 개의 관세부과처분이 내려진 경우 어떠한 범위에서 이를 다투어야 할 것인지도 문제가 된다. 나아가 덤핑방지관세 부과규칙은 중앙부처에서 무역위원회의 전문적 심사를 거쳐 결정되었다는 점에서 중앙부처인 기획재정부가 소송에 대응하는 것이 바람직함에도 지역 세관장에게 소송 진행의 부담을 지우게 된다는 점에서도 문제가 있다.

한편 대상판결은 덤핑방지관세로 인하여 수출가격이 상승하고 수출물량이 감소하는 결과가 발생한다 하더라도 이 사건 시행규칙의 규율범위 밖에서 벌어지는 사실적·경제적 불이익에 불과하다는 점을 근거 중 하나로 들었다. 명확하지는 않으나, 이러한 설시는 마치 원고와 같은 외국 수출업자는 덤핑방지관세제도에 사실상의 이해관계를 가질 뿐이라는 취지로 해석될 여지가 있다. 그러나 이는 타당하지 않다. 외국 수출업자의 수출가격이 상승하고 수출물량이 하락하는 것은 덤핑방지관세제도의 직접적인 목적에 해당한다. 관세부과처분의 직접상대방은 수입업자라 하더라도, 덤핑방지관세 제도가 겨냥하는 것은 국내 기업의 경쟁자로서 국내 산업에 피해를 야기하는 외국 수출업자인 것이다. 그렇기 때문에 관세법 및 동법 시행령은 조사대상자인 외국 기업의 의견을 조회하고 청문회를 실시하는 등 절차적 참여권을 보장할 것을 규정하며, 잠정조치의 대상 또는 협상 상대방으로서의 지위를 부여하기도

덤핑협정 위반 문제가 발생할 수 있다. 따라서 외국 수출업자의 제3자 원고적격을 반드시 인정하여야 할 것이다.

한다.[82] 이러한 점에서 외국 제조업자 및 수출업자는 덤핑방지관세 부과규칙에 관한 '법률상 이익'을 가지며, 위 규칙은 이러한 이익을 직접 제한한다고 보아야 한다.[83]

요컨대, 덤핑방지관세 부과규칙의 처분성을 인정하지 아니할 경우 원고가 그 후속 집행행위를 직접 다툴 수 있는지는 확실하지 않으며, 지나친 불이익 없이 적시에 권리구제를 받기는 쉽지 않을 것으로 보인다. 반대로 덤핑방지관세 부과규칙의 처분성을 인정한다면, 신속하고 효율적이며 1회적인 권리구제를 보장하는 데 큰 이점이 있다.[84] 이러한 점을 고려하더라도 덤핑방지관세 부과규칙의 처분성을 인정할 필요가 있다.

3) 국제법적 쟁점

이 사건에 특유한 쟁점으로, 덤핑방지관세 부과규칙의 처분성을 부정하는 것이 WTO 반덤핑협정 제13조 위반에 해당할 수 있는지 문제된다. WTO 반덤핑협정 제13조 제1문은 "법률로써 반덤핑 조치를 규정한 회원국은 종국적 결정 및 제11조에 따른 결정에 관한 검토 등의 행정작용에 대하여 신속한 심사를 수행할 수 있는 사법절차, 중재절차 또는

---

82) 앞서 살펴본 서울행정법원 2005. 9. 1. 선고 2004구합5911 판결은 이를 덤핑방지관세 부과규칙의 처분성을 인정하는 주된 근거로 제시하였다.

83) 이처럼 덤핑방지관세 부과규칙에 관한 원고의 법률상 이익은 쉽게 인정할 수 있는 반면, 개별적 관세부과처분에서 외국 제조업자 및 수출업자가 가지는 제3자 원고로서의 법률상 이익을 인정하기는 좀 더 까다롭다. 관세부과처분 자체의 근거법령에서는 외국 제조업자 및 수출업자의 이익을 보호하는 취지를 찾기 어려우며, 외국 제조업자 등이 주장하는 이익(수출가격이 오르거나 수출물량이 줄어드는 데서 발생하는 손해)은 관세 부과에 따른 반사적 이익이거나 수출약정 체결 당시에 이미 반영된 이익(당해 관세부과처분이 취소된다고 하더라도 당해 계약상 가격이 변동되거나 수출물량이 늘어나지는 않으므로)이라고 볼 여지가 있기 때문이다. 결국 외국 제조업자 등의 법률상 이익을 인정하려면 덤핑방지관세 부과규칙의 근거법령 및 관계법령으로 거슬러 올라가야 할 것이다.

84) 같은 취지로, 권순일, 앞의 글, 207-208면.

행정심판 절차를 마련하여야 한다."[85]라고 규정한다. 우리나라 정부는 1994. 12. 16. 국회의 비준을 받아 1994년 국제무역기구 설립을 위한 마라케쉬 협정에 가입하였는데, WTO 반덤핑협정은 위 협정의 부속문서이다. 따라서 우리나라는 WTO 반덤핑협정 제13조에 따라 반덤핑 조치를 구성하는 행정작용에 대하여 '신속한 사법심사절차'를 보장하여야 할 국제법적 의무를 진다. 앞서 살펴본 바와 같이 덤핑방지관세 부과규칙의 처분성이 부인됨에 따라 외국 수출업자의 권리구제에 어려움이 발생한다면, 이는 WTO 반덤핑협정 제13조 위반으로까지 연결될 가능성이 크다.[86]

5. 결어

행정입법에 대한 사법심사 제도를 정비하는 것은 우리나라 행정법의 중요한 과업이다. 이를 위하여 학계와 실무에서 오랜 기간 연구와 토의가 이루어졌으나, 행정소송법 개정 논의 이후 근 20년이 흘렀음에도 아직까지 어떠한 입법적 개선도 이루어지지 못했다. 이러한 상황에서 법실무가 하여야 할 역할은 현행 법제도가 허용하는 한도 내에서 가능한 한 권리구제의 공백이 없도록 제도를 운용하는 데 있다. 행정입법을 대상으로 한 적극적이고 광범위한 심사에 나아가지는 못하더라도,

---

85) 원문은 다음과 같다. "Each Member whose national legislation contains provisions on anti-dumping measures shall maintain judicial, arbitral or administrative tribunals or procedures for the purpose, inter alia, of the prompt review of administrative actions relating to final determinations and reviews of determinations within the meaning of Article 11. (...)"

86) 이에 관하여 권순일, 앞의 글, 203-24면은 WTO 반덤핑협장 제11조, 제13조의 해석상 위 협정이 요구하는 사법심사의 대상은 재정경제부장관의 덤핑방지관세 부과규칙이므로, 관세부과처분에 대한 취소소송이 허용된다는 것만으로는 우리나라 정부가 WTO 반덤핑협정 이행의무를 준수하였다고 주장하기는 어려울 것이라 본다.

주어진 제도 내에서 입법작용의 적법성을 도모하고 적시에 권리구제가 이루어질 수 있도록 힘써야 한다.[87]

　이 사건 시행규칙의 적법성에 관하여서는 특히 항소심인 서울고등법원에서 약 2년에 걸쳐 매우 자세하고 면밀한 심사가 이루어졌다. 원심이 적용한 심사강도 및 결론의 타당성에 관하여서는 이론이 있을 수 있으나, 적어도 처분성을 인정하여 심사에 나아간 데에서는 당사자들 사이에 어떠한 다툼도 없었던 것으로 보인다. 이러한 상황에서 대상적격을 이유로 원심판결을 파기하고 원고의 소를 각하하는 것은 사법자원의 분명한 손실을 낳는다. 이러한 손실을 정당화할 만한 정책적 이익은 뚜렷하지 않다. 권리구제 보장과 선행 판결례와의 정합성 측면에서도 아쉬움이 남는다.

　장기적 측면에서 가장 근본적인 해결책은 행정소송법 개정을 통하여 행정입법에 대한 사법심사 제도를 확충하는 데 있을 것이다. 그러나 현행 제도 안에서 정합적이고 공백 없는 권리구제 제도를 마련하기 위한 노력도 큰 의미를 가진다. 행정입법의 처분성에 관한 더욱 정교한 법리와 함께 권리구제의 필요성을 균형 있게 고려하는 방향으로의 발전이 이루어지기를 기대한다.

---

87) 윤정인, 앞의 글, 80－81면은 특히 행정법원을 중심으로 활발한 부수적 규범통제가 이루어지고 있다는 점을 보여준다.

참고문헌

(1) 단행본

김동희·최계영, 행정법Ⅰ, 제27판, 박영사, 2023.
박균성, 행정법론(상), 박영사, 2023.
박정훈, 행정법연구 3: 행정법 개혁의 과제, 박영사, 2023.
정하중·김광수, 행정법개론, 제16판, 법문사, 2022.

(2) 논문

권순일, "재정경제부령에 의한 덤핑방지관세부과조치의 처분성 재론 ―
　　기능적 관점에서 ―",「행정판례연구」, 제12집, 2007.
김수정, "취소소송의 대상으로서의 행정입법 ― 프랑스에서의 논의를 중
　　심으로 ―",「행정법연구」, 제13호, 2005.
김중권, "조문형식을 띤 고시의 처분성 인정에 따른 문제점에 관한 소고",
　　「저스티스」, 통권 제98호, 2007.
김중권, "이른바 처분적 시행규칙의 문제점에 관한 소고", 법률신문 제
　　3478호, 2006. 7. 27.
김중권, "이른바 처분적 행정입법의 문제점에 관한 소고",「공법연구」, 제
　　42집 제4호, 2014.
박균성, "법규명령에 대한 항고소송의 제문제",「특별법연구」, 제9권,
　　2011.
박균성, "명령·규칙에 대한 항고소송",「사법」, 제2호, 사법연구지원재단,
　　2007.
박설아, "덤핑방지관세를 부과하는 시행규칙의 처분성 및 덤핑방지관세의
　　부과요건",「대법원판례해설」, 제134호, 2023.
박찬석, "처분적 조례에 대한 항고소송의 적법 요건",「대법원판례해설」,
　　제107호, 2016.

박평균, "대법원 2006. 2. 22. 선고 2005두2506 판결", 「대법원판례해설」, 제64호, 2007.

박해식, "고시의 처분성과 제약회사의 당사자적격", 「대법원판례해설」, 제47호, 2004.

손상식, "처분적 법규범에 대한 통제 — 명령·규칙에 대한 본원적 규범통제를 중심으로—", 「헌법학연구」, 제19권 제1호, 2013.

윤정인, "법원의 명령·규칙에 대한 사법심사 — 실무현황과 항고소송을 통한 본안적 규범통제소송의 가능성 —", 「인권과정의」, 제457호, 2016.

이상덕, "항고소송과 헌법소원의 관계 재정립 — 실무의 상황과 나아갈 방향 —", 「공법연구」, 제44집 제1호, 2015.

이상덕, "독일 행정법원법에서의 규범통제소송제도에 관한 고찰", 「행정법연구」, 제32호, 2012.

이선희, "약가고시의 처분성 — 대법원 2003. 10. 9.자 2003무23 결정 —", 행정판례평선, 박영사, 2011.

이원우, "행정입법에 대한 사법적 통제방식의 쟁점", 「행정법연구」, 제25호, 2010.

정하중, "법무부의 행정소송법 개정안에 대한 입법론적 고찰", 「지방자치법연구」, 제7권 제3호, 2007.

정하중, "집행적 법규명령과 처분적 법규명령의 개념", 법률신문 제3482호, 2006. 8. 17.

정하중, "행정소송법의 개정방향", 「공법연구」, 제31집 제3호, 2003.

정호경, "항고소송과 헌법소원의 관계 —보충성원칙과 명령·규칙에 대한 심사권을 중심으로 —", 「사법」, 제36호, 2016.

최계영, "국민건강보험의 행정법적 쟁점", 「서울대학교 법학」, 제55권 제2호, 2014.

최계영, "헌법소원에 의한 행정작용의 통제 — 기능과 한계 —", 「공법연구」, 제27집 제2호, 2008.

(3) 외국 단행본

Eliantonio, Mariolina·Grashof, Franziska, in: Cases, Materials and Text on Judicial Review of Administrative Action, 1st edition, Oxford; Chicago: Hart, 2019.

Hufen, Friedhelm, Verwaltungsprozessrecht, 13.Aufl., C.H.Beck, 2024.

Van Wijk, H.D.·Konijnenbelt, Williem·Van Male, Ron, Hoofdstukken van bestuursrecht, 16e dr., Deventer: Wolters Kluwer, 2014.

국문초록

　　대법원 2022. 12. 1. 선고 2019두48905 판결은 2005년 이래로 계속 법원의 심사대상에 포함되었던 덤핑방지관세 부과규칙의 처분성을 부정하였다. 이는 행정입법의 대상적격을 매우 협소하게 인정하는 대법원 판례의 경향을 더욱 강화하여, 종래 처분성이 인정되는 것으로 여겨졌던 영역에서조차 처분성을 줄이는 방향을 취한다.

　　본 평석은 다음과 같은 점에서 대상판결의 타당성에 의문을 제기한다. 첫째, 대상판결이 덤핑방지관세 부과규칙으로 인하여 직접적인 납세의무가 발생하지 않는다는 점을 이유로 대상적격을 부정한 것은 기존 판례와 정합적이라고 보기 어렵다. 대법원이 처분성을 인정한 사례인 두밀분교폐지조례와 약가고시 중 어느 것도 엄밀한 의미에서 그 자체로 권리를 제한하거나 의무를 발생시키지는 않으며, 일반처분과 행정계획 역시 그러하다. 덤핑방지과세 부과규칙과 같이 고유명사로 규율대상을 특정한 행정입법은 일반적·구체적 처분과 실질적으로 동일하다고 보아 대상적격을 인정하여야 한다. 둘째, 덤핑방지관세 부과규칙의 처분성을 부정할 경우, 외국 수출업자의 권리구제에 공백이 발생할 우려가 있다. 외국 수출업자는 관련 법령에 의하여 절차적 참여권을 부여받은 덤핑방제과세 제도의 직접적인 이해관계자임에도 불구하고, 후속 집행행위인 관세부과처분의 직접상대방이 아니어서 이를 효과적으로 다투기 어렵다. 나아가 국내 수입업체가 소송 리스크를 부담하기를 꺼려해서 수입을 거부할 경우 외국 기업은 사실상 덤핑방지관세 부과규칙을 다툴 방도가 없어진다. 셋째, 덤핑방지관세 부과규칙의 처분성을 부정할 경우 반덤핑 조치를 구성하는 행정작용에 대한 신속한 사법심사절차를 보장하여야 할 의무를 부과하는 WTO 반덤핑협정 제13조 위반의 문제가 발생할 가능성이 있다.

　　행정입법에 대한 사법심사 제도를 정비하는 것은 우리나라 행정법의 중요한 과업이다. 이를 위하여 학계와 실무에서 오랜 기간 연구와 토의가 이루어졌으나, 행정소송법 개정 논의 이후 근 20년이 흘렀음에도 아직까지 어떠한 입법적 개선도 이루어지지 못했다. 이러한 상황에서 법실무가 하여야 할 역할은 현행 법제도가 허용하는 한도 내에서 가능한 한 권리구제의 공백이 없도록 제도를 운용하는 데 있다. 행정입법을 대상으로 한 적극적이고 광범위한 심사에 나아가지는 못하더라도, 주어진 제도 내에서 입법작용의 적법성을 도모하고 적시에 권리구제가 이루어질 수 있어야 할 것이다. 행정입법의 처분성에 관한 더욱 정교한 법리와 함께 권리구제의 필요성을 균형 있게 고려하는 방향으로의 발전이 이루어지기를 기대한다.

주제어: 행정소송, 행정입법, 대상적격, 처분성, 덤핑방지관세

Abstract

A study on administrative legislation as an object of judicial review

Kwak, Shinjae

The Supreme Court Decision 2019Du48905, decided in December 1, 2022, held that the anti−dumping duty rules, which had been deemed as an administrative disposition since 2005, were not able to be litigated in administrative recourses. This decision reinforces the Supreme Court's trend of recognizing a very narrow scope for judicial review on administrative regulation.

This paper argues that the decision is unjustified for the following reasons. First, the decision is not consistent with precedent cases. According to the precedent cases, an administrative regulation constitutes an administrative disposition if it has a characteristic of regulating citizen's specific rights and duties or affecting their legal relations by itself without any further intermediate executory action. Furthermore, if an administrative regulation regulate the subject in a concrete way, the Supreme Court tends to acknowledge it as an object of judicial review. Second, if the anti−dumping duty rules are not subject to judicial review, foreign exporters would face great difficulty to find adequate means to protect their rights. Foreign exporters, who are granted procedural participation rights under the Korean duty laws, are undoutedly direct

---

* Ph.D in Law, Judge of Seoul Southern District Court

stakeholders in the anti-dumping regime. However, if the anti-dumping duty rules would not able to be litigated in acministrative actions, they cannot effectively challenge the decision. If domestic importers are unwilling to take on the risk of litigation and refuse to import, foreign exporters have virtually no means to challenge the anti-dumping duty rules. Third, denying the disposability of anti-dumping duty rules may lead to a violation of Article 13 of the WTO Anti-Dumping Agreement, which imposes an obligation to ensure prompt judicial review of administrative actions that constitute anti-dumping measures.

Developing proper judicial review system on administrative regulation is an important task for administrative law in Korea. However, despite extensive and thorough discussion, there has been no legislative improvement in the Administrative Litigation Act over 20 years. It is necessary to ensure adequate and timely remedies to challenge the legality of administrative regulations within the given framework.

keyword: administrative regulation, judicial review, administrative action, anti-dumping duty rule

투고일 2024. 6. 9.
심사일 2024. 6. 23.
게재확정일 2024. 6. 29.

行政訴訟의 審理

신분보장 등 조치결정 취소소송의 허용성과 문제점
(정남철)

신분보장 등 조치결정 취소소송의 허용성과 문제점

정남철(鄭南哲)*

대상판결: 대법원 2023. 7. 13. 선고 2023두35623 판결

【사실관계 및 소송경과】

(1) 2019. 11. 25. 및 같은 해 12. 5. 여성가족부 소속 주무관 A는 같은 부서에 근무하는 상관인 서기관 B에 대해 부당한 처우(불안감조성, 명예훼손 등)를 이유로 인사고충을 제기하였다.

(2) 2019. 12. 20. B는 법무감사담당관실에 '공무직의 초과근무수당 부정수급 정황을 발견하여 일부 시정조치를 하였고, 주무관 A가 공무직의 임금 보전을 위해 관행대로 실제 근무와 다른 초과근무수당의 지급을 요청하여 재발의 우려가 있다'는 취지의 신고(이하 '이 사건 부패행위

---

* 숙명여자대학교 법과대학 교수

신고'라 한다)를 하였다. 이에 2019. 12. 26.부터 2020. 1. 23.까지 여성가족부장관 측 감사담당관은 이 사건 부패행위 신고에 따른 조사를 실시하였다.

(3) 2019. 12. 27. 주무관 A는 법무감사담당관실에 B를 '공무원 행동강령' 위반으로 신고하였다. 이에 여성가족부장관 측 감사담당관은 2019. 12. 30.부터 2020. 1. 29.까지 B가 공무원 행동강령을 위반하였는지에 대해 감사(이하 '이 사건 감사'라 한다)를 실시하였다.

(4) 2020. 1. 13. B는 보복성 신고로 이 사건 감사를 받았다고 주장하면서 국민권익위원회에 신분보장 등의 조치를 신청하였다. 같은 해 2. 4., 2. 5. 및 3. 2. 여성가족부장관(甲)은 B에 대해 비인격적 대우, 부당한 업무배제 및 부당한 차별행위 등을 이유로 중징계의결의 요구 및 직위해제, 그리고 성과연봉 통보(B등급) 등의 조치(이하 '이 사건 조치'라 한다)를 하였다. 이에 대해 B는 국민권익위원회에 "이 사건 조치가 이 사건 부패행위 신고로 인한 불이익조치에 해당한다"라고 추가로 주장하였다.

(5) 2020. 6. 22. 국민권익위원회는 "B에 대한 이 사건 감사 및 조치가 모두 이 사건 부패행위 신고를 이유로 한 불이익조치로 인정된다"라고 판단하였다. 이에 국민권익위원회는 여성가족부장관(甲)에게 이 사건의 중징계의결 요구와 직위해제를 취소하고, 성과연봉 평가등급의 차액(218만원)을 지급할 것 등을 요구하는 신분보장 등의 조치 결정(이하 '이 사건 결정'이라 한다)을 하였다.

(6) 이에 대해 여성가족부장관(甲)은 이 사건 결정의 취소를 구하는 소를 서울행정법원에 제기하여 승소하였다. 국민권익위원회는 이에 불복하여 서울고등법원에 항소하였으나 기각되었다.

【대판원 판결의 요지】

(1) 부패방지 및 국민권익위원회의 설치와 운영에 관한 법률 제63조는 "불이익추정"이라는 제목하에 '부패행위 신고를 한 자가 신고를 한 뒤 제62조의2 제1항에 따라 국민권익위원회에 신분보장 등 조치를 신청한 경우 등에는 해당 신고와 관련하여 불이익을 당한 것으로 추정한다'는 부패행위 신고와 불이익조치 사이의 인과관계 추정 규정을 두고 있다. 이는 복잡·다양한 행정현실 속에서 국민권익위원회의 한정된 조사능력만으로는 부패행위 신고와 불이익조치 사이의 인과관계를 단기에 적극적으로 증명한다는 것에 현실적인 한계가 있음을 고려하고, 부패행위 신고를 활성화함으로써 궁극적으로 공직자의 권한 남용이나 법령을 위반한 행위 등을 예방하여 청렴한 공직사회를 확립한다는 취지에서 입법화된 것이다. 다만 위와 같은 인과관계 추정은 충분하고도 명백한 증거에 의하여 부패행위 신고와 관련된 경위 자체가 없었더라도 불이익조치가 내려졌을 것이라는 점이 증명되는 경우 등과 같이 특별한 사정이 있는 때에는 번복될 수 있는데, 이러한 경우에 해당하는지는 불이익조치권자가 불이익조치 사유를 인지하게 된 경위, 불이익조치 사유의 내용 및 위법·부당의 정도, 불이익조치권자 또는 해당 조치를 내리게 된 과정에 관여한 자와 부패행위 신고 내용과의 관련성, 관계 법령의 규정, 불이익조치 처리 관행상 불이익조치 사유를 인지한 상황임에도 소속기관이 불이익조치로 나아가지 않을 가능성의 존부와 정도, 부패행위 신고가 없었더라도 불이익조치가 이루어질 수 있는 개연성의 정도 등을 기초로 부패행위 신고 제도를 활성화하여 궁극적으로는 청렴한 공직 및 사회풍토를 확립하고자 하는 부패방지권익위법상의 공익과 위법·부당한 행위를 저지른 신고자를 면책하게 하는 결과로 훼손될 공익을 엄격히 비교·형량하여 판단해야 한다.

(2) 부패방지 및 국민권익위원회의 설치와 운영에 관한 법률 제2조 제7호 (사)목에서 불이익조치의 한 유형으로 규정한 '직무에 대한 부당한 감사'에 해당하는지는 관계 법령에서 정하고 있는 직무감사의 목적, 범위 및 절차, 직무감사의 실시 경위, 직무감사 실시에 앞서 감사권자가 인지한 비위행위의 내용, 직무감사 실시과정에서 확인된 비위행위의 위법·부당의 정도, 부패행위 신고자의 절차적 방어권 보장 여부 및 정도 등을 종합적으로 고려하여 판단해야 한다. 만일 해당 기관의 통상적인 직무감사 실시 경위 및 유형 등에 비추어 직무감사에 이를 정도의 위법·부당함이 없음에도 직무감사가 이루어졌거나 직무감사 과정에서 부패행위 신고자에게 절차적 방어권이 충분히 보장되지 않았다면, 이는 부패방지 및 국민권익위원회의 설치와 운영에 관한 법률 제2조 제7호 (사)목에서 규정하고 있는 불이익조치의 한 유형인 직무에 대한 부당한 감사에 해당할 여지가 크다.

I. 문제의 소재

대상판결에서는 '부패방지 및 국민권익위원회의 설치와 운영에 관한 법률'(이하 "부패방지권익위법"이라 한다)상의 '불이익조치'와 '인과관계 추정과 그 번복'에 관한 해석과 판단이 중요한 쟁점으로 다루어지고 있다. 먼저 이 사건 부패행위 신고와 이 사건 조치 사이에 부패방지권익위법 제63조의 '불이익추정'을 어떻게 해석해야 하는지가 문제다. 부패방지권익위법 제63조는 "신고자가 제62조의2 제1항에 따라 신고한 뒤 국민권익위원회에 신분보장 등의 조치를 신청하거나 법원에 원상회복 등에 관한 소를 제기하는 경우 해당 신고와 관련하여 불이익을 당한 것으로 추정한다"라고 규정하고 있다. 이에 대해 대법원은 원심[1])과 마찬가지로 이를 '인과관계의 추정'에 관한 조항으로 이해하면서, 이러한 인과관계의 추정이 번복될 수 있는 기준을 제시하고 있다.

대상판결에서는 이 사건 감사가 부패방지권익위법 제2조 제7호 (사)목에서 규정한 '불이익조치'의 한 유형인 직무에 대한 '부당한 감사'에 해당하는지가 문제인데, 원심과 대법원은 이를 소극적으로 판단하였다. 부패방지권익위법은 부패행위 신고에 대한 불이익조치 등을 금지하고 있다(제62조). 또한 부패방지권익위법 제2조 제7호 (사)목에는 "직무에 대한 부당한 감사(監査) 또는 조사나 그 결과의 공개"를 불이익조치의 하나로 규정하고 있다. 국민권익위원회가 부패방지권익위법 제62조의3 제1항에 따라 신분보장 등 조치 결정을 하기 위해서는 신분보장 신청인이 신고 등을 이유로 같은 법 제2조 제7호에서 정하는 '불이익조치'를 받았거나 받을 것으로 예상되는 경우에 해당하여야 한다. 서기관 B는 이 사건 감사가 이 사건 부패행위 신고로 인한 불이익조치라고 주장한다. 대상판결에서는 이 사건 감사가 부패방지권익위법 제2조 제7호 (사)목에 해당하는지가 중요한 쟁점이다.

한편, 대상판결에서는 이 사건의 소송형식이 적합한지에 관한 문제가 전혀 고려되지 않았다. 이 사건에서는 여성가족부장관이 국민권익위원회의 신분보장 등 조치결정의 취소를 구하는 소가 제기되었다. 대상판결에서는 국민권익위원회의 신분보장 등 조치결정에 대해 행정기관의 장이 항고소송(취소소송)을 제기하는 것이 허용되는지에 대해서는 충분히 검토하지 않았다. 이 사건에서는 여성가족부장관(甲)이 국민권익위원회를 상대로 취소소송을 제기한 것이다. 그러나 행정기관으로서 여성가족부장관이 취소소송을 제기한 것인지, 아니면 자연인으로서 甲이 취소소송의 원고로 보아야 하는지를 명확히 할 필요가 있다. 법인격이 없는 행정기관(국가기관)이 취소소송을 제기하는 것이 현행법상 허용될 수

---

1) 서울고등법원 2023. 1. 20. 선고 2021누63022 판결.

있는지가 논의되어야 한다. 만약 행정기관의 장인 여성가족부장관이 국민권익위원회를 피고로 그 신분보장 등의 조치에 대한 취소를 구하는 소를 제기하였다면, 이는 외관상 '기관소송'에 해당한다. 그러나 현행 행정소송법은 '기관소송법정주의'를 채택하고 있다(제45조). 부패방지권익위법에 이러한 소송을 명확히 규정하고 있지 않는데도 불구하고 이러한 방식으로 국가기관이 국가기관을 상대로 항고소송(취소소송)을 제기할 수 있는지가 검토되어야 한다. 부패방지권익위법에는 신분보장 등의 조치 결정과 관련된 규정 외에 이를 이행하지 않거나 협조 요청을 따르지 아니할 경우 행정벌을 규정하고 있다(동법 제90조 및 제91조). 이러한 제재처분의 승계에 관한 문제를 포함하여, 해당 규정의 문제점과 개선방안에 대해서도 함께 살펴볼 필요가 있다.

이하에서는 인과관계 추정의 번복에 관한 판단, 부당한 감사의 해석, 소송형식의 적합성 및 부패방지권익위법의 문제점 등의 쟁점에 관하여 순서대로 고찰하기로 한다.

II. 불이익추정의 허용범위

1. 불이익추정의 법적 의미

부패방지권익위법은 부패행위 신고자가 신고한 뒤 국민권익위원회에 신분보장 등 조치를 신청하거나 법원에 원상회복 등에 관한 소를 제기하는 경우 해당 신고와 관련하여 불이익을 당한 것으로 추정한다"라고 규정하고 있다(제63조). 이 규정은 대상판결에서 적절히 밝히고 있는 바와 같이 부패행위 신고와 불이익조치 사이의 인과관계를 단기간 내에 증명하는 것이 현실적으로 어렵고, 부패행위 신고제도를 활성화하여 청렴한 공직사회를 구현하기 위한 목적으로 도입된 것이다. 부패행위 신고로 인한 불이익조치라는 사실을 입증하는 것이 현실적으로 쉽지 않고 부패행위 신고자를 보호하기 위해 이러한 규정이 마련되었다.

대상판결은 이러한 불이익추정을 '인과관계의 추정'으로 이해하고 있다. 또한 대법원은 이러한 인과관계의 추정을 번복할 수 있는 기준을 제시하고 있다. 즉 "충분하고도 명백한 증거에 의하여 부패행위 신고와 관련된 경위 자체가 없었더라도 불이익조치가 내려졌을 것이라는 점이 증명되는 경우 등과 같이 특별한 사정이 있는 때"에는 이러한 인과관계의 추정이 번복될 수 있다고 보고 있다. 부패행위 신고자에 대한 불이익조치가 내려졌다고 할지라도 이러한 추정은 절대적인 것이 아니다. 대법원은 이러한 조치가 부패행위 신고와 관계 없이 독자적으로 이루어질 수 있다는 사실이 명백한 증거에 의해 증명될 때에는 이러한 인과관계의 추정이 번복될 수 있다고 보고 있다.

부패방지권익위법에는 이러한 인과관계 추정의 번복에 관한 명문의 규정이 없다. 그러나 개별법에는 인과관계의 추정과 그 번복을 규정한 경우도 있다. 예컨대 환경오염피해 배상책임 및 구제에 관한 법률 제9조 제1항은 "시설이 환경오염피해 발생의 원인을 제공한 것으로 볼 만한 상당한 개연성이 있는 때에는 그 시설로 인하여 환경오염피해가 발생한 것으로 추정한다"라고 규정하고 있다. 시설이 환경오염피해의 원인을 제공한 것으로 볼 상당한 개연성이 있을 때 그 환경오염피해의 인과관계를 추정하는 규정이다. 그러한 '상당한 개연성'의 존부는 시설의 가동과정, 사용된 설비, 투입되거나 배출된 물질의 종류와 농도, 기상조건, 피해발생의 시간과 장소, 피해의 상태와 그 밖에 피해발생에 영향을 준 사정 등을 고려하여 판단된다(동조 제2항). 또한 같은 조 제3항은 인과관계의 추정을 배제하는 기준을 명확히 규정하고 있다. 즉 "환경오염피해가 다른 원인으로 인하여 발생하였거나, 사업자가 대통령령으로 정하는 환경오염피해 발생의 원인과 관련된 환경·안전 관계 법령 및 인허가조건을 모두 준수하고 환경오염피해를 예방하기 위하여 노력하는 등 제4조 제3항에 따른 사업자의 책무를 다하였다는 사실을 증명하는 경우에는 제1항에 따른 추정은 배제된다"라고 규정하고 있다. 사업자가 환경오염피해의 원인과 관련된 관계 법령과 인허가조건을 준수하고 환경오염피해를 예방하기 위한 노력을 입증할 경우에는 그 인과관계의 추정이 배제되는 것이다. 법률에 이러한 인과관계 추정 번복에 규정이 없는 경우 해석에 의해 이러한 문제를 해결할 수밖에 없다.

대법원은 전술한 바와 같이 부패방지권익위법 제63조의 불이익추정을 '인과관계의 추정'으로 이해하고 있지만, 해당 '불이익추정'에 관한 규정은 소위 '일응의 추정(prima facie)'에 가깝다. 부패행위 신고와 불이익조치의 관계는 엄밀한 의미에서 인과관계의 문제가 아니다. 부패행위 신고라는 선행사실을 원인으로 하여 후행사실에 해당하는 불이익조치라는 결과가 자연적으로 발생하는 것은 아니다. 이처럼 인과관계는 자연적인 사실관계에 기초하는 것이다.[2] 일응의 추정은 일반적으로 "고도의 개연성이 있는 경험칙을 바탕으로 간접사실로부터 주요사실을 추정"하는 것이다.[3] 이는 입증책임(증명책임)의 부담을 경감하는 기능을 한다. 부패행위 신고자는 소속 기관에 의한 불이익조치가 수반되는 것이 경험칙상 적지 않다. 그런 점에서 이러한 부패행위 신고자가 국민권익위원회에 신분보장 등 조치를 신청하거나 법원에 원상회복에 관한 소를 제기할 때 그러한 불이익을 추정하는 것이다. 따라서 이러한 추정은 '간접반증'에 의해 번복될 수 있다. 즉 추정의 전제사실과 양립하는 별개의 간접사실을 증명할 경우 일응의 추정이 번복될 수 있다.[4] 대법원은 불이익추정을 번복할 수 있는 기준을 제시하고 있다. 즉 불이익조치권자(행정기관의 장)가 불이익조치를 한 경위와 사유, 불이익조치와 부패행위 신고와의 관련성, 불이익조치의 독립성이나 정당성 등을 고려하고 있

---

2) 곽윤직·김재형, 채권총론, 제7판(전면개정), 박영사(2023), 134면.

3) 이시윤, 신민사소송법, 제17판, 박영사(2024), 576면.

4) 이시윤, 전게서, 577면.

다. 결국 소속 기관의 장 등이 내린 불이익조치가 부패행위 신고와 무
관하게 이루어졌다는 특단의 간접사실을 증명할 경우 이러한 추정은 번
복될 수 있다는 것이다.

2. 불이익추정의 허용범위와 그 한계

부패방지권익위법 제63조의 불이익추정에 관한 규정은 부패행위
신고자를 두텁게 보호하기 위한 것이지만, 비리가 있는 신고자가 이 제
도를 남용할 우려도 있다. 이 사건과 같이 신고자가 공무원 행동강령을
위반하여 직위해제 및 중징계 요구 대상이 될 경우에 이를 모두 금지되
는 불이익조치라고 볼 수 있는지가 문제다. 이 사건에서 신고자 B는
2019. 12. 20. 부패행위 신고를 하였고, 이후 2020. 1. 13. 보복성 신고
로 이 사건 감사를 받았다고 주장하면서 국민권익위원회에 신분보장 등
의 조치를 신청하였다. B는 자신의 부패행위 신고로 불이익조치를 당하
였다고 주장하고 있다.

부패행위 신고에 대해 불이익조치가 수반될 개연성이 높지만, 이러
한 불이익조치가 모두 금지되는 것은 아니다. 비록 부패방지권익위법
제62조 제1항은 신고자에게 신고 등을 이유로 불이익조치를 금지하고
있지만, 부패행위 신고와 직접 관련된 불이익조치에 제한될 필요가 있
다. 신고자에 대한 보복성 불이익조치를 금지하는 것으로 해석되어야
한다. 예컨대 소속 기관의 장 등이 한 불이익조치가 그 신고자의 별도
의 비리행위나 위법행위 등에 의해 발생하였고, 그 불이익조치가 이러
한 부패행위 신고가 없었더라도 이루어질 수 있는 개연성이 있는 경우
에는 신고자에 대한 불이익조치가 허용될 수 있어야 한다. 이처럼 부패
행위 신고자에 대한 불이익조치가 그 부패행위 신고와 무관함이 증명될
경우에는 이러한 추정이 깨어진다.

한편, 대상판결에서는 이러한 심사와 관련하여 "청렴한 공직 및 사

회풍토를 확립하고자 하는 부패방지권익위법상의 공익과 위법·부당한 비리행위를 한 신고자의 면책으로 훼손될 공익을 엄격히 비교·형량하여 판단해야" 한다고 밝히고 있다. 여기서 말하는 '부패방지권익위법상의 공익'이란 부패행위 신고를 통해 청렴한 공직사회와 건전한 사회풍토를 확립하는 것이라고 볼 수 있다. 이에 반해 '위법·부당한 비리행위를 한 신고자의 면책으로 훼손될 공익'이란 비리가 있는 부패행위 신고자의 면책으로 신고자 자신의 비리행위를 은폐하는 결과를 초래할 수 있고, 이러한 면책이 또 다른 공직사회의 부패와 공직기강 문란 등을 가져올 수 있는 위험성을 의미한다. 불이익추정에 관한 조항이 자칫 부패행위 신고자의 비리를 은폐하는 도피처가 되어서는 아니된다. 대상판결에서는 그러한 문제점을 인식하고, 불이익추정을 번복하는 기준을 제시한 것이다.

이처럼 부패방지권익위법 제63조의 불이익조치 등의 금지 대상은 부패행위 신고를 이유로 한 불이익조치, 즉 부패행위 신고와 관련된 불이익조치에 제한되어야 한다. 부패행위 신고와 무관한 별도의 비리행위나 독자적인 위법행위 등에 대해서는 불이익조치를 허용할 수 있다.

Ⅲ. 직무에 대한 '부당한 감사'의 해석

부패방지권익위법은 부패행위 신고자에게 그 신고나 이와 관련한 진술, 자료 제출 등을 이유로 불이익조치를 금지하고 있다(제62조 제1항). 또한 부패방지권익위법 제2조 제7호 (사)목에는 불이익조치의 한 유형으로 '직무에 대한 부당한 감사'를 규정하고 있다. 여기서 '부당한 감사'가 무엇을 의미하는지가 문제다. 부패행위를 신고한 자가 부당한 감사를 받았거나 받을 것으로 예상되는 경우에는 부패방지권익위법 제62조의2에 따라 신분보장 등의 조치를 신청할 수 있다. 부패방지권익위법

제2조 제7호 ㈐목에는 부당한 감사만을 규정하고 있지만, '위법'한 감사도 해석상 이러한 불이익조치에 포함된다. 예컨대 상위법령을 명백히 위반하거나 재량권을 일탈·남용한 감사는 위법한 감사에 해당하며, 이러한 감사도 불이익조치에 해당함은 물론이다. 실무에서는 이러한 감사의 위법을 곧바로 판단하기가 쉽지 않다. 그런 이유로 부패방지권익위법 제2조 제7호 ㈐목에 부당한 감사를 규정하고 있는 것이다. 다만, 감사의 '부당성'은 추상적인 개념이며, 이를 어떻게 해석할 것인지가 중요하다.

대상판결은 '부당한 감사'에 관한 구체적인 판단기준을 제시하고 있다. 즉 "관계 법령이 정하는 직무감사의 목적, 범위 및 절차, 직무감사의 실시 경위, 직무감사 실시과정에서 확인된 비위행위의 위법·부당의 정도, 부패행위 신고자의 절차적 방어권 보장 여부 등을 종합적으로 고려"하여 이를 판단해야 한다고 본다. 대법원은 통상적인 직무감사의 실시경위나 유형 등에 비추어 직무감사에 이를 정도의 위법·부당함이 없음에도 불구하고 직무감사가 이루어졌거나 직무감사 과정에서 부패행위 신고자에게 절차적 방어권이 충분히 보장되지 않았을 경우에 부당한 감사에 해당할 여지가 크다고 보고 있다.

원심과 대법원은 이 사건 감사가 부패방지권익위법 제2조 제7호 ㈐목에서 규정한 불이익조치인 '직무에 대한 부당한 감사'에 해당하지 않는다고 판단하였다. 특히 원심인 서울고등법원은 부패방지권익위법 제2조 제7호 ㈐목의 불이익조치를 모든 감사가 아닌 '부당한 감사'로 한정하고 있으며, 이 사건 감사의 조사 방식과 절차가 조사의 객관성과 공정성을 훼손할 정도로 현저히 부당하거나 참가인 B의 실질적 방어권을 침해하고 있지 않다고 판단하였다. 대법원은 이러한 원심의 판단을 긍정하면서, 여기에 필요한 심리를 다하지 않은 채 논리와 경험의 법칙을 위반하여 자유심증주의의 한계를 벗어나거나 부패방지권익위법상의 불이익조치에 관한 법리를 오해함으로써 판결에 영향을 미친 잘못이 없다고 밝히고 있다. 대법원은 감사의 부당성에 관한 판단을 엄격히 하고 있으며, 그 조사방식의 절차가 객관성과 공정성을 확보하는지, 그리고 피조사자(부패행위 신고자)의 절차적 방어권이 충분히 보장되는지를 중요한 기준으로 고려하고 있다.

나아가 원심은 주무관 A의 이 사건 행동강령 위반 신고를 계기로 진행된 감사가 일종의 '복무감사'로 파악하고 있으며, 참가인 B에 대한 직원들의 인사고충이 누적된 상황이었으므로 원고(여성가족부장관 甲)가 B의 비위행위에 대해 적정한 감사권을 행사할 직무상 의무가 있음을 강조하고 있다. 또한 원고가 '직장 내 괴롭힘' 행위와 관련된 B의 비위행위에 관한 단서가 발견되어 이를 조사하고 상응하는 조치를 취하는 것이 적정한 감사권의 행사라고 판단하였다. 이를 논거로 원심과 대법원은 부패행위 신고자의 직무에 대한 정당한 감사가 이러한 불이익조치에 해당하지 아니한다고 판단하고 있다.

부당한 감사가 불이익조치에 해당하는지는 결국 부패행위 신고와의 관련성이 중요하다. 여기서 문제가 되는 '부당한 감사'가 부패행위 신고에 따른 보복성 감사인지를 검토해야 한다. 대상판결에서 제시하고 있는 바와 같이 직무감사의 목적, 범위 및 절차, 직무감사의 실시 경위, 직무감사 실시과정에서 확인된 비위행위의 위법·부당의 정도, 부패행위 신고자의 절차적 방어권 보장 여부 등도 감사의 적정성이나 정당성을 판단하는 중요한 기준이다. 부패행위 신고자는 대부분 그 신고로 인해 소속한 행정기관에서 불이익조치를 받을 가능성이 높다. 그런 점에서 부패행위 신고 후의 직무감사에 대해 신고자는 부당한 감사를 주장할 수 있다. 이 경우 부당한 감사를 판단할 수 있는 객관적 기준이 중요하다. 일반적인 감사의 적정성이나 정당성보다는 이러한 감사가 신고행위에 따른 불이익조치인지가 핵심적 판단요소이다.

Ⅳ. 소송형식의 적합성 검토

　대상판결의 소송형식이 적합한지가 검토되어야 한다. 대상판결에서는 여성가족부장관이 국민권익위원회를 피고로 하여 신분보장 등의 조치 결정의 취소를 구하고 있다. 즉 여성가족부장관이 항고소송의 원고이다. 국가기관 또는 행정기관이 항고소송의 원고가 될 수 있는지는 여전히 학계의 뜨거운 쟁점의 하나이다.[5] 국내 학설 중에는 국가기관이라도 처분에 대하여 다투어야 할 ‘법률상 이익’이 있으면 원고적격을 적극적으로 인정해야 한다는 견해도 있다.[6] 또 다른 견해는 독일 문헌을 근거로 "법률이 인정하고 있는 경우나 해석상 특정 행정청의 법률상 이익이 침해된다고 볼 수 있는 경우"에 원고적격을 인정할 수 있다는 견해도 있다.[7] 그리고 지방자치단체에 대해 항고소송의 원고적격을 인정하는 견해도 있다.[8]

　또한 이에 대해 취소소송의 원고적격 규정에 관한 해석을 통해 기

---

5) 김진하, "국기기관(장) 등이 항고소송을 제기하는 경우 실무상 쟁점: 대법원 2013. 7. 25. 선고 2011두1214 판결에 즈음하여", 행정재판실무연구 Ⅴ(재판자료 제132집), 99-128면.

6) 이철환, "항고소송에서 국가기관의 원고적격", 법학논총 제33집(2015. 1), 319-347면.

7) 홍정선, 행정법원론(상), 제31판, 박영사(2023), 1136-1137면. 한편, 독일 행정법원법에는 행정기관의 원고적격을 인정하는 명문의 규정이 있으므로 이러한 문제가 발생하지 아니한다. 다만, 여기서 말하는 "행정청의 법률상 이익"이 무엇을 의미하는지가 불명확하다. 행정청은 행정주체와 달리 권리·의무의 귀속주체가 될 수 없다고 보는 견해가 지배적이며, 행정청에 이러한 법률상 이익을 인정할 수 있는지는 의문이다.

8) 朴正勳, 행정소송의 구조와 기능, 박영사(2006), 352-355면. 다만, 지방자치단체와 국기기관의 원고적격을 달리 보아야 한다. 이와 관련하여 지방자치단체의 장에 대해 항고소송의 원고적격을 인정할 것인지도 문제지만, 지방자치단체를 대표하는 경우에 한해서만 원고적격을 인정하여야 한다(이에 대해서는 정남철, "자치쟁송의 구조변화와 지방자치단체 권리구제체계의 재구축", 법조 제69권 제2호(통권 제740호), 78-113면 참조).

관소송법정주의의 한계를 우회하려는 시도이며, 이는 법문언의 정당한 해석 범위에 포함되기 어렵다는 비판도 있다.9) 그리고 국가기관이 다른 국가기관을 상대로 항고소송을 제기하는 것은 그 자체 모순일 수 있고, 행정소송법상 국가기관의 원고적격에 관한 명문의 규정이 없는 한, 이에 대해 원고적격을 인정하는 것은 적절하지 않다는 비판이 있다.10) 그 밖에 국가기관에 대해 항고소송의 원고적격을 예외적으로 인정하는 대법원 판결에 관명하거나,11) 기관소송법정주의를 완화하자는 견해도 있다.12)

대상판결에서는 여성가족부장관의 원고적격에 관하여 아무런 검토를 하고 있지 않다. 이러한 형식의 항고소송이 법률의 근거 없이 허용될 수 있을지에 대해서는 숙고가 필요하다. 부패방지권익위법에 따르면, 신고자는 국민권익위원회에 신고 등을 이유로 불이익조치를 받았거나 받을 것으로 예상되는 경우 신분보장 등의 조치를 신청할 수 있다(제62조의2 제1항). 또한 국민권익위원회는 그 조사 결과 이러한 불이익 조치를 받았거나 받을 것으로 예상되는 경우에는 소속 기관의 장 등에게 신분보장 등의 조치를 취하도록 요구하는 결정을 할 수 있다(동법 제62조의3 제1항). 이 경우 소속기관의 장등은 신분보장 등 조치결정에 대해 그 통보받은 날부터 30일 이내에 행정소송을 제기할 수 있다(동법 제

---

 9) 이국현, "국가기관이 행정소송법의 해석상 취소소송의 원고적격을 갖는가: 대법원 2013. 7. 25. 선고 2011두1214 판결을 중심으로", 성균관법학 제26권 제3호(2014. 9), 75-106면.

10) 정남철, "항고소송에 있어서 국가기관의 원고적격", 저스티스 통권 제140호(2014. 2), 334-364면: 정남철, "항고소송에 있어서 국가기관의 원고적격에 관한 비판적 고찰", 법률신문 제4646호(2018. 10. 22.자), 11면.

11) 김춘환, "국가기관이 당사자능력과 당사자적격을 가지는지 여부에 관한 판례검토", 법학논총 제21권 제3호(2014. 12), 395-413면.

12) 한명진, "행정기관의 당사자능력 및 원고적격에 관한 검토-독일의 지방자치단체 영역에서의 기관소송을 중심으로", 공법연구 제46집 제1호(2017. 10), 261-294면.

62조의4 제1항). 그러나 소속기관의 장 등은 이러한 신분보장 등 조치결정에 대해 행정심판을 제기할 수 없다(동조 제2항).

이 경우 부패방지권익위법 제62조의4에서 규정하는 행정쟁송을 제기하는 소속기관의 장이 행정기관의 지위에 있는지가 문제다. 대상판결에서도 여성가족부장관 甲이 자연인으로 행정소송을 제기하는 것인지, 아니면 행정기관으로서 여성가족부장관이 행정소송의 원고인지를 검토할 필요가 있다. 위에서 언급한 부패방지권익위법 제62조의4 제1항과 제2항은 모두 행정소송의 원고와 행정심판의 청구인을 '행정기관의 장 등'이라고 규정하고 있다. 여성가족부장관과 국민권익위원회는 모두 국가기관이며, 그 권리·의무의 귀속주체는 국가다. 이러한 소송은 결국 국가기관이 자신에 대해 소송을 하는 것이며, 그 자체로 모순이다. 그 소송의 승부(勝負)에 관한 결과도 모두 동일한 행정주체인 국가에 귀속된다. 또한 대상판결에서 행정기관(국가기관)이 항고소송의 원고적격을 가지는지가 문제지만, 근본적으로 이러한 신분보장 등 조치결정이 항고소송의 대상인 처분인지도 검토가 필요하다. 국민권익위원회가 여성가족부장관에게 신분보장 등의 조치를 요구하는 결정을 행정청의 '공권력 행사'라고 이해할 수 있는지는 의문이다. 여기서 공권력 행사는 일종의 '고권적(高權的) 조치(hoheitliche Maßnahmen)'를 의미한다. 그런데 동일한 행정주체 내부의 결정을 공권력 행사라고 보기는 어렵다. 행정행위(행정처분)의 핵심적 개념요소는 '구체적 사실에 관한 법집행'이다. 여기서 '법집행'은 집행행위를 말하며, 이는 사인에 대한 직접적인 대외적 구속력을 가진다. 이러한 점을 종합하면, 행정주체 내부의 행위, 즉 내부적 행위는 행정처분에 포함하기가 어렵다.

대법원은 선행판결에서 국가기관이 제기한 항고소송을 예외적으로 허용한 사례도 있다. 이 사건에서는 경기도 선거관리위원회 위원장(甲)이 소속 직원인 부패행위 신고자(丙)에 대한 국민권익위원회(乙) 보호조치 요구결정에 대해 취소소송을 제기하였는데, 대법원은 국가기관도 예

외적으로 원고적격이 인정될 수 있다고 판단하였다.13) 이 판결에서는
경기도 선거관리위원회 위원장(甲)을 자연인으로 이해하면 충분하고, 국
가기관에 항고소송의 원고적격을 무리하게 인정할 필요가 없었다.14) 본
고에서 검토하고 있는 대상판결에서는 원고인 여성가족부장관과 피고
인 국민권익위원회 간의 분쟁이며, 이는 외형상 전형적인 기관소송에
해당한다. 대상판결에서는 항고소송을 당연히 인정하고 있지만, 국민권
익위원회의 보호조치결정을 공권력의 행사, 즉 고권적 조치로 볼 수 있
는지도 미지수(未知數)이다. 이는 행정주체 내부의 의사결정에 관한 사
안일 뿐이다.

    행정청은 권한만 가질 뿐 권리가 없어 항고소송에서 행정청의 원
고적격이 인정되지 아니한다. 다만, 상급행정청의 감독처분에 대해서는
그 예외를 인정하고 있을 뿐이다.15) 독일에서는 동일한 행정주체 내부
의 기관 간 소송을 내부기관소송(Insichprozeß)이라고 부르고 있다. 이러
한 소송은 내부법의 영역이므로 행정행위(행정처분)을 인정하기가 어렵
고, 국가기관의 권리·의무의 귀속주체는 모두 국가이다. 이는 자신에
대한 행정소송이므로 그 자체가 모순이다. 독일에서도 60년 대말까지
이러한 공공단체 내부의 기관쟁송은 행정소송의 대상이 아니었지만, 이
러한 사고에 대해 반대하는 경향이 생기기 시작하였다. 분쟁당사자가
자신의 조직상의 권리나 조직관리자의 권리가 문제될 경우 그러한 기관
이나 그러한 기관의 일부가 주관적 권리의 주체가 될 수 있다는 점이
인정되기 시작하였다.16) 특히 독일 행정법원법 제61조 제3호는 주(란
트) 법이 정하는 경우 행정청도 당사자능력을 가질 수 있다고 규정하고

13) 대법원 2013. 7. 25. 선고 2011두1214 판결.
14) 이에 대해서는 정남철, "항고소송에 있어서 국가기관의 원고적격", 345-346면; 동
    인, 헌법재판과 행정소송, 법문사(2022), 98-100면.
15) Hufen, Verwaltungsprozessrecht, 7. Aufl., § 14 Rn. 107.
16) Würtenberger, Verwaltungsprozessrecht, 3. Aufl., § 38 Rn. 664.

있다.[17] 이러한 행정법상의 기관쟁송에 대한 소송형식에 대해 다양한
견해가 주장되고 있고 이를 항고소송으로 다툴 수 있다고 보는 견해도
있지만, 일반이행의 소가 적합하며 보충성에 반하지 않으면 일반확인의
소도 가능하다고 보는 견해가 지배적이다.[18] 또한 독일 행정법원법은
내부기관소송을 별도로 규정하고 있지 않다. 그러나 내부기관소송도 원
고가 자신의 권리가 침해되는 것을 주장하는 때에만 허용된다고 보는
견해가 유력하다.[19] 따라서 비록 예외적이지만, 행정청이 다른 행정청
을 상대로 항고소송을 제기할 수 있다고 보는 대법원 판례의 입장은 재
고될 필요가 있다.

V. 부패방지권익위법상 제재규정의 문제점

부패방지권익위법은 신분보장 등의 조치 결정을 따르지 아니하거
나 신분보장 등의 조치 신청을 따르지 아니하는 경우에는 행정벌을 규
정하고 있다. 즉 부패방지권익위법 제90조 제1항은 신분보장 등의 조치
결정에 관한 규정뿐만 아니라, 이를 이행하지 아니한 자에 대해서는 3
년 이하의 징역 또는 3천만원 이하의 벌금에 처하도록 하고 있다. 또한
신분보장 등의 조치 신청 등과 관련하여 출석, 진술서·자료의 제출, 사
실·정보의 조회 요구에 따르지 아니한 자에게는 3천만원 이하의 과태
료를 부과하도록 규정하고 있다(동법 제91조 제1항). 이러한 규정은 부패

---

17) 브란덴부르크 주, 메클렌부르크 포폼메른 주, 노르트라인 베스트팔렌 주, 니더작센
    주 등에 이러한 규정을 두고 있다(이에 대한 상세는 Kopp/Schenke, VwGO, 18.
    Aufl., § 61 Rn. 13 ff. 참조). 한편, 주(란트)뿐만 아니라, 연방도 행정청에 당사자능
    력을 부여할 수 있다고 보고 있다(J. Schmidt, in: Eyermann, VwGO, 14. Aufl., § 61
    Rn. 12).
18) 이에 대한 상세는 정남철, 헌법재판과 행정소송, 78면 이하.
19) Schmitt Glaeser/Horn, Verwaltungsprozeßrecht, 15. Aufl., Rn. 169a.

행위 신고자의 신분보장의 실효성 확보를 위해 도입된 것이다.

　　그러나 신고자가 소속된 기관의 장이 행정기관(행정청)일 경우 부패방지권익위법 제62조의3 제1항에 따른 신분보장 조치결정을 이행하지 않았음을 이유로 그 행정기관에 '자유형'을 부과하는 것은 옳지 않다. 또한 행정기관에 대한 벌금형이나 과태료를 부과하는 것도 적절하지 않다. 이러한 벌금이나 과태료는 모두 국가의 재정으로 부담해야 하는데, 국가기관이 부과하고 이를 국가기관에 소속된 행정주체(국가)가 부담하는 것은 모순이다.

　　한편, 부패방지권익위법 제62조의6은 이러한 신분보장 등의 결정을 그 정해진 기간까지 이행하지 아니하면 3천만원 이하의 이행강제금을 부과할 수 있다고 규정하고 있다. 이 경우 국가 또는 지방자치단체는 제외하고 있다. 부패방지권익위법은 소속기관의 장을 "그 소속된 기관·단체·기업 등의 장 또는 관계 기관·단체·기업 등의 장"이라고 규정하고 있다(제62조의2 제3항). 누구든지 부패행위의 신고자가 될 수 있고, 그 소속기관의 장에는 민간기업이나 민간단체 등의 장도 포함된다(부패방지권익위법 제55조 참조). 신분보장 등의 조치를 이행하지 아니한 자에게 이행강제금을 부과할 수 있는 규정은 민간기관이나 민간기업 등에 해당된다. 행정기본법 제30조 제1항 제2호도 이행강제금을 "의무자가 행정상 의무를 이행하지 아니하는 경우 행정청이 적절한 이행기간을 부여하고, 그 기한까지 행정상 의무를 이행하지 아니하면 금전급부의무를 부과하는 것"이라고 규정하고 있다. 여기서 의무자는 행정상 의무를 부담하는 사법상 자연인 또는 법인을 원칙으로 한다. 국민권익위원회가 국가기관에 대해 이행강제금을 부과하는 것은 전술한 바와 같이 자신 자신에 귀속되는 제재에 해당하여 모순적 상황에 직면하게 된다. 그런 점에서 부패방지권익위법 제62조의6 제1항 단서는 국가 또는 지방자치단체에 대한 이행부과금의 부과를 제외하고 있다.

　　그러나 부패방지권익위법 제90조에 규정된 불이익조치 및 신분보장 등 조치결정 불이행에 관한 벌칙조항에는 이러한 예외규정이 없다. 즉 부패방지권익위법 제62조 제1항을 위반하여 불이익조치를 한 자 또는 같은 법 제62조의3 제1항에 따른 신분보장 등 조치결정을 이행하지 아니한 자에 대해 행정벌을 규정하고 있다. 특히 부패방지권익위법 제62조의3 제1항에 의하면, 국민권익위원회가 소속기관의 장 등에게 신분보장 등 조치를 요구하는 결정을 한다. 따라서 행정기관을 포함한 소속기관의 장도 이러한 행정벌을 부과받을 수 있다. 또한 불이익조치를 한 자에 대해 출석을 요구하여 진술을 청취하거나 진술서, 자료 제출 등을 요구할 수 있다(부패방지권익위법 제62조2 제4항). 또한 전술한 바와 같이 이를 이행하지 않는 자에 대해서는 과태료를 부과할 수 있다. 이러한 구조에서는 신고자가 소속된 행정기관의 장은 국민권익위원회의 신분보장 조치결정에 대해 불복하는 행정소송을 제기할 수밖에 없다. 이와 관련하여 행정기관의 장은 항고소송(취소소송 또는 무효확인소송)을 제기하고 있지만, 이러한 분쟁에서 행정기관의 장이 원고가 되어 항고소송을 제기하는 것은 이론적으로 타당하지 않다. 무엇보다 행정기관에 대한 행정형벌로 이해할 경우 후임으로 행정기관의 장이 된 자도 이를 승계해서 책임을 져야 하는데, 이는 타당하지 않다. 행정기관의 장이 자연인으로서 항고소송을 제기하는 것은 무방하다. 그러나 이러한 분쟁을 국민권익위원회와 행정기관 간의 분쟁으로 본다면, 부패방지권익위법에 기관소송에 관한 규정을 별도로 마련하여야 한다. 부패방지권익위법 제90조에는 "...를 위반하여 불이익조치를 한 자", "...에 다른 신분보장 등 조지결정을 이행하지 아니한 자" 등에게 행정형벌을 부과하고 있다. 이는 그 위반자에 법인격이 없는 행정기관을 포함할 수 없음을 의미한다.

Ⅵ. 맺음말

이상의 논의를 통해 대상판결의 몇 가지 쟁점과 문제점을 고찰하였다. 대상판결에서는 부패방지권익위법 제63조에 따른 '불이익추정'을 인과관계의 추정으로 이해하고 있지만, 이는 오히려 '일응의 추정'에 해당하는 것이다. 다만, 대상판결에서 이러한 불이익추정을 판단할 때 부패행위 신고와 관련이 있는지에 관한 판단기준을 제시하고 있는 것은 의미 있다. 또한 부패행위 신고자의 불이익을 지나치게 확대하지 아니하고, 부패행위 신고와 무관한 비리행위와 신고자의 불이익을 구별한 점은 적절하다고 판단된다. 그러나 불이익조치의 한 유형인 '부당한 감사'가 부패행위 신고에 따른 보복성 감사에 해당하는지를 개별적으로 판단하는 것은 중요하다. 이에 관한 객관적 기준을 어떻게 설정할 것인지는 앞으로 남은 과제이다.

한편, 대상판결에서 국민권익위원회의 신분보장 등 조치결정에 대해 국가기관이 취소소송을 제기하도록 허용한 것은 이론적으로 옳지 않다. 이러한 문제를 해결하는 방안으로는 신분보장 등의 조치결정에 대한 항고소송의 주체인 소속기관의 장을 행정기관이 아닌 '자연인'으로 파악하여, 그 취소나 무효를 구하는 소를 제기한다고 해석하는 방법이 고려된다. 대상판결에서도 행정기관(국가기관)으로서 여성가족부장관이 아니라 자연인 甲이 이러한 신분보장 등 조치결정에 불복하는 항고소송을 제기한 것으로 이해할 경우 원고적격의 판단에 아무런 문제가 없다. 이러한 접근은 명문의 규정이 없음에도 불구하고 국가기관을 항고소송의 원고로 인정하는 무리한 해석을 피할 수 있다.

부패방지권익위법에는 전술한 바와 같이 불이익조치 및 신분보장 등 조치결정을 이행하지 아니하거나 출석·자료제출 등의 요구를 따르지 않으면 행정형벌(3년 이하의 징역 또는 3천만원 이하의 벌금)과 행정질서벌(과태료)을 부과할 수 있는 규정을 두고 있다(제90조 및 제91조). 이 경우 불이익조치를 하거나 신분보장 등의 조치결정을 이행하지 않은 자는 문언상 행정기관이 아니라 그 소속기관의 장인 '자연인'으로 해석해야 합리적이다. 법문상 '자(者, Person)'는 자연인 또는 법인을 의미하며, 행정기관에 해당할 수 없다. 이러한 행정벌의 부과대상자가 '행정기관'이라고 해석하면, 그 소속 기관의 장이 이후에 교체될 경우 그 후임자가 그 행정벌을 그대로 승계해야 하는 문제가 발생할 수 있다. 이러한 해석은 타당하지 않다.

　　부패행위 신고자를 보호하는 취지에서는 전적으로 공감하지만, 그 불이익조치 및 신분보장 등 조치결정을 이행하지 아니한 자에게 지나치게 무거운 행정벌을 부과하고 있다. 또한 그 제재수단으로 행정벌 규정을 두는 것이 적정한지에 대해서는 재고할 필요가 있다. 만약 소속기관의 장에 대해 제재규정을 둘 경우 감사요청이나 인사권자에 대한 감독조치 등을 요구하는 규정을 마련하는 것이 바람직하다. 신분보장조치를 악용하는 사례에 대해서는 행정기관의 징계나 인사조치 등은 사실상 어렵게 되고, 대상판결과 같이 국민권익위원회의 신분보장 등의 조치 결정에 대해 행정쟁송을 제기하지 않을 수 없는 상황에 이르게 된다. 이러한 분쟁을 국민의 세금으로 국가 내의 기관 간 소송으로 다투는 것은 역설적이다. 이를 항고소송이 아니라 '기관소송'의 형식으로 다툴 방안도 고려할 수 있다. 현행 행정소송법은 기관소송 법정주의를 채택하고 있으므로 행정기관이 국민권익위원회를 상대로 기관소송을 제기할 수 있는 규정을 신설해서 합리적인 해결을 도모할 필요가 있다. 근본적으로는 행정소송법에 행정청과 같은 '기관'에 대해서도 예외적으로 당사자능력을 인정하는 규정을 신설하는 방안을 고려하고, 이를 사법적(司法的)으로 실현하기 위한 새로운 소송유형(일반이행소송, 확인소송)을 적극적으로 도입할 필요가 있다. 행정소송법 제8조 제2항에는 행정소송에 관하여 행정소송법에 특별한 규정이 없는 사항에 대해서는 민사소송법의 규정을 준용하도록 하고 있다. 행정소송의 본질에 반하지 아니하는 한, 소송형식에 있어서도 진취적인 태도가 필요하다.

바야흐로 국내 행정법학계의 현실을 반추(反芻)하면, 행정법이론의 발전은 정체되어 있고 새로운 담론(談論)이나 행정법 도그마틱을 견인(牽引)할 요소가 점차 희박해지고 있는 것은 안타까운 일이다. 특히 행정소송법의 개정 논의가 중단되어 판례뿐만 아니라 행정법이론의 발전이 후퇴하고 있으며, 국민의 실질적인 권리구제도 심각한 제약을 받고 있다. 현행 행정소송법은 새로운 분쟁에 대응하기에는 진부하고 낡은 시스템이다. 행정법학계에서 대단원의 합의가 이루어졌거나 그 도입에 이론(異論)이 없는 제도부터 개정할 필요가 있다. 그 밖에 행정소송법의 (전면)개정이 현실적으로 불가하다면, 독일의 입법례와 같이 판례의 해석을 통해 새로운 소송형식을 인정하는 노력도 기울여야 한다. 무명항고소송(또는 법정외항고소송)에 대해서는 부정설이 지배적이지만, 이를 허용해서 행정소송의 개혁을 위한 활로(活路)를 개척하는 방안도 전향적으로 논의될 필요가 있다. 대상판결에서는 기관 간의 분쟁에 관한 소송형식에 대한 개혁의 단초를 제공하였으며, 이에 관한 해결방안의 모색이 향후 행정법학계의 중요한 과제가 되어야 할 것이다.

참고문헌

[국내문헌]

1. 교과서 및 단행본

김도창, 일반행정법론, 제4전정판, 청운사, 1992.
김중권, 행정법, 제5판, 법문사, 2023.
박균성, 행정법론(상), 제22판, 박영사, 2023.
이상규, 신행정법론(상), 신판, 법문사, 1997.
정남철, 한국행정법론, 제3판, 법문사, 2023.
_____, 헌법재판과 행정소송, 법문사, 2022.
홍정선, 행정법원론(상), 제31판, 박영사, 2023.

2. 논문

김진하, "국가기관(장) 등이 항고소송을 제기하는 경우 실무상 쟁점: 대법원 2013. 7. 25. 선고 2011두1214 판결에 즈음하여", 행정재판실무연구 V(재판자료 제132집), 99－128면.
김춘환, "국가기관이 당사자능력과 당사자적격을 가지는지 여부에 관한 판례검토", 법학논총 제21권 제3호(2014. 12), 조선대학교 법학연구원, 395－413면.
이국현, "국가기관이 행정소송법의 해석상 취소소송의 원고적격을 갖는가: 대법원 2013. 7. 25. 선고 2011두1214 판결을 중심으로", 성균관법학 제26권 제3호(2014. 9), 75－106면.
이철환, "항고소송에서 국가기관의 원고적격", 법학논총 제33집(2015. 1), 319－347면.
정남철, "자치쟁송의 구조변화와 지방자치단체 권리구제체계의 재구축",

법조 제69권 제2호(통권 제740호), 2020. 4, 78-113면.

_____, "항고소송에 있어서 국가기관의 원고적격", 저스티스 통권 제140호(2014), 334-364면.

_____, "항고소송에 있어서 국가기관의 원고적격에 관한 비판적 고찰", 법률신문 제4646호(2018. 10. 22.), 11면.

한명진, "행정기관의 당사자능력 및 원고적격에 관한 검토 - 독일의 지방자치단체 영역에서의 기관소송을 중심으로", 공법연구 제46집 제1호(2017. 10), 261-294면.

[독일문헌]

Eyermann, Verwaltungsgerichtsordnung(VwGO), 14. Aufl., München 2014.

Hufen, Verwaltungsprozessrecht, 7. Aufl., München 2008.

Kopp/Schenke, VwGO, 18. Aufl., München 2012.

Schmidt Glaeser/Horn, Verwaltungsprozeßrecht, 15. Aufl., 2000.

Würtenberger, Verwaltungsprozessrecht, 3. Aufl., München 2011.

국문초록

　　대상판결에서는 '부패방지 및 국민권익위원회의 설치와 운영에 관한 법률'의 '불이익조치'와 '부당한 감사'에 관한 해석이 중요한 쟁점이다. 대상판결에서는 부패방지권익위법 제63조에 따른 '불이익추정'을 인과관계의 추정으로 이해하고 있지만, 이는 오히려 '일응의 추정(prima facie)'에 해당하는 것이다. 다만, 대상판결에서 이러한 불이익추정을 판단할 때 부패행위 신고와 관련이 있는지에 관한 판단기준을 제시한 것은 적절하다. 또한 이익조치의 한 유형인 '부당한 감사'가 부패행위 신고에 따른 보복성 감사에 해당하는지를 개별적으로 판단하는 것은 중요하다. 그러나 대상판결에서는 이 사건의 소송형식이 적합한지에 관한 문제가 전혀 고려되지 않았다. 국민권익위원회의 신분보장 등 조치결정에 대해 국가기관이 취소소송을 제기하도록 허용한 것은 이론적으로 옳지 않다. 이러한 문제를 해결하는 방안으로는 신분보장 등의 조치결정에 대한 항고소송의 주체인 소속기관의 장을 행정기관이 아닌 '자연인'으로 파악하여, 그 취소나 무효를 구하는 소를 제기한다고 해석하는 방법이 고려된다. 부패방지권익위법에는 불이익조치 및 신분보장 등 조치결정을 이행하지 아니하거나 출석이나 자료제출 등의 요구를 따라지 않으면 행정벌을 부과할 수 있는 규정을 두고 있다. 이 경우 불이익조치를 하거나 신분보장 등의 조치결정을 이행하지 않은 자는 문언상 행정기관이 이나라 그 소속기관의 장인 '자연인'으로 해석해야 합리적이다. 이를 항고소송이 아니라 '기관소송'의 형식으로 다툴 수 있는 방안도 고려할 수 있다. 입법정책적으로는 행정소송법에 행정기관이 국민권익위원회를 상대로 기관소송을 제기할 수 있는 규정을 신설하는 것이 바람직하다. 앞으로 행정소송법에 행정청과 같은 '기관'에 대해서도 예외적으로 당사자능력을 인정하는 규정을 신설하는 방안을 고려할 필요가 있다. 행정소송법의 개혁이 정체된 상태인데, 새로운 소송유형(일반이행소송, 확인소송)의 도입을 적극적으로 검토하여야 한다.

주제어: 원고적격, 부패행위 신고, 내부고발자, 신분보장조치, 불이익추정, 부당한 감사

Abstract

Permissibility and problems of suing to overturn a decision, including whistleblowing protection

Nam－Chul Chung*

The interpretation of the terms 'adverse action' and 'unjustified audit' in the *Act on the Prevention of Corruption and the Establishment and Management of the Anti－corruption and Civil Rights Commission* is an important issue in the target judgement. The target judgement understands the 'presumption of disadvantage' under Article 63 of the *Act on the Prevention of Corruption and the Establishment and Management of the Anti－corruption and Civil Rights Commission* as a presumption of causation, but it is rather a 'prima facie' presumption. However, it is appropriate that the subject judgement sets out the criteria for determining whether the presumption of disadvantage is relevant to the reporting of corruption. It is also important to determine on a case－by－case basis whether an 'unjustified audit', a type of benefit measure, constitutes an audit in retaliation for reporting corruption. However, the question of the form of lawsuit in this case was not considered at all in the subject judgement. In theory, It is not correct to allow a government agency to bring an action for annulment against a decision of the Anti－Corruption and Civil Rights Commission (ACRC) on measures such as identity protection. As a solution to this problem, it is

---

* Sookmyung Women's University College of Law

considered that the head of an administrative organisation that is the subject of an appeal against a decision on measures such as identity protection should be identified as a 'natural person' rather than an administrative body, and that the appeal should be interpreted as a suit for cancellation or annulment. The *Act on the Prevention of Corruption and the Establishment and Management of the Anti−corruption and Civil Rights Commission* provides for the imposition of administrative penalties for failure to implement a decision on measures such as adverse measures and identity protection, or for failure to comply with requests for attendance or submission of documents. In this case, it is reasonable to interpret a person who fails to implement a decision to take adverse measures or guarantee his/her identity as a 'natural person' who is the head of an administrative agency or its affiliated organisation. It is also possible to consider the possibility of litigating such cases in the form of 'Institutional litigation (Organklage)' rather than an appeal lawsuit. As a matter of legislative policy, it is desirable to create a provision in the *Korean Administrative Litigation Act* that allows administrative agencies to file institutional litigation against the ACRC. In the future, consideration should be given to creating a provision in the *Administrative Litigation Act* that recognises 'institutions' such as administrative agencies as exceptional parties. As the reform of the *Administrative Litigation Act* has stalled, the introduction of new types of litigation (general enforcement litigation, confirmation litigation) should be actively considered.

Key Words: Plaintiff standing, corruption complaints, whistleblower, Measures to guarantee status, presumption of adverse action, unfair audit

투고일 2024. 5. 26.
심사일 2024. 6. 23.
게재확정일 2024. 6. 29.

損害塡補

국가배상소송의 위법성 판단기준 및 실무상의 적용례에
관한 검토 (장윤실)

국가배상소송의 위법성 판단기준 및 실무상의 적용례에 관한 검토[*]
- 항고소송에서 처분의 위법성이 확인된 사안을 중심으로 -

장윤실[**]

대상판결: 대법원 2022. 4. 28. 선고 2017다233061 판결

---

[*] 본고는 2023. 11. 17. 서울행정법원에서 개최된 제391차 행정판례연구회 월례발표회에서 발표한 내용을 수정·보완한 것입니다.

[**] 부산고등법원 판사

Ⅰ. 대상판결의 개요

1. 사실관계

가. 2014년도 대학수학능력시험 '세계지리' 과목 성적 및 등급 결정 과정

원고들은 피고 한국교육과정평가원(이하 '피고 평가원'이라 한다)의 주관하에 2013. 11. 7. 실시된 2014학년도 대학수학능력시험(이하 '수능시험'이라 한다)의 '세계지리' 과목에 응시한 수험생들이다.

피고 평가원은 수능시험 종료 직후 세계지리 8번 문제(이하 '이 사건 문제'[1]라 한다)의 정답을 'ㄱ, ㄷ' 지문이 포함된 ②번(이하 'ㄷ' 지문을 '이 사건 지문'이라 한다)으로 하여 2014학년도 수능시험의 정답을 발표하였는데, 원고들은 이 사건 문제의 정답을 ②번으로 기재하지 않았다.

위 수능시험 실시 직후의 이의신청 기간에 이 사건 문제에 대하여 이의신청이 있었으나, 피고 평가원은 이 사건 문제의 출제 및 정답 결정에 오류가 없음을 전제로 2014학년도 수능시험 응시자들 개개인의 과목 성적 및 등급을 정하고, 2013. 11. 27. 원고들을 포함한 수능시험 응시자들에게 이를 통지하였다(이하 원고들에 대한 세계지리 과목 등급 결정 처분을 '이 사건 처분'이라 한다).

나. 관련 행정소송의 경과

수능시험 응시자들에 대한 성적 및 등급통지 직후 일부 원고들은 이 사건 문제에 오류가 있다고 주장하면서 피고 평가원을 상대로 서울행정법원에 '대학수학능력시험 정답 결정처분 취소소송'(이하 '관련사건'

---

1) 이 사건 문제는 지역 경제 협력체 A(EU)와 B(NAFTA)의 회원국을 표시한 세계지도 (지도 하단에는 '2012'년도가 기재되어 있다)를 보고 옳은 설명을 고르는 것으로, 'A 는 B보다 총생산액의 규모가 크다'는 'ㄷ' 지문이 옳은 내용인지 여부가 문제되었다.

이라 한다)을 제기하였다.

서울행정법원(2013구합29681)은 2013. 12. 16. 이 사건 지문이 애매하거나 불분명한 점이 있기는 하지만 평균수준의 수험생이라면 이 사건 문제의 정답을 맞히지 못할 정도는 아니라는 이유로 관련사건 원고들의 청구를 기각하였다.

이에 대하여 일부 원고들이 항소하였고, 그 항소심인 서울고등법원(2014누40724)은 2014. 10. 16. 이 사건 문제 중 옳은 지문은 'ㄱ' 지문밖에 없어 정답이 없음에도 불구하고, 피고 평가원이 이 사건 문제의 정답이 ②번임을 전제로 세계지리 과목의 등급을 결정한 것은, 수능시험 출제 및 정답 결정에 있어서의 재량권 범위를 일탈하거나 남용한 것이라고 판단하여, 제1심판결을 취소하고 피고 평가원이 관련사건 원고들에게 한 이 사건 처분을 취소한다는 내용의 판결을 선고하였다. 위 판결은 피고 평가원이 불복하지 않아 2014. 11. 7. 확정되었다.

다. 관련사건 판결 이후의 상황

교육부장관과 피고 평가원은 2014. 10. 31. 관련사건 항소심 판결 결과를 수용하며, 세계지리 성적을 다시 산정하여 피해 학생들을 구제하겠다는 방침을 발표하였고, 이에 따라 피고 평가원은 2014. 11. 20. 세계지리 성적 재산정 결과를 발표하였다.[2] 이어진 대학의 구제조치에 따라 일부 원고들은 2014학년도 대학입학전형에서 불합격하였던 대학에 추가합격하게 되었다.

---

2) 교육부와 피고 평가원은 이 사건 문제에 대해서 모두 정답 처리를 하였다.

2. 소송의 경과

가. 원고들의 주장 요지

원고들은 ① 피고 평가원은 수능시험을 시행함에 있어 수험생의 권리나 정당한 이익이 침해되지 않도록 할 주의의무가 있음에도 불구하고 그러한 주의의무를 게을리하여 이 사건 문제의 출제 및 정답 결정에 오류를 일으켰을 뿐만 아니라, 출제오류임을 인식하고서도 이 사건 구제조치에 이르기까지 거의 1년에 가까운 기간 동안 이를 인정하지 않고 버티는 위법행위를 하였으므로, 그로 인하여 원고들이 입은 정신적 손해를 배상할 책임이 있고, ② 피고 대한민국은 교육부장관으로부터 수능시험의 출제, 채점, 정답 결정 및 성적 통지 등의 업무를 위탁받은 피고 평가원의 불법행위로 인하여 국가배상법 제2조 제1항에 따라 원고들이 입은 정신적 손해를 배상할 책임이 있으며, 관련 법령에 따라 수능시험을 시행함에 있어 피고 평가원을 적절히 지휘·감독하여야 함에도 이를 게을리 하여 피고 평가원의 위와 같은 불법행위를 방치하였으므로 일반 불법행위책임도 부담한다고 주장하면서 피고 평가원과 피고 대한민국을 상대로 공동하여 위자료 상당의 손해배상을 청구하였다.

나. 제1심3)의 판단 – 청구 기각

이 사건 문제의 출제 및 정답 결정 과정에서 이 사건 문제에 출제오류가 없는 것으로 검토되었고, 피고 평가원이 이 사건 문제를 출제하고 검토하는 과정에서 필요한 절차를 거친 것으로 보이며 사후 구제절차를 위법하게 하였다고 보기도 어려운 이상, 이 사건 문제의 출제위원 및 피고 평가원의 직원 등이 객관적 주의의무를 결하여 이 사건 처분이 객관적 정당성을 상실하였다거나 그로 인하여 손해의 전보책임을 피고

---

3) 부산지방법원 2016. 7. 20. 선고 2015가합659 판결

평가원에 부담시켜야 할 실질적인 이유가 있다고 보기 어렵다. 따라서 피고 평가원이 이 사건 문제의 출제 및 정답 결정 과정에서 불법행위를 저질렀음을 전제로 하는 원고들의 청구는 모두 이유 없다.

다. 원심[4]의 판단 – 청구 일부 인용

이 사건 지문은 지문 자체에 오류가 있거나 객관적 사실에 위배되는 것으로서 틀린 지문인데,[5] 피고 평가원은 이 사건 문제의 출제 및 채점에 있어서 응시자로 하여금 그 정답을 선택하는데 장애가 없도록 시험위원의 위촉, 시험위원회에 의한 문제의 심의 등을 통하여 부적절한 문제의 출제 및 채점을 방지함으로써 출제나 채점의 잘못으로 인하여 응시자가 잘못된 성적을 받지 않도록 노력해야 할 주의의무가 있음에도 재량권을 일탈 또는 남용하여 명백하게 틀린 이 사건 지문이 포함된 이 사건 문제를 출제하고 그 정답을 잘못 결정한 과실이 있고, 이의처리 단계에서도 이 사건 문제에 오류가 있는지 여부를 엄격히 판단하여 즉시 가능한 시정조치를 취하였어야 함에도 이를 무시하고 이 사건 문제와 정답 결정에 아무런 오류가 없다는 결론을 내리고 이를 전제로 이 사건 처분을 하여 주의의무를 다하지 아니한 과실이 있으며, 이러한 피고 평가원의 과실로 인한 이 사건 처분은 원고들에 대한 불법행위를 구성한다.

나아가 이 사건 처분은 공무수탁사인에 해당하는 피고 평가원이 이 사건 문제의 출제 과정 및 이의처리 과정에서 요구되는 주의의무를

---

4) 부산고등법원 2017. 5. 10. 선고 2016나55042 판결
5) 구체적으로 원심은 이 사건 지문은 비교기준시점을 어떻게 설정하는지에 따라 결론이 달라질 수 있으므로, 그 정오를 가리려면 비교기준시점이 문제에서 특정되어 있어야 함에도 이 사건 문제에는 아무런 비교기준시점의 특정이 없으므로, 그 자체로 오류가 있는 지문이라고 볼 수밖에 없고, 그와 달리 이 사건 문제에 제시된 지도에 '2012'라는 표시를 비교기준시점으로 보면, 이 사건 지문은 객관적 사실에 반하는 명백히 틀린 지문이 된다고 판단하였다.

다하지 아니한 과실에 기인한 것으로서 객관적 정당성을 상실한 점, 수능시험은 그 결과가 바로 수험생의 대학입학전형 결과를 직접 좌우하거나 적어도 그에 상당한 영향을 미치는 점, 피고 평가원이 이의처리 과정에서 신속하고 적절한 조치를 취하였더라면 원고들에게 더 이상의 구체적인 손해가 발생하지 않았을 수 있다고 보이는 점, 관련사건 항소심 판결 선고 이후에 이루어진 이 사건 구제조치에도 불구하고 원고들의 손해가 모두 전보되지는 않은 것으로 보이는 점 등을 고려하면, 공무수탁사인의 지위에 있는 피고 평가원의 이 사건 문제 출제와 정답 결정 등에 관한 오류를 이어받은 이 사건 처분으로 인하여 원고들이 입은 손해에 대한 전보책임은 피고 대한민국에게도 부담시키는 것이 상당하다. 따라서 피고 평가원은 피고 대한민국으로부터 위탁받은 공무인 이 사건 문제 출제 및 정답 결정 업무를 수행함에 있어 피고 평가원의 잘못으로 손해가 발생한 원고들에게 민법 제750조의 불법행위책임을, 피고 대한민국은 국가배상법 제2조 제1항의 국가배상책임을 지며, 피고들의 각 책임은 부진정연대관계에 있다.[6]

3. 대법원의 판단 − 파기환송

가. 관련 법리

어떠한 행정처분이 항고소송에서 취소되었다고 할지라도 그 기판력으로 곧바로 국가배상책임이 인정될 수는 없고, '공무원이 직무를 집행하면서 고의 또는 과실로 법령을 위반하여 타인에게 손해를 입힌 때'

---

[6] 그에 따라 원심은 이 사건 처분으로 인하여 대학 입학에 실패하였다가 구제조치로 인해 거의 1년이 경과한 후에 그 대학에 추가합격하게 된 원고들에 대하여는 이들이 겪은 좌절감과 경제적 손실 등을 고려하여 각 1,000만 원의 위자료를, 나머지 원고들에 대하여는 대학입학전형 단계에서 겪었을 불이익 등을 고려하여 각 200만 원의 위자료를 인정하였다.

라고 하는 국가배상법 제2조 제1항의 요건이 충족되어야 한다. 보통 일반의 공무원을 표준으로 공무원이 객관적 주의의무를 소홀히 하고 그로 말미암아 객관적 정당성을 잃었다고 볼 수 있으면 국가배상법 제2조가 정한 국가배상책임이 성립할 수 있다. 객관적 정당성을 잃었는지는 침해행위가 되는 행정처분의 양태와 목적, 피해자의 관여 여부와 정도, 침해된 이익의 종류와 손해의 정도 등 여러 사정을 종합하여 판단하여야 한다(대법원 2000. 5. 12. 선고 99다70600 판결, 대법원 2021. 10. 28. 선고 2017 다219218 판결 등 참조).

법령에 따라 국가가 시행과 관리를 담당하는 시험에서 시험문항의 출제나 정답 결정에 대한 오류 등의 위법을 이유로 시험출제에 관여한 공무원이나 시험위원의 고의 또는 과실에 따른 국가배상책임을 인정하기 위해서는, 해당 시험이 응시자에 대하여 일정한 수준을 갖추었는지를 평가하여 특정한 자격을 부여하는 사회적 제도로서 공익성을 가지고 있는지 여부, 국가기관이나 소속 공무원이 시험문제의 출제, 정답 결정 등의 결정을 위하여 외부의 전문 시험위원을 법령에서 정한 요건과 절차에 따라 적정하게 위촉하였는지 여부, 위촉된 시험위원들이 최대한 주관적 판단의 여지를 배제하고 객관적 입장에서 해당 과목의 시험을 출제하였으며 시험위원들 사이에 출제된 문제와 정답의 결정과정에 다른 의견은 없었는지 여부, 시험문항의 출제나 정답 결정에 대한 오류가 사후적으로 정정되었고 응시자들에게 국가기관이나 소속 공무원이 그에 따른 적절한 구제조치를 하였는지 여부 등의 여러 사정을 종합하여 시험출제에 관여한 공무원이나 시험위원이 객관적 주의의무를 소홀히 하여 시험문항의 출제나 정답 결정에 대한 오류 등에 따른 행정처분이 객관적 정당성을 상실하였다고 판단되어야 한다(대법원 2003. 11. 27. 선고 2001다33789, 33796, 33802, 33819 판결 등 참조).

나. 판단

피고 평가원이 이 사건 문제의 정답을 ②번으로 정하고 이에 따라 수능시험 응시자들의 성적과 등급을 결정한 행위는 국가배상책임이 인정될 만큼 객관적 정당성을 잃은 위법한 행위라고 보기 어렵다. 이와 달리 국가배상책임을 인정한 원심의 이러한 판단에는 국가배상책임의 성립 요건에 관한 법리를 오해하여 판결에 영향을 미친 잘못이 있다.

1) 대학수학능력시험은 대학이 학생을 선발하는 입학전형 자료로 활용하기 위하여 시행하는 시험으로, 응시자가 대학교육에 필요한 수학능력을 갖추었는지, 정상적인 고등학교 교육과정을 수행하였는지를 알아보기 위하여 고등학교 교육과정의 내용과 수준을 바탕으로 사고력을 측정한다(대법원 2007. 12. 13. 선고 2005다66770 판결 참조). 대학수학능력시험은 대학의 학생선발 방법이나 고등학교 공교육제도와 밀접하게 관련된 공익성을 갖는 제도로서, 대학수학능력시험의 성적과 등급을 결정하는 이 사건 처분은 응시생 개인의 이익뿐만 아니라 사회적 공익에도 영향을 미친다. 따라서 이 사건 처분에 출제나 정답 결정에 관한 오류가 있다면 이러한 오류가 응시자 개인에 대한 영향뿐만 아니라 공익성에도 영향을 미쳤는지도 함께 따져봐야 한다.

2) 피고 평가원은 교육부장관으로부터 위탁받아 수능시험 출제위원을 위촉하였다. 출제위원들은 외부와 차단된 상태에서 시험문항 초안을 작성하였고, 위 초안에 대하여 사회탐구영역 내 검토, 1차 검토위원과 2차 검토위원의 개별·공통검토, 영역 간 교차검토, 최종 상호검토 단계를 거쳐 시험문항이 완성되었다. 영역 간 교차검토 당시 일부 검토의견이 제시된 것 외에 이 사건 문제에 대한 다른 의견은 제시되지 않았다.

3) 피고 평가원은 이 사건 문제에 관하여 이의가 제기되자 2013. 11. 13. 외부 전문가 6명을 포함함 17명의 위원이 참석한 이의심사실무위원회를 개최하였다. 위 실무위원회에서 16명이 이 사건 문제의 정답에 이상이 없다는 의견을, 1명이 이 사건 지문이 잘못되었다는 의견을 제시하였고, 이의심사실무위원회는 이 사건 문제의 정답에 이상이 없다고 결정하였다. 이후 피고 평가원은 한국경제지리학회와 한국지리환경교육학회에 자문 요청을 하였고, 한국경제지리학회와 한국지리환경교육학회는 2013. 11. 15. 이 사건 문제의 정답에 이상이 없다는 내용의 답변을 보냈다. 피고 평가원은 2013. 11. 18. 이의심사위원회를 개최하여 이 사건 문제의 정답에 이상이 없다고 결정하였다.

4) 2015학년도 대학수학능력시험이 실시되기 전에 관련사건 항소심에서 이 사건 처분을 재량권의 일탈·남용으로 취소한다는 판결이 선고되자 교육부와 피고 평가원은 법원의 판단을 받아들여 상고를 포기하고 곧바로 응시자들의 구제절차를 진행하였다. 피고 평가원은 2014. 11. 20. 세계지리 성적을 다시 산정하여 결과를 발표하였고, 교육부는 이를 바탕으로 2014학년도 대학 입학전형 결과를 다시 산출하여 지원 대학에 합격할 수 있게 된 응시자 633명에 대해 추가합격이 될 수 있도록 조치하였다. 응시자 중 이미 다른 학교에 다니고 있는 학생들의 피해를 줄이기 위해 추가합격이 되면 2015학년도 입학이나 편입학을 선택할 수 있도록 하고, 편입학을 선택한 학생들에게는 이전 학교에서 이수한 학점을 가능한 범위에서 인정하도록 하였다. 원고들 중 일부도 추가합격이 인정된 대학에 입학 또는 편입학하였다.

Ⅱ. 검토의 방향

국가배상법 제2조 제1항은 '국가 또는 지방자치단체는 공무원이 직무를 집행하면서 고의 또는 과실로 법령을 위반하여 타인에게 손해를 입힌 때에는 그 손해를 배상하여야 한다'고 정하고 있다. 위 규정에 의하면, 공무원이 직무를 집행하면서 손해를 가하는 행위를 하고, 공무원의 행위가 고의 또는 과실로 법령을 위반하여 행해진 것이며, 공무원의 행위와 손해 사이에 인과관계가 있을 때 국가배상책임이 성립한다. 그런데 판례는 국가배상책임의 성립 요건으로서 국가배상법이 명시하고 있지 않은 '객관적 정당성'이라는 별도의 요건을 내세우고 있다.

대상판결은 항고소송에서 행정처분의 위법성이 인정된 경우, 이어진 국가배상소송에서도 위법성이 인정된다고 보아 국가배상책임을 인정할 것인지의 문제와 관련하여, 항고소송의 위법성과 국가배상소송의 위법성은 다르다는 전제에서 문제되는 공무원의 행위가 객관적 정당성을 상실한 정도에 이르지 아니한 이상 국가배상책임이 성립하지 않는다는 기존 판례의 태도를 다시 한 번 확인하였다. 판례는 대상판결과 같은 유형(이하 항고소송에서 처분이 위법한 것으로 인정된 이후 국가배상소송에서 해당 공무원 행위가 위법한지 여부가 다투어지는 유형을 '대상판결 유형'이라 한다)의 사안에서 객관적 정당성을 상실하였을 것이라는 요건을 제시하면서 국가배상책임을 매우 제한적으로만 인정하고 있는데, 이와 관련하여 항고소송과 국가배상소송의 위법성을 다르게 볼 것인지, 국가배상소송의 위법성의 의미와 판단기준은 무엇인지에 관한 논의가 이루어지고 있다.

아래에서는 국가배상소송의 위법성 판단기준에 관한 일반적인 논의로서 국가배상책임의 성격과 성립 요건에 관하여 살펴본 다음(Ⅲ.의 1, 2.), 대상판결 유형에서 국가배상책임의 인정 여부와 기준을 검토하기 위하여 항고소송과 국가배상소송의 위법성의 관계를 정리하고(Ⅲ.의 3.),

대법원 판례가 국가배상소송의 위법성 판단 기준으로 제시하는 '객관적 정당성'의 의미에 관하여 검토한다(Ⅲ.의 4.). 나아가 실무상 대상판결 유형에서 국가배상책임의 성립 여부는 해당 공무원의 행위가 객관적 정당성을 상실하였는지 여부에 따라 결정된다는 점에서, 판례가 제시하는 객관적 정당성의 판단 기준이 무엇인지를 정리하고, 관련 하급심 판결의 동향을 정리함으로써 구체적인 사례에서 객관적 정당성의 요건이 어떠한 방식으로 기능하고 있는지에 관해 살펴본다(Ⅳ.의 1, 2.).

Ⅲ. 국가배상소송의 위법성 판단기준

1. 국가배상책임의 성격

국가배상소송의 위법성이 항고소송의 위법성과 동일한지, 국가배상소송의 위법성을 어떻게 판단할 것인지의 문제는 근본적으로 국가배상책임의 성격을 어떻게 파악하는 지와 관련이 있다. 민사법적인 관점에서 접근하여 국가배상책임을 민사상 불법행위책임의 특칙으로 파악하는 경우 항고소송의 위법성과는 개념과 요건에 차이가 있다고 볼 가능성이 큰 반면, 공법적인 관점에서 접근하여 공무원 개인의 불법행위책임이 아닌 공무원이 행정기관으로서 직무를 수행하는 과정에서 발생한 문제에 대해 국가 스스로가 책임을 부담하는 것이라고 본다면 항고소송에서 행정처분의 위법성을 판단하는 것과 그 의미와 기준을 달리 볼 만한 필연적인 이유가 없기 때문이다.

국가배상책임의 법적 성격에 대하여는 대위책임설, 자기책임설 및 중간설 등이 논의되어 왔다. 대위책임설은 공무원이 행한 개인적인 불법행위에 대하여 국가가 대신하여 책임을 지는 것이라는 견해로, 국가배상법 제2조가 '공무원의 과실'을 별도의 요건으로 삼고 있다는 데에

근거를 두고, 개별 공무원에게 자력이 없는 경우에도 국가가 피해자 구
제를 위하여 공무원을 대신하여 배상책임을 부담한다고 본다.7) 이는 국
가가 공무원에게 위법한 행위를 할 권한을 부여한 것은 아니므로 위법
한 권한을 행사하여 발생한 효과가 국가에 귀속하지 아니한다는 입장을
기반으로 한다.8) 그와 달리 자기책임설은 국가가 공무원을 대신하는 것
이 아니라 자기의 책임으로서 국가배상책임을 부담한다는 견해이다. 이
는 공무원의 행위 및 그러한 행위로 인한 법적인 효과는 국가에 귀속되
기 때문에 국가배상책임 역시 국가가 스스로 자신의 책임을 부담하는
것으로 보아야 한다는 입장으로 이해되는데,9) 구체적으로는 공무원의
직무상 불법행위는 기관의 불법행위에 해당하므로 국가가 행정기관인
공무원의 불법행위에 대하여 직접 자기책임을 진다는 견해, 위법하게
행사될 위험성이 있는 행정권을 공무원에게 수권한 국가가 행정권의 위
법한 행사에 따른 손해에 대해 배상책임을 진다는 견해, 공무원이 직무
수행상 경과실로 타인에게 손해를 입힌 경우에는 해당 행위를 기관행위
로 보아 국가는 자기책임으로서 손해배상책임을 지고, 고의·중과실에
의한 불법행위의 경우라도 당해 행위가 직무와 무관하지 않은 한 직무
행위로서 외형을 갖추게 되므로 기관행위로 인정하여 자기책임으로서
배상책임을 진다고 보는 견해10) 등으로 나눌 수 있다.11) 중간설은 공무

<hr>

7) 박균성, 행정법론(상)(제23판), 박영사, 2024, 879-880면.
8) 정준현, "국가배상의 책임주체와 과실책임에 관한 연구", 미국헌법연구 제22권 제1
호, 2011, 338면.
9) 김중권, "국가배상법상의 과실책임주의의 이해전환을 위한 소고", 법조 제635호,
2009, 64, 71-72면; 정남철, "국가배상소송과 선결문제: 특히 구성요건적 효력, 기
판력 그리고 위법개념을 중심으로", 저스티스 116호, 2010, 124-125; 박현정, 헌법
개정과 국가배상책임의 재구성-과실책임제도에 대한 비판적 검토를 중심으로-,
사법 제1권 제42호, 2017, 149면 등.
10) 김동희, 행정법 I, 박영사, 2020, 546면.
11) 박균성, 앞의 책, 880면.

원의 불법행위가 경과실에 의한 경우에는 기관행위가 되어 국가가 자기 책임으로서 배상책임을 지게 되지만, 고의나 중과실에 의한 경우에는 이를 공무원 개인의 불법행위로 보아 국가가 대위책임을 부담한다는 견해이다.[12]

　　판례는 명시적으로 국가배상책임의 성격에 대한 입장을 밝히고 있지는 않으나, 공무원의 행위가 외관상 직무집행 행위로 인정된다면 국가가 공무원 개인과 중첩적으로 배상책임을 부담한다는 점에서[13] 자기책임설의 입장을 취한다고 평가되기도 하고,[14] 공무원의 개인적인 불법행위책임이 성립함을 전제로 국가가 그 책임을 대위하여 부담한다는 대위책임설의 입장을 취한 것으로 평가되기도 한다.[15] 다만 현재 논의되는 국가배상소송의 성격과 지위를 고려하면 판례와 재판실무는 기본적으로 대위책임설의 입장에서 국가배상책임을 이해하고 있는 것으로 보인다. 국가배상책임의 성격을 대위책임으로 보는 경우, 공무원이 행한

---

12)　박균성, 앞의 책, 881면.

13)　대법원 1996. 2. 15. 선고 95다38677 전원합의체 판결.

14)　박균성, 앞의 책, 880－882면; 박현정, 앞의 글, 150면.

15)　박정훈, "국가배상법의 개혁-사법적 대위책임에서 공법적 자기책임으로－", 행정법연구 제62호, 2020, 30면. 한편 우리나라의 국가배상제도는 일본을 통해 독일의 제도를 도입한 것인데, 독일은 1990년 독일 민법전(BGB) 제839조에서 공무원이 고의·과실로 제3자에 대해 부담하는 의무를 위반하는 때에는 그 공무원이 배상책임을 지도록 하여, 공무원 개인의 책임을 국가가 대위하여 부담한다는 대위책임의 입장을 취하고 있다. 그와 달리 프랑스 행정법은 1873년 블랑코(Blanco) 판결(TC 8 février 1873, Blanco, D. 1873, 3, 7.)에서 '공역무(le service public)에 종사하는 사람들의 행위로 사인에게 가해진 손해에 대한 국가의 배상책임은 사인간의 관계를 규율하는 민법전에 규정된 원리들에 의해 규율될 수 없으며, 국가의 권리와 사인의 권리를 조정할 필요성에 따라 변하는 특별한 규율들을 갖는다'라고 설시하면서 국가의 자기책임에 근거해 국가배상의 공법적 독자성을 확립하며 발전하였고, 이는 '역무과실'(la faute de service)과 공무원의 '개인과실'(la faute personnelle)을 구별하여 역무과실에 대하여는 공무원의 개인과실을 요하지 않고 국가 자신이 행정을 운영하면서 행한 잘못에 대하여 국가 스스로 책임을 부담한다는 입장을 취하고 있다고 본다. 박정훈, 위의 글, 46－53면.

행위가 불법행위를 구성하는지가 국가배상책임의 성립 여부를 판단하기 위한 핵심적인 쟁점이 되고, 이는 현재 국가배상소송이 행정소송이 아닌 민사소송으로 분류되어 민법상 불법행위책임의 특별법적 지위에서16) 다루어지고 있는 것과도 연관되기 때문이다.17) 행정처분의 상대방으로서는 처분이 위법하다고 주장하면서 처분의 취소를 구하기 위해 항고소송을 제기하는 것과 구분하여 위법한 처분으로 인해 손해가 발생하였다고 주장하면서 국가배상소송을 제기해야 하는데, 이때의 국가배상소송은 항고소송을 담당하는 행정법원과는 다른 민사법원에 제기되어 민사사건을 담당하는 법관으로 하여금 처분의 위법성 여부와 별개로 공무원의 행위가 위법한지 여부를 판단하도록 한다. 현실적으로는 동일한 처분에 대한 항고소송과 국가배상소송이 분리됨에 따라 항고소송에서 행정처분이 위법한 것으로 판단되었음에도 국가배상소송에서는 공무원의 행위가 위법하지 않아 국가배상책임이 성립하지 않는다는 서로 다른 결론이 내려지는 경우가 빈번한데, 이는 기본적으로 국가배상책임을 공무원 개인의 불법행위에 대한 대위책임으로 파악하는 입장과 관련이 있다고 생각된다.

2. 국가배상책임의 성립 요건으로서 위법성과 고의·과실

국가배상법은 국가배상책임의 성립을 위해 '법령 위반'과 공무원의 '고의·과실'을 요구한다. 이때 '법령 위반'은 위법성 요건으로 다루어지며, 그 개념에 대해서는 결과불법설, 행위위법설, 상대적 위법성설 등의

---

16) 정하중·김광수, 행정법개론(제18판), 법문사, 2024, 524면.
17) 이에 대하여는 국가배상책임을 민사소송의 관점에서 접근함에 따라 국가배상을 통한 행정통제, 공익과 사익의 조정 등 공법적 관점이 반영되기 어렵다는 비판과 함께 국가배상책임의 성격을 사법상의 대위책임이 아닌 공법적인 관점에서 자기책임으로 보아야 한다는 비판이 있다. 박정훈, 위의 글, 30면.

견해가 대립한다. 결과불법설은 국가배상책임의 위법이 가해행위의 결과인 손해의 불법을 의미한다고 보면서 국가배상책임의 위법을 민법상 불법행위의 경우와 동일한 것으로 파악하는 반면, 행위위법설은 행위의 법규범에 대한 위반을 위법으로 파악한다.[18] 행위위법설은 다시 협의의 행위위법설과 광의의 행위위법설로 나뉘어, 협의의 행위위법설은 항고소송의 위법성과 같이 행위 자체의 법령 위반이 위법에 해당한다고 보고,[19] 광의의 행위위법설은 행위 자체의 위법뿐만 아니라 공권력 행사의 방법이나 수단과 같은 행위의 태양이 공무원의 직무상의 일반적인 손해방지의무를 위반하는 경우까지 위법의 범위에 포함한다고 본다.[20] 상대적 위법성설은 국가배상책임은 손해의 전보에 중점을 두고 있으므로 국가배상법상의 위법을 판단함에 있어서는 행위 자체의 적법이나 위법 외에 가해행위의 태양과 침해된 이익의 성격이 무엇인지, 그 침해의 정도가 어떠한지 등을 종합적으로 고려하여 행위가 객관적으로 정당성을 결여한 경우로 파악하는 견해이다.[21]

　　국가배상법상 위법성의 의미에 대한 위와 같은 견해의 차이는 국가배상제도의 기능과 의의에 대한 관점의 차이에서 비롯된다. 즉, 국가

---

18) 정남철, 앞의 글, 117-118면.

19) 그에 따라 협의의 행위위법설 입장에서는 아래에서 보는 쟁점인 항고소송의 위법성과 국가배상의 위법상이 동일한 것으로 파악된다. 정승윤, "국가배상법상 위법과 고의·과실에 관한 대법원 판례 분석·비평", 법학논집 제19권 제1호, 2012, 191면.

20) 김남진·김연태, 행정법 I (제27판), 2023, 676-677면; 김남철, 행정법강론(제10판), 2024, 610면; 박균성, 앞의 책, 899-901면; 안동인, "국가배상청구소송의 위법성 판단과 객관적 정당성 기준-법적 안정성 측면에서의 비판적 고찰-", 행정법연구 제41호, 2015, 34면; 정하중·김광수, 앞의 책, 532-535면.

21) 김남진·김연태, 앞의 책, 676-677면; 김남철, 앞의 책, 581면; 박균성, 앞의 책, 900면; 안동인, 앞의 글, 34면; 최인호, "국가배상법상 위법성에 관한 소고-제2조의 위법·과실요건을 중심으로-", 법학연구 제32권 제2호, 2021, 144-152면. 이러한 상대적 위법성설은 민법상 불법행위이론에서 논의되는 이른바 '상관관계론'을 국가배상소송의 위법성 판단에 도입한 견해로 평가되기도 한다. 정승윤, 앞의 글, 194면.

배상제도의 주된 목적과 취지를 피해자의 구제에 중점을 둘 것인지, 법치행정의 요청에 따른 행정의 통제에 중점을 둘 것인지에 따라서 국가배상법상 위법성의 의미를 다르게 파악하는 것이다.[22] 결과불법설은 위법성의 의미를 가해행위의 결과로서 발생하는 손해의 불법을 의미한다고 파악함으로써 상대적으로 넓은 범위에서 위법성을 인정하고 그에 따라 피해자 구제의 기능을 더욱 강조하는 반면, 위법성의 개념을 더 좁은 개념으로 파악하는 행위위법설은 법치행정의 요청에 따른 행정의 통제를 우위에 두고 있다.[23]

한편 국가배상법의 문언상 국가배상책임의 성립 요건으로서 고의·과실은 위법성과는 구분되는 주관적인 요건으로 분류되고, 실무상으로도 민법상 불법행위의 고의·과실과 같은 개념으로 이해된다.[24] 고의란 위법한 결과가 발생하리라는 것을 알면서도 행위를 하는 것을 의미하고 과실은 부주의로 행위의 위법을 알지 못한 것을 의미한다고 보아 '당해 직무를 담당하는 평균적인 공무원이 통상 갖추어야 할 주의의무를 해태한 것'을 공무원의 과실로 파악하는 것이다. 이처럼 주관적인 관점에서 국가배상책임의 과실을 파악하는 입장에 대하여는 구체적인 사건에서 문제된 공무원 개인을 기준으로 주의의무를 설정해서는 안 되고 해당 공무원 개인을 반드시 특정할 필요도 없다는 점에서 과실의 개념을 객관화하여[25] 공무원의 위법행위로 인한 국가작용의 흠으로 이해하거나[26] 과실과 위법을 사실상 구분하지 않고 위법성이 있으면 과실의 존재가 인정된다거나 과실이 있으면 위법성의 존재가 인정된다는 등의 주

---

22) 김우진, "국가시험에 있어서의 오류와 손해배상", 민사재판의 제문제 제13권, 2004, 145-146면.
23) 안동인, 앞의 글, 35면.
24) 정하중·김광수, 앞의 책, 539면.
25) 박균성, 앞의 책, 930면; 정하중·김광수, 앞의 책, 540면.
26) 김동희, 앞의 책, 538면.

장27)이 있기도 하다.28)

위법성과 고의·과실의 관계와 관련하여 판례가 이를 어떻게 파악하고 있는지는 명확하지 않다. 오히려 위법성의 판단 기준으로 적용되는 몇 가지 기준을 두고 개개 사건에서 각기 다른 태도를 취하고 있는 것처럼 보이기도 한다.29) 특히 항고소송에서 행정처분의 위법성이 인정된 이후 국가배상책임의 성립 여부가 문제되는 대상판결 유형의 사안에서 판례가 위법성과 고의·과실을 별개로 판단하고 있는 것인지, 이를 통합하여 판단하고 있는 것인지 분명하지 않으나30) 판례는 '어떠한 소송이 항고소송에서 취소되었다고 할지라도 그 기판력에 의하여 당해 행정처분이 곧바로 공무원의 고의 또는 과실로 인한 것으로서 불법행위를 구성한다고 단정할 수 없다'는 설시를 반복하면서도 국가배상책임의 성립 여부를 판단함에 있어서는 '객관적 정당성'이라는 별개의 기준을 제시하여 객관적 정당성을 상실하였는지 여부로 위법성과 고의·과실에 대한 판단을 대체하고 있는 것처럼 보인다. 아래에서는 항고소송과 국가배상소송의 위법성을 어떻게 파악할 것인지를 살펴본 다음, 판례가 대상판결 유형에서 국가배상책임의 성립 요건으로 제시하고 있는 객관

---

27) 정준현, 앞의 글, 350-351면.

28) 한편 역무과실에 대하여는 국가 스스로 배상책임을 부담한다는 이론이 확립되어 있는 프랑스에서는 1983년 사실에 대한 단순한 평가상의 오류도 행정의 과실이라는 취지의 Driancourt 판결(CE Sect. 26 janvier 1973, Ville de Paris c. Driancourt, Rec. p. 77.)이 선고된 이후 '위법하면 과실이 있다'는 규칙이 확립되어 모든 위법한 행정결정이 그 자체로 과실을 구성한다는 판단이 이루어지고 있는 것으로 보인다. 그 위법성의 종류나 정도를 불문하고 위법하기만 하면 과실이 인정되는 것인데, 다만 행정결정이 위법하다고 하여 무조건 손해배상책임이 인정되는 것은 아니고, 그에 대한 책임을 부담하기 위해서는 침해가 발생하고 과실과 침해 사이에 충분한 인과관계가 인정되는 등의 요건이 필요하다. 박현정, "프랑스 국가배상책임제도에서 위법성과 과실의 관계", 한양대 법학논총 제29권 제2호, 2012, 11-19면.

29) 이윤정, "공무원의 불법행위로 인한 국가배상책임의 본질 및 요건에 대한 재검토", 강원법학 제47권, 2016, 460면.

30) 최계영, "처분의 취소판결과 국가배상책임", 행정판례연구 18-1집, 2013, 270-272면.

적 정당성의 의미에 관하여 살펴본다.

3. 항고소송의 위법성과 국가배상소송의 위법성의 관계

항고소송에서 행정처분이 위법한 것으로 판단된 경우 국가배상소송에서 국가배상책임을 인정할 것인지의 문제는 결국 항고소송의 위법성과 국가배상소송의 위법성을 동일한 것으로 파악할 것인지의 문제로 귀결된다.[31] 양자의 개념이 동일하다고 보거나 국가배상소송의 위법성의 범위가 항고소송의 위법성보다 더 넓다고 본다면, 항고소송에서 처분이 취소된 경우는 물론 취소되지 않은 경우에도 국가배상소송을 통해 더 넓은 범위에서 권리구제가 가능해질 수 있다. 그러나 판례는 항고소송과 국가배상소송의 위법성이 같지 않다는 입장이며, 그 결과 실제 사건에서는 항고소송에서 위법성이 인정된 경우에도 국가배상소송에서의 위법성은 인정되지 않는다는 이유로 국가배상청구가 기각되는 경우가 대부분이다. 피해자의 권리구제 측면에서 본다면, 국가배상소송의 위법성 개념을 항고소송의 위법성과 다르게 파악함으로써 피해자의 권리구제가 제한되는 것이다. 이에 따르면 항고소송에서 취소판결이 확정되었는지에 상관없이 국가배상소송을 심리하는 민사법원은 독자적인 관점에서 위법성을 판단하게 된다.[32]

항고소송의 위법성과 국가배상소송의 위법성을 다르게 파악하는 판례의 태도에 대하여는 다수의 비판이 존재한다. 이를 다르게 파악하

---

31) 한편 이러한 논의는 소송법적으로 항고소송의 기판력이 미치는 범위와 관련하여서도 문제된다. 상대적 위법성설의 견해에서 항고소송의 위법성과 국가배상소송의 위법성을 달리 파악하게 되면 항고소송의 기판력이 국가배상소송에 미치지 않는다고 볼 것이나, 광의의 행위위법설 입장에서 국가배상소송의 위법성을 항고소송의 위법성보다 넓게 파악하는 경우에는 항고소송의 기판력이 국가배상소송에 미치는 것으로 볼 수 있다. 안동인, 앞의 글, 41면.

32) 최계영, 앞의 글, 272-273면.

는 경우, 항고소송에서 위법성이 인정되어 행정처분이 취소되었음에도 국가배상책임이 부정되어 위법한 행정처분의 상대방에게 충분한 피해 보상이 이루어지지 못하는 결과가 발생할 수 있다. 일반적인 국민의 입장에서는 항고소송과 국가배상소송 모두 사법권의 행사라는 점에서 차이가 없음에도, 그 결과가 달라짐에 따라 사법에 대한 신뢰를 저하시킬 우려도 존재한다.33) 이러한 비판에 따르면 국가배상소송의 위법성은 항고소송의 위법성과 같은 것으로 이해되어야 하고, 대상판결과 같은 유형의 판시는 지양될 필요가 있다는 결론에 이른다.34)

공무원의 불법행위에 대해 국가가 대위책임을 부담한다는 접근에 기초하여 민사상 불법행위의 특칙으로 국가배상책임을 이해하고 국가배상소송 역시 민사상 손해배상소송과 성격을 같이 한다고 이해하는 현재의 제도에서는 항고소송의 기판력이 민사소송에 미치지 않고 그 판단과는 별개로 민사소송에서 공무원의 행위가 위법한지 여부를 별개로 판단하는 구조를 취하는 것이 자연스러워 보이기는 한다. 이러한 체제에서는 행정소송을 담당하는 법관과 민사소송을 담당하는 법관이 명확하게 분리되므로 민사법관으로서는 통상적인 손해배상소송의 유형 중 하나로 접근하여 국가배상소송을 처리하게 된다. 그 결과 처분의 위법성과 그에 대항 행정통제의 관점에서 재판이 이루어지는 행정법원의 항고소송과는 달리, 민사법원에서 담당하는 국가배상소송의 경우에는 누가 손해에 대한 전보를 부담하도록 할 것인지의 관점에서 재판이 이루어지고,35) 위법한 행정처분으로 인하여 손해가 발생한 것임에도 그와 관련

---

33) 안동인, 앞의 글, 37면; 최계영, 앞의 글, 290면.
34) 박현정, 앞의 글, 159-160면; 정남철, 앞의 글, 119-120면.
35) 김우진, 앞의 글, 167면; 이와 관련하여 동일한 사실관계에 기초한 처분 등의 취소를 구하는 항고소송과 그와 관련된 국가배상소송은 관련소송의 이송 및 병합을 규정한 행정소송법 제10조에 따른 관련청구소송에 해당하는데, 그에 따라 행정법원에서 항고소송과 국가배상소송 모두를 관할하여 심리하는 경우에도 동일한 재판부가 항고소송의 위법성과 국가배상소송의 위법성을 서로 다르게 파악하는 것은 상

된 공법적인 관점을 모두 고려하여 판단하는 것에는 한계가 있다고 보인다.

　이러한 제도와 재판실무에 대하여는 입법론의 차원에서 국가가 공무원의 책임을 대위한다는 사법적 구성을 탈피하기 위해서는 국가배상소송의 관할을 행정소송인 당사자소송으로 변경하고, 국가배상법에 소송방법을 명시해야 한다거나36) 국가배상책임의 법적 성격의 문제는 국가배상청구권을 기본권으로 인정하고 있는 헌법 제29조 제1항의 해석과도 관련되므로 국가가 자신의 불법행위에 대해 책임을 지는 것을 분명히 하는 차원에서 '직무상 불법행위'를 '공무수행상의 불법'으로 개정해야 한다는 등의 논의가 있다.37) 그러나 헌법이나 법률 개정이 동반되지 않는 이상 항고소송과 분리하여 민사법관들이 국가배상소송을 담당하는 현재의 제도와 재판실무는 바뀌기 어렵고, 이들이 판례가 제시하는 객관적 정당성의 판단 기준을 어떻게 이해하고 적용하는지에 따라 대상판결 유형에서 국가배상책임의 성립 여부가 결정될 수밖에 없다. 다만 국가배상소송은 민사상 불법행위에 따른 손해배상소송과는 달리 국가의 공권력 행사로 인해 발생한 손해배상의 문제를 다룬다는 점에서 그 판단과정에 공법적인 접근이 필요하다는 점을 부정하기는 어렵다. 국가가 위법한 처분으로 발생한 손해를 배상하도록 함으로써 간접적으로나마 행정에 대한 통제기능을 수행할 수 있고, 손해배상책임이 인정되는 경우 그 배상액을 산정함에 있어서도 손해 앞의 평등, 위험의 분배 등의 관점을 고려하여 적절한 범위를 정해야 할 것이기 때문이다.38)

　정하기 어렵다는 견해가 있다. 안동인, 앞의 글, 38면.

36) 박정훈, 앞의 글, 36-38면; 박현정, "국가배상청구소송의 관할법원", 법학 제64권 제3호, 2023, 167-169면.

37) 박현정, 앞의 글, 174-175면.

38) 박정훈, 앞의 글, 53-64면. 이는 국가가 공무원 개인이 부담하는 배상책임을 대위하는 것이 아니라 국가 스스로 공권력을 행사하는 과정에서 발생한 손해를 직접 책임진다는 자기책임의 관점에서 국가배상책임의 성립 여부를 판단함에 있어 손해

따라서 현실적으로는 구체적인 사안에 적용되는 객관적 정당성의 의미
와 판단 기준이 무엇이며 현재의 실무례가 어떠한지를 분석하고, 그러
한 판단에 위법한 행정처분과 관련된 공법적인 판단 요소[39]를 어떻게
고려할 수 있는지를 검토하는 작업이 선행되어야 한다.

4. 국가배상소송의 위법성 판단 기준으로서 객관적 정당성

판례는 국가배상책임의 성립요건으로서 국가배상법이 정하는 공무
원의 위법한 직무집행, 공무원의 고의·과실, 손해발생 외에 '객관적 정
당성'이라는 별개의 요건을 제시한다. 이러한 요건은 사안에 따라 국가
배상소송에서 위법성을 넓게 인정하여 손해배상책임이 인정되는 범위
를 확대하는 기능을 수행하기도 하고, 대상판결 유형과 같은 사안에서
는 반대로 위법성을 엄격하게 심사하여 손해배상책임을 제한하는 기능
을 수행하기도 한다.[40]

앞의 평등, 위험의 분배 등 공법적인 관점을 적용해야 한다는 취지이다.

39) 대표적으로 공익과 사익의 형량을 생각해볼 수 있다. 박정훈, "공·사법 구별의 방
   법론적 의의와 한계", 공법연구 제37집 제3호, 2009, 97－98면.

40) 판례가 언급하는 '객관적 정당성 상실'의 지위가 무엇인지에 관하여는 판례도 명확
   한 기준을 제시하고 있지 않다는 비판이 있다. 이에 대하여는 판례를 ① 위법성의
   문제로 이해한 경우(대법원 2009. 12. 24. 선고 2009다70180 판결), ② 공무원의 고
   의·과실의 문제로 이해한 경우(대법원 2000. 5. 12. 선고 99다70600 판결), ③ 객관
   적 책임 귀속의 문제로 이해한 경우(대법원 2000. 5. 12. 선고 99다70600 판결), ④
   상당인과관계의 문제로 이해한 경우(대법원 2015. 12. 23. 선고 2015다210194 판결)
   로 분류하거나(이상덕, "국가기관의 홈페이지 게시글 삭제 조치에 따른 국가배상
   책임 성립 여부의 판단기준", 대법원판례해설 제123호, 2020, 209면), ① 위법성의
   판단 기준으로 제시한 유형(대법원 2013. 5. 9. 선고 2013다200438 판결, 대법원
   2008. 4. 10. 선고 2005다48994 판결), ② 과실의 판단 기준으로 제시한 유형(대법
   원 2011. 1. 27. 선고 2009다30946 판결), ③ 배상책임의 판단 기준으로 제시한 유
   형(대법원 2013. 11. 14. 선고 2013다206368 판결)으로 분류하는 등의 분석이 이루
   어지고 있다(안동인, 앞의 글, 30－34면).

위법성을 넓게 인정하는 사안에서 판례는 '(국가배상법 제2조 제1항의) 법령의 위반은 엄격하게 형식적 의미의 법령에 명시적으로 공무원의 행위의무가 정하여져 있음에도 이를 위반하는 경우만을 의미하는 것은 아니고, 인권존중·권력남용금지·신의성실과 같이 공무원으로서 마땅히 지켜야 할 준칙이나 규범을 지키지 아니하고 위반한 경우를 비롯하여 널리 그 행위가 객관적인 정당성을 결여하고 있는 경우를 포함한다'41)고 설시를 하여, 문제되는 공무원의 행위가 법령에 명시적으로 정해진 의무를 위반한 경우뿐만 아니라 법령에 정해져 있지 않더라도 일반원칙 등에 의해 마땅히 지켜야 할 것으로 기대되는 규범을 위반한 경우에는 객관적 정당성이 결여되어 위법성이 인정된다고 본다.42)

그러나 판례는 대상판결의 유형에서는 항고소송에서 처분의 위법성이 확인되었음에도 처분으로 인한 손해가 발생했다고 주장하면서 제기된 국가배상소송에서 국가의 손해배상책임을 부정하기 위한 수단으로 객관적 정당성의 요건을 제시하면서 객관적 정당성이 결여되지 않았

---

41) 대법원 2009. 12. 24. 선고 2009다70180 판결; 최근 사례로 대법원 2022. 7. 14. 선고 2017다290538 판결은 이와 같이 법령 위반의 범위를 넓게 파악하여 위법성을 인정한 사안이다. 위 판결은 다수의 성폭력범죄로 여러 차례 처벌을 받은 뒤 위치추적 전자장치를 부착하고 보호관찰을 받고 있던 갑이 을을 강간하였고, 그로부터 13일 후 병을 강간하려다 살해하였는데, 병의 유족들이 경찰관과 보호관찰관의 위법한 직무수행을 이유로 국가를 상대로 손해배상을 구한 사안에서, 직전 범행의 수사를 담당하던 경찰관이 직전 범행의 특수성과 위험성을 고려하지 않은 채 통상적인 조치만 하였을 뿐 전자장치 위치정보를 수사에 활용하지 않은 것과 보호관찰관이 갑의 높은 재범의 위험성과 반사회성을 인식하였음에도 적극적 대면조치 등 이를 억제할 실질적인 조치를 하지 않은 것은 범죄를 예방하고 재범을 억지하여 사회를 방위하기 위해서 이들에게 부여된 권한과 직무를 목적과 취지에 맞게 수행하지 않았거나 소홀히 수행하였던 것이고, 이는 국민의 생명·신체에 관하여 절박하고 중대한 위험상태가 발생할 우려가 있어 그 위험 배제에 나서지 않으면 이를 보호할 수 없는 상황에서 그러한 위험을 배제할 공무원의 작위의무를 위반한 것으로 인정될 여지가 있다는 등의 이유로 경찰관과 보호관찰관의 직무수행이 객관적 정당성을 결여하였다는 취지로 판단한 바 있다.

42) 최계영, 앞의 글, 277면.

다는 이유로 손해배상책임을 인정하지 않는 경향을 보인다.[43] 구체적으로는 항고소송에서 행정처분이 취소되었더라도 항고소송의 기판력이 국가배상소송에 직접 미치지 않는다고 보면서 ① 침해행위가 되는 행정처분의 양태와 목적, ② 피해자의 관여 여부와 정도, ③ 침해된 이익의 종류와 손해의 정도를 고려해서 객관적 정당성이 결여되었는지 여부를 중심으로 국가배상책임의 성립 여부를 판단해야 하고, 나아가서는 ④ 국가 또는 지방자치단체가 국가배상책임을 부담하는 것이 타당한지 여부를 살펴야 한다고 판시하고 있다.[44]

　　항고소송의 위법성과 국가배상소송의 위법성을 다르게 파악하여 별도의 위법성 판단기준을 제시하고 있는 판례에 대하여는, 이론적인 관점에서 위법성의 의미에 관해 행위위법설[45] 또는 상대적위법설[46]을 취한 것이라는 평가와 함께, 국가배상책임을 부정하기 위한 도구로서

---

43) 안동인, 앞의 글, 39면.

44) 대법원 2000. 5. 12. 선고 99다70600 판결; 최근 사례로 대법원 2021. 6. 30. 선고 2017다249219 판결은 갑 주식회사가 고층 아파트 신축사업을 계획하고 토지를 매수한 다음 을 지방자치단체와 협의하여 사업계획 승인신청을 하였고, 수개월에 걸쳐 을 지방자치단체의 보완 요청에 응하여 사업계획 승인에 필요한 요건을 갖추었는데, 을 지방자치단체의 장이 위 사업계획에 관하여 부정적인 의견을 제시한 후, 을 지방자치단체가 갑 회사에 주변 경관 등을 이유로 사업계획 불승인처분을 한 사안에서 을 지방자치단체의 담당 공무원이 경관 훼손 여부를 검토하기 위해 수행한 업무는 현장실사를 나가 사진을 촬영하여 분석자료를 작성한 것이 전부이고, 그 분석자료의 내용이 실제에 부합하는 방식으로 작성되었다고 볼 수 없는 등 위 불승인처분은 경관 훼손에 관한 객관적인 검토를 거치지 않은 채 이루어진 것으로 볼 수 있고, 사업계획 승인 업무의 진행경과, 위 사업의 규모와 경관 훼손 여부를 판단하기 위한 합리적이고 신중한 검토 필요성 등에 비추어, 담당 공무원의 업무수행은 보통 일반의 공무원을 표준으로 하여 볼 때 객관적 주의의무를 소홀히 한 것이므로, 을 지방자치단체의 국가배상책임이 인정된다고 볼 여지가 있다고 판단한 바 있다.

45) 김남철, 앞의 책, 582면; 박균성, 앞의 책, 817면.

46) 김남진·김연태, 앞의 책, 677면; 박균성, 앞의 책, 817면; 박현정, 앞의 글, 154면; 안동인, 앞의 글, 35면.

객관적 정당성이라는 요건을 요구하는 것에 대한 비판이 다수 존재한
다. 국가배상법상 명문의 근거가 없는 요건을 추가로 요구하고 국가배
상책임의 범위를 판단함에 있어 고려해야 할 요소를 국가배상책임의 성
립 단계에서 판단기준으로 삼음으로써 그 성립 범위를 지나치게 제한한
다거나[47] '손해의 전보책임을 국가 또는 지방자치단체가 부담할 만한
실질적인 이유'라는 기준은 지나치게 불명확하여 국가배상책임을 인정
하는 데 소극적인 대법원의 입장을 극단적으로 드러낸다는 것이다.[48]
그러나 항고소송과 국가배상소송의 기능과 역할에는 차이가 있고 항고
소송에서 다투어진 처분의 위법사유는 사안에 따라 다양할 것임에도 처
분과 위법사유의 구체적인 종류와 내용, 그에 따른 손해의 내용과 정도
를 고려하지 않고 항고소송에서 취소판결이 내려진 모든 경우에 국가배
상책임을 인정하는 것은 곤란하다는 측면을 고려하면, 현실적으로 국가
배상책임의 성립을 제한하기 위한 장치는 필요하다고 생각된다.[49] 실무
상 객관적 정당성의 요건이 이러한 기능을 수행하면서[50] 대상판결 유
형에서 국가배상책임의 성립 여부를 판단하는 가장 중요한 기준으로 활
용되고 있다는 점은 부정하기 어렵다.

---

47) 안동인, 앞의 글, 27-53면; 최계영, 앞의 글, 261-300면.
48) 박현정, 앞의 글, 157면.
49) 이상덕, 앞의 글, 210면.
50) 송시강, "분석철학의 관점에서 바라본 국가책임법상 논쟁", 행정법연구 제56호, 2019, 62-65면.

Ⅳ. 처분의 위법성이 확인된 경우 국가배상책임의 성립에 관한 판례 동향

1. 대법원 판례 검토

아래에서는 항고소송에서 처분의 위법성이 인정된 경우 국가배상책임의 성립 여부가 문제 된 사안에서 대법원이 어떠한 판단을 하였는지를 검토한다.[51] 검토 대상이 된 총 12건의 대법원 판결 중 9건은 선행되는 항고소송에서 처분의 위법성이 확인되어 취소되었음에도 국가배상책임을 부정하였고, 단지 3건에서만 국가배상책임을 인정하였으며, 그 중 2건은 국가배상책임을 인정한 원심판결을 수긍하는 취지였다. 이와 같이 결론만 놓고 보면, 대상판결의 유형에서 '객관적 정당성'의 요건은 주로 항고소송에서 위법성이 확인된 처분 등에 대하여 국가배상책임의 성립을 부정하는 방향으로 작용하는 것을 확인할 수 있다.

---

51) 종합법률정보(glaw.scourt.go.kr) 사이트에서 대상판결의 요지와 같은 문구로 검색되는 대법원 판결을 최근 선고된 순서로 정리한 것으로 국가배상소송의 대상이 되는 처분의 성격이 같은 경우에는 동일한 유형으로 분류하였다. 기존에도 2011년경까지 선고된 대법원 판례를 분석하여 객관적 정당성의 요건이 항고소송에서 위법성이 확인된 처분에 대하여 국가배상책임을 부정하는 방향으로 작동한다는 점을 확인하거나(최계영, 앞의 글) 2018년경까지 선고된 위법한 개별처분 및 거부처분으로 인한 국가배상 판례 33개를 ① 과실을 요구하지 않거나 위법성만으로 과실을 추정한 판례, ② 조건부로 과실을 추정한 판례, ③ 일정한 객관적 사정을 기초로 과실을 인정한 판례, ④ 객관적 사정과 담당공무원의 주관적 사정을 이유로 과실을 부정한 판례, ⑤ 재량행위로서 재량기준에 의거하여 결정했다는 이유로 과실을 부정한 판례, ⑥ 객관적 주의의무 위반 및 객관적 정당성 상실이 없다는 등의 이유로 과실을 부정한 판례 및 ⑦ 객관적 정당성이 상실되었다는 이유로 과실을 인정하여 국가배상책임을 긍정한 판례의 유형으로 분류하여 개별 유형에 대한 분석이 이루어지기도 하였다(박정훈, 앞의 글). 이 글은 다양한 국가배상소송의 유형 중 항고소송에서 처분의 위법성이 확인된 경우 국가배상책임의 성립이 문제된 사안 즉, 대상판결 유형에 한정하여(위 ⑥ 및 ⑦ 유형의 판례이다) 최근까지 선고된 판례의 동향과 그에 따른 하급심의 실무례를 확인하는 데에 의의가 있다.

순번	판결	대상 처분	국가배상책임	
			대법원	원심
1	대법원 2022. 4. 28. 선고 2017다233061 판결52)	국가시험 불합격처분	부정	인정
	대법원 2003. 12. 11. 선고 2001다65236 판결		부정	인정
	대법원 2003. 11. 27. 선고 2001다33789 판결		부정	인정
2	대법원 2021. 12. 30. 선고 2021다269890 판결	장애인 활동지원 인력자격 정지처분	부정	인정
3	대법원 2019. 10. 18. 선고 2018다265515 판결	지방세 납세증명서 발급 거부처분	부정	인정
4	대법원 2011. 1. 27. 선고 2009다30946 판결	대학 교원 임용 등 거부처분	부정	부정
	대법원 2001. 12. 14. 선고 2000다12679 판결		부정	인정
5	대법원 2007. 5. 10. 선고 2005다31828 판결	교통부담금 부과처분	부정	부정
6	대법원 2000. 5. 12. 선고 99다70600 판결	개간허가 취소처분	부정	인정
7	대법원 2021. 6. 30. 선고 2017다249219 판결	사업계획승인 불승인처분	인정	부정
8	대법원 2012. 5. 24. 선고 2011다8539 판결	사업시행자지정신청 불허처분	인정	인정
9	대법원 2011. 1. 27. 선고 2008다30703 판결	장해급여 지급결정 취소처분	인정	인정

이하에서는 대법원 판례에서 객관적 정당성의 판단기준으로 제시하는 ① 침해행위가 되는 행정처분의 양태와 목적, ② 피해자의 관여 여부와 정도, ③ 침해된 이익의 종류와 손해의 정도, ④ 손해의 전보책임을 국가에게 부담시켜야 할 실질적인 이유를 중심으로 대법원 판례의 취지를 살펴본다.

가. 객관적 정당성을 상실하지 않았다고 판단한 사안
- 국가배상책임 부정

1) 국가시험의 불합격처분에 대한 국가배상청구 사안

먼저 대상판결과 같이 국가시험의 출제 및 정답 결정 과정에서 오류가 있었던 사안이다. 대법원 2003. 12. 11. 선고 2001다65236 판결은 공인회계사 1차 시험의, 대법원 2003. 11. 27. 선고 2001다33789 판결은 사법시험 1차 시험의 문제 출제 및 정답 결정 과정에 오류가 있는 것이 확인되었고 그에 따라 선행 항고소송에서 불합격처분의 위법성이 인정되어 취소된 사안에서, 대상판결과 같이 불합격처분이 객관적 정당성을 상실하였다고 인정될 정도에 이르지 못하였다는 이유로 국가배상책임을 부정하였다. 그 근거로는 ① 침해행위가 되는 행정처분의 양태와 목적의 측면에서, 법령이 정한 요건과 절차에 따라 시험위원을 선정하였던 점, 시험문제의 출제 당시에는 문제의 적정성과 정답 결정에 대하여 이견이 없었던 점, 객관식 시험 자체의 특성상 분쟁의 소지가 있는 점을, ③ 침해된 이익의 종류와 손해의 정도 측면에서, 국가시험은 일정한 자격을 부여받고자 하는 자에게 필요한 학식과 능력의 유무를 검정하기 위한 시험으로 사회적 제도이므로 행정처분으로 인하여 침해되는 법익은 개인적 이익 외에 사회적 내지 공익적 법익도 포함되는 점, 이미 불합격처분이 취소되어 2차 시험에 응시할 수 있게 된 점 등을 들어 최종적으로 ④ 손해의 전보책임을 시험을 관리한 국가에게 부담시켜야 할 실질적인 이유가 없다고 판단하였다. 특히 국가시험의 불합격처분 사안에서 대법원은 ①의 요건과 관련하여서 시험문제의 출제, 정답 결정, 합격 여부의 결정 과정이 법령이 정한 요건과 절차에 따라 이루어졌는지 여부 및 ③의 요건과 관련하여 시험이 공익적인 성격을

---

52) 이 글의 분석 대상이 된 대상판결이다.

가지는지 및 불합격처분이 취소된 이후 적절한 구제가 이루어졌는지 여부를 주된 판단 기준으로 삼고 있다.53) 대상판결 역시 같은 맥락에서 ① 시험문항의 출제위원 위촉 과정과 문제 출제, 검토 과정에서 법령이 정한 절차를 거친 것으로 평가되고 문제의 정답에 대한 별다른 이견이 없었으며, ③ 관련사건의 항소심에서 처분이 취소된 후 곧바로 응시자들에 대한 구제절차가 진행되었다는 점을 들어 국가배상책임을 부정한 바 있다.

　　국가시험의 불합격처분에 대한 국가배상청구 사안에서 주목할 점은 3건의 대법원 판결 모두 불합격처분으로 침해되는 법익의 성격이 사회적인 공공의 성격을 가지고 있다는 점을 주된 근거로 들어 종국적으로는 국가배상책임을 부정하였으나, 원심판결은 모두 국가배상책임을 인정하였다는 것이다. 대상판결의 원심은 이 사건 문제에 객관적인 오류가 있음에도 출제 과정 및 이의처리 과정에서 이를 제대로 확인하지 않은 부분을, 공인회계사 1차 시험에 대한 대법원 2001다65236 판결의 원심은 해당 문제의 정답이 존재하지 않음에도 그와 다른 정답 결정을 한 부분을, 사법시험 1차 시험에 대한 대법원 2001다33789 판결의 원심은 판례상의 확립된 해석에 어긋나는 답항을 정답으로 처리한 부분을

---

53) 그에 따라 대법원은 '해당 시험의 실시목적이 시험에 응시한 개인에게 특정한 자격을 부여하는 개인적 이해관계 이외에 일정한 수준의 적정 자격을 갖춘 자에게만 특정 자격을 부여하는 사회적 제도로서 그 시험의 실시에 일반 국민의 이해관계와도 관련되는 공익적 배려가 있는지 여부, 그와 같은 시험이 시험시행 당시의 법령이 정한 요건과 절차에 따라 국가기관 내지 소속 공무원이 구체적 시험문제의 출제, 정답 결정, 합격 여부의 결정을 위하여 해당 시험과목별로 외부의 전문 시험위원을 적정하게 위촉하였는지 여부, 위촉된 시험위원들이 문제를 출제함에 있어 최대한 주관적 판단의 여지를 배제하고 객관적 입장에서 해당 과목의 시험을 출제하였는지 및 같은 과목의 시험위원들 사이에 출제된 문제와 정답의 결정과정에 다른 의견은 없었는지 여부, 제1차 시험의 오류를 주장하는 응시자 본인에게 사후에 국가가 제1차 시험의 합격을 전제로 제2차 시험의 응시자격을 부여하였는지 여부 등'을 종합적으로 고려하여야 한다고 판시하였다.

위법하다고 판단하였다. 이처럼 원심판결들은 시험문제에 출제 오류가 있다는 점에 초점을 두어 이러한 문제를 출제하고 검토하는 과정에서 주의의무를 다하지 않은 잘못이 있다고 판단한 반면, 대법원은 출제 및 검토 과정에서 법령이 정한 절차를 충분히 거친 경우에는 대체로 그러한 잘못이 객관적 정당성을 상실할 정도에 이르지 않았다고 판단한 차이가 있다.

2) 장애인활동지원 인력자격 정지처분에 대한 국가배상청구 사안

최근 선고된 대법원 2021. 12. 30. 선고 2021다269890 판결은 장애인활동지원 인력으로 지정받아 활동지원급여비용을 받아 온 피해자[54]가 거주시설 요건이 충족되지 않은 장애인에 대한 활동지원 급여비용을 부당하게 지원받았다는 이유로 지급된 급여비용을 징수하고 활동지원 인력 자격을 정지하는 처분을 받은 사안에서, 위 활동지원인력 자격정지 처분이 취소된 이후 국가배상책임의 성립 여부가 다투어졌다. 피해자는 활동지원인력 자격정지 처분의 청문 절차에서 담당 공무원이 거주시설 요건이 충족되었다는 주장을 확인하지 않았다고 주장하였으나, 대법원은 ① 침해행위가 되는 행정처분의 양태의 측면에서, 피해자 거주시설 요건을 다투었다고 하더라도 관련 법령상 동일한 처분을 내렸을 가능성을 배제할 수 없고, ② 피해자의 관여 여부와 정도의 측면에서, 피해자 주장과 같이 청문 절차에서 거주시설 요건을 다투었다고 인정할 증거가 없다는 등의 이유로 인력자격이 정지된 기간 동안의 활동지원급여 상당의 국가배상청구를 배척하였다. 위 판결의 원심[55]은 동일한 사실관계에 대하여 위 ①의 측면에서 인력자격 정지처분을 하는 공무원이 사실관계를 의심할 만한 사정이 있었음에도 확인을 위한 별다른 절차를

---

54) 국가배상소송의 원고이나 대법원 판결에서 객관적 정당성의 판단기준을 설시하면서 ‘피해자’라는 용어를 사용하고 있으므로 피해자라고 표기한다.
55) 수원지방법원 2021. 8. 20. 선고 2020나91561 판결

거치지 않는 등 주의의무를 소홀히 하였다는 이유로 객관적 정당성을 상실했다고 판단하였는데, 대법원은 그와 관점을 달리하여 위 ②의 측면에 중점을 두어, 피해자가 청문 절차에서 관련 요건을 충분히 다투지 않았다는 점을 주된 근거로 국가배상청구를 배척하였다.

3) 지방세 납부증명서 발급 거부처분에 대한 국가배상청구 사안

대법원 2019. 10. 18. 선고 2018다265515 판결 역시 비교적 최근 선고된 것으로, 다툼이 된 14건의 자동차세 부과처분 중 11건이 피해자에게 송달되지 아니하여 무효로 판단되었음에도 지방세 납세증명서의 발급이 거부되자 그에 대한 국가배상을 청구한 사안이다. 위 판결의 원심56)은 피해자의 주장을 받아들여 위자료의 지급을 명하였으나, 대법원은 ① 침해행위가 되는 행정처분의 양태와 목적과 관련하여, 자동차세 부과처분이 취소된 것은 단지 피해자에게 송달이 되지 않았기 때문이고, 납세증명서 신청 당시 취소소송이 확정되지 않았으므로 공무원으로서는 납부할 세금이 얼마인지 정확히 판단하기 어려웠을 것이라는 등의 이유로 국가배상청구를 배척하였다.

4) 대학 교원 임용 거부 등에 대한 국가배상청구 사안

대법원 2011. 1. 27. 선고 2009다30946 판결은 재임용심사에서 탈락한 국립대학 교원이 대학교원 기간임용제 탈락자 구제를 위한 특별법에 따라 교원소청심사특별위원회에 재심사를 청구하여 재임용거부처분 취소결정을 받고 복직한 다음 재임용거부로 인한 국가배상을 청구한 사안이다. 대법원은 ① 침해행위가 되는 행정처분의 양태와 목적과 관련하여, 국립대학의 기간제 교원에 대한 재임용 신청을 인정한 대법원 2004. 4. 22. 선고 2000두7735 판결 이전까지는 재임용 여부는 자유재량행위로 파악하였다가 위 판결로써 재임용 심사신청권이 인정되기에 이른 것이므로 종전의 국립대학 교원의 권리 내지 법익침해의 결과에

---

56) 대전지방법원 2018. 8. 14. 선고 2017나108804 판결

관하여 손해배상책임을 묻는 것은, 일반적으로 존재하지 않는 것으로 해석되었던 규범의 준수를 요구하는 것이거나 현실적으로 실현 불가능한 주의의무의 이행을 기대하는 것이어서 국가배상책임이 인정되지 않는다고 판단하였다.

한편 대법원 2001. 12. 14. 선고 2000다12679 판결은 사립대학이 국립대학으로 전환되는 과정에서 지방자치단체장의 임용심사가 부당하여 일부 교수들이 임용제청대상에서 누락되었고, 그에 따라 교육부장관으로부터 임용제외처분을 받자 국가배상을 청구한 사안이다. 대법원은 ① 침해행위가 되는 행정처분의 양태와 목적 측면에서 교육부장관이 임용제외처분을 하는 과정에서 지방자치단체장의 임용심사가 부당하여 피해자들이 임용제청대상에서 제외되었다는 사정을 알았다거나 알 수 있었다고 인정하기 어렵고, 이에 대해 조사할 의무가 있다고 보기 어렵다는 이유로 국가배상청구를 배척하였다.

5) 교통부담금 부과처분에 대한 국가배상청구 사안

대법원 2007. 5. 10. 선고 2005다31828 판결은 교통부담금 부과처분과 관련하여 처분 이후 판결에 의해 법령의 해석 및 적용에 잘못이 있어 처분이 위법한 것으로 확정되었다고 하더라도, ① 침해행위가 되는 행정처분의 양태와 목적의 측면에서, 그러한 판결이 있었던 시점을 기준으로 그 이전에 행해진 처분에 대해서는 국가배상책임을 인정할 수 없다는 취지로 판단한 사안이다.

6) 개간허가 취소처분에 대한 국가배상청구 사안

대법원 2000. 5. 12. 선고 99다70600 판결은 대상 유형과 같은 대법원 판례의 판시가 처음으로 등장한 사안이다. 피해자는 개간허가 취소처분을 받은 이후에 국가배상을 청구하였으나, 대법원은 ② 피해자의 관여 여부와 정도의 측면에서 피해자가 허가조건을 위반하여 개간허가 취소 사유는 인정되고 다만 ① 침해행위가 되는 행정처분의 양태와 목적 측면에서 재량권의 범위를 일탈하여 위법하다고 판단되었던 것인데, 대법원은 이러한 사정만으로는 국가배상을 인정할 정도로 객관적 정당성을 상실하였다고 보기 어렵다고 판단하였다.

나. 객관적 정당성을 상실하였다고 판단한 사안
− 국가배상책임 인정

1) 사업계획승인 불승인처분에 대한 국가배상청구 사안

사례가 많지는 않으나 항고소송에서 처분의 위법성이 확인된 경우 국가배상소송에서도 처분의 위법성이 인정된다는 이유로 국가배상책임을 긍정한 사안이 있다. 다만 이때에도 대법원은 항고소송에서의 위법성이 그대로 국가배상소송에 적용된다고 보지 않고, 별도로 객관적 정당성을 상실하였는지를 판단한다. 먼저 대법원 2021. 6. 30. 선고 2017다249219 판결은 피해자 회사가 고층 아파트 신축사업을 계획하고 토지를 매수한 다음 지방자치단체와 협의하여 사업계획 승인신청을 하였고, 수개월에 걸쳐 보완 요청에 응하여 사업계획 승인에 필요한 요건을 갖추었는데, 지방자치단체의 장이 위 사업계획에 관하여 부정적인 의견을 제시한 후 지방자치단체가 피해자 회사에 주변 경관 등을 이유로 사업계획 불승인처분을 하자, 피해자 회사가 불승인처분의 취소를 구하는 항고소송을 제기하여 승소하고, 그에 대한 국가배상을 청구한 사안이다. 사업계획 불승인처분의 취소소송에서는 위 처분이 재량권을 일탈, 남용한 것으로 위법하다고 판단되었다. 국가배상청구소송에서 대법원은 ① 침해행위가 되는 행정처분의 양태와 목적의 측면에서, 불승인처분 과정에서 필요한 조사나 객관적인 검토를 거치지 않은 점, ② 피해자의 관여 여부와 정도의 측면에서, 피해자 회사가 수개월 동안 관계부서와 협의를 하였고, 보완 요청에 응하여 사업계획 승인에 필요한 요건을 갖추었던 점, ③ 침해된 이익의 종류와 손해의 정도의 측면에서, 불승인처분을 하려면 그로 인해 침해될 피해자 회사의 이익과 보호할 공익을 신중하게 형량할 필요가 있는 점 등을 근거로 지방자치단체의 배상책임을 인정하였다.

2) 사업시행자지정신청 불허처분에 대한 국가배상청구 사안

대법원 2012. 5. 24. 선고 2011다8539 판결은 피해자가 도시공원시설로서 골프연습장 설치에 관한 조건부 사업시행자 지정통보를 받고 조건을 이행하기 위하여 사업부지를 매수하고, 인근 군부대의 동의를 받는 등의 필요한 조건을 이행하였으나 지방자치단체장이 수차례에 걸쳐 신청을 반려하는 처분을 하였고, 그에 대한 행정심판에서 반려처분을 취소하는 취지의 재결이 내려졌음에도 종국적으로 피해자의 신청을 불허하는 처분을 한 사안에서, 피해자가 불허처분에 대한 행정소송을 제기하여 재결의 기속력에 반한다는 이유로 처분을 취소하는 판결이 확정되자, 국가배상청구를 한 사안이다. 대법원은 ① 침해행위가 되는 행정처분의 양태와 목적의 측면에서, 새로운 사유 없이 여러 차례 반복된 행정심판 재결에 명백히 배치되는 불허가 처분을 반복한 것은 객관적 정당성을 상실한 경우에 해당한다는 이유로 국가배상청구를 인용한 원심판결을 수긍하였다.

3) 장해급여 지급결정 취소처분에 대한 국가배상청구 사안

대법원 2011. 1. 27. 선고 2008다30703 판결은 대법원이 항고소송에서 행정처분이 취소된 후에 국가배상책임이 성립되는 요건에 대한 일반론을 판시하면서 구체적인 사안에서도 국가배상책임을 인정한 최초의 판례로 보인다. 위 판결에서는 선행하는 민사사건에서 피해자의 후유장해를 인정하지 않는 판결이 확정되었는데, 이후 산업재해심사위원회가 그에 배치되는 사실인정을 하여 확정된 민사사건의 취지에 따른 근로복지공단의 처분을 취소하는 재결을 하자, 피해자의 사업주가 제기한 항고소송에서 위 재결이 취소되었고, 이에 피해자가 위법한 재결로 인하여 정신적인 고통을 당하였다고 주장하면서 손해배상을 구하였다.

이에 대하여 대법원은 ① 침해행위가 되는 행정처분의 양태와 목적의 측면에서, 재결 당시 민사소송에서 피해자의 후유장해를 인정하지 않는 내용의 판결이 확정된 이상 그에 배치되는 사실인정에 기초하여 이루어진 재결은 객관적 당성을 결한 것이라고 판단하였다.

다. 검토

앞서 살펴본 바와 같이 대법원이 처분의 위법성이 확인된 경우 국가배상책임이 성립하는지 여부에 관한 법리를 설시하면서 국가배상책임을 부정한 사안들 중 상당수는 국가배상책임의 성립을 인정한 원심을 파기하고 피해자의 청구를 배척한 사안들이다.[57] 대법원이 객관적 정당성이 결여되지 않았다고 판단한 근거를 살펴보면, 거의 대부분의 사안에서 ① 침해행위가 되는 행정처분의 양태와 목적 요소를 중요하게 고려하고 있는 것을 알 수 있다. 항고소송에 의해 취소된 처분의 성격이 무엇이고 위법하게 판단된 이유가 무엇인지, 처분을 하는 과정에서 공무원이 다른 판단을 할 수 있었는지 등을 주요한 판단 근거로 삼고 있는 것이다. 처분의 위법사유를 ㉠ 처분의 근거법령에 관한 법리오해, ㉡ 처분사유에 관한 사실오인, ㉢ 효과재량 단계에서 공사익 형량의 오류나 재량권 남용, ㉣ 절차상 하자로 나눌 때,[58] 앞서 본 대법원 판례 중 대학 교원 재임용 거부처분 사안과 교통부담금 부과처분 사안은 ㉠ 처분의 근거법령에 관한 법리오해가 문제된 경우에 해당하고, 국가시험의 불합격처분 사안, 장애인활동지원 인력자격 정지처분 사안, 지방세 납부증명서 발급 거부처분 사안,[59] 대학 교원 임용제외처분 사안은 ㉡

---

57) 실제로는 하급심에서 국가배상책임을 부정하는 사안들이 다수 확인되나, 이러한 사안에 대해서는 대법원이 별다른 판시를 하지 않고 원심을 수긍하는 형태로 확정되어 대상판결 유형의 판시사항으로 검색이 되지 않은 사례가 있는 것으로 보인다.

58) 이상덕, 앞의 글, 210면.

59) 지방세 납부증명서 발급 거부처분의 사안은 취소의 대상이 된 자동차세 부과처분은 피해자에게 송달이 되지 않은 ㉣ 절차상 하자가 있는 사안이었으나, 침해행위

처분사유에 관한 사실오인이 문제된 경우에 해당하며, 개간허가 취소처분 사안은 ⓒ 재량권의 남용이 문제된 경우에 해당하는 것으로 분류할 수 있다.

　　한편 국가배상청구가 인정된 사안의 경우에도, 객관적 정당성을 결여하였는지 여부의 판단은 주로 ① 침해행위가 되는 행정처분의 양태와 목적을 중심으로 검토되고 있고, 처분의 위법사유로는 주로 ⓒ 처분사유에 관한 사실오인이나 ⓒ 재량권의 남용이 문제되었던 것으로 보인다. 그런데 대법원이 명시적으로 국가배상책임을 인정한 사안들의 경우에는, 침해행위가 되는 행정처분이 그에 선행된 법원의 판단이나 행정청 스스로 형성한 외관에 배치되어 피해자가 갖게 된 신뢰에 명백하게 반하는 처분이었다는 특징이 있다. 사업시행자지정신청 불허처분과 장해급여 지급결정 취소처분의 경우에는 선행한 행정심판의 재결이나 민사소송의 판단에 정면으로 배치되는 행정처분으로 위법한 사안이었는데, 피해자로서는 기존에 법원 등의 판단이 있었기 때문에 그에 따른 행정처분이 내려질 것이라는 신뢰가 충분히 형성되어 있었다고 볼 수 있고, 사업계획승인 불승인처분 역시 피해자 회사와 지방자치단체가 수차례 협의를 거쳐 피해자가 사업계획승인을 얻을 수 있을 것이라는 충분한 신뢰가 형성되었던 사안이다. 이처럼 행정처분에 앞선 법원의 판단 등을 통해 피해자의 신뢰가 형성됨으로써 대법원이 제시하는 판단기준 중 ③ 침해된 이익의 종류와 손해의 정도 측면에서 피해자의 이익을 더욱 두텁게 보호해야 할 필요성이 높아진 경우에 해당한다고 볼 것이다.

　　대법원은 객관적 정당성을 판단함에 있어 ① 침해행위가 되는 행정처분의 양태와 목적의 측면에서 행정처분의 특성과 위법의 정도에 따

　　로 특정된 행정처분인 지방세 납부증명서 발급 거부처분의 위법사유는 발급 대상에 해당하는지 여부가 문제되어 ⓒ 처분사유에 관한 사실오인으로 분류할 수 있어 보인다.

라 그에 대한 통제의 필요성을 고려 요소로 삼거나 ③ 침해된 이익의
종류와 손해의 정도를 판단하면서 해당 처분이 달성하려는 공익과 그로
인해 침해된 사익을 적절히 비교하는 등으로 공법적인 관점을 반영하여
국가배상책임의 성립 여부를 판단할 수 있는 방법을 마련하고 있기는
하다. 그런데 실제 사안에서는 국가배상책임의 인용에 대하여 매우 소
극적인 태도를 보이면서, ① 행정처분의 양태와 목적을 고려하더라도
위법한 처분에 대해 국가가 손해배상책임을 부담할 필요까지는 없다고
보거나 재량권의 일탈, 남용과 같은 일반적인 처분의 위법사유만으로는
④ 국가나 지방자치단체가 손해의 전보책임을 부담할 만한 사정이 인정
되지 않으며, ③ 종전에 피해자에게 상당한 수준의 신뢰를 부여한 법원
등의 판단에 배치되는 행정처분이 내려져 위법한 정도에 이르러야 국가
배상책임을 인정하는 경향을 보이고 있어 그 인정 기준이 다소 높게 설
정되었다는 아쉬움이 남는다.

2. 하급심 판결례 검토

이상에서는 항고소송에서 처분의 위법성이 확인된 경우 국가배상
책임의 인정 여부에 대한 대법원의 판단기준과 사례를 검토하였다. 이
하에서는 대법원의 명시적인 판결이 내려지지는 않았으나, 최근 선고된
사건들 중 국가배상책임을 인정하는 결론으로 종국된 하급심 사례를 검
토하고,[60] 대법원이 제시한 판단기준이 어떻게 실제 사례에서 적용되고
있는지, 하급심의 판결 경향이 어떠한지를 정리해보고자 한다.

가. 선행 재결 등의 결론에 반하는 행정처분이 이루어진 경우

앞서 본 것과 같이 대법원은 행정처분이 선행하는 법원의 판결 등

---

60) 대법원 판결서 인터넷 열람 사이트에서 검색이 가능한 사례들이다.

에 정면으로 배치되거나 재결의 기속력에 반하는 등의 사안에서 국가배
상책임을 인정한 바 있다. 이와 유사한 사안으로는 서울고등법원(춘천)
2021. 2. 25. 선고 2021나454 판결(미상고 확정)이 있다. 위 사건에서 피
해자는 지방자치단체에 산지전용 허가신청을 하였으나 주민들의 피해
가 예상된다는 등의 이유로 불허되자, 불허가처분에 대하여 행정심판을
청구하였고, 불허가처분의 사유가 인정되지 않는다는 이유로 산지전용
불허가처분을 취소하는 재결을 받았다. 이에 피해자는 재차 산지전용
허가신청을 하였으나, 재결의 취지에 반하여 다시 불허가처분을 하였
고, 피해자는 위 처분에 대하여는 다투지 아니한 채 다시 산지전용 허
가신청을 하여 최종적으로 불허가처분을 받게 되었다. 이후 피해자가
제기한 항고소송에서 위 불허가처분은 재결의 기속력에 반하거나 재량
권을 일탈·남용하여 위법하다는 이유로 처분을 취소하는 판결이 선고
되어 확정되었다. 그런데 지방자치단체는 피해자에 대하여 산지전용 허
가를 한 이후에도 개발행위허가 신청은 불허하였다가 항고소송 판결이
확정된 후 5개월이 지나서야 개발행위를 허가하였고, 피해자는 최종 개
발행위허가 처분이 지연되었다고 주장하면서 국가배상소송을 제기하였
다. 이에 대하여 법원은 ① 침해행위가 되는 행정처분의 양태와 목적의
측면에서, 지방자치단체가 이미 개발행위허가 필요 여부에 관한 심의를
마친 상태였고, 산지전용허가와 동시에 개발행위허가에 관한 처분을 할
수 있었음에도 상당 기간이 경과한 이후에야 개발행위 불허가처분을 하
였는데, 이는 재결의 기속력에 반하는 것으로 이미 항고소송에서 판단
된 내용인 점, 피해자가 민원을 제기하자 다시 항고소송이 확정된 때로
부터 5개월이 지난 후에야 비로소 최종 개발행위허가를 한 점 등을 들
어 지연된 기간에 상응하는 일실수익 상당액의 손해를 인정하여 국가배
상청구를 인용하였다. 위 판결 역시 국가배상청구의 대상이 된 행정처
분에 앞서 처분의 위법성이 다투어진 재결이 있었던 사안이다. 피해자
로서는 당초의 산지전용허가 불허처분을 취소하는 재결을 받아 신청이

인용될 것으로 신뢰하고 있었는데, 이후에도 그와 동일한 이유로 여러 차례에 걸쳐 신청이 취소되거나 거부되었고, 이는 재결의 취지에 명백히 반하는 것이므로, 국가배상청구가 충분히 인용될 수 있는 사안이라고 생각된다.

대구지방법원 2020. 8. 26. 선고 2019나319097 판결(심리불속행 기각 확정) 역시 행정처분에 앞서 검찰의 불기소처분이 있었음에도 그에 반하는 처분이 이루어진 사안이다. 피해자는 이른바 사무장병원을 운영했다는 의료법 위반 혐의로 수사를 받았고, 그 과정에서 국민건강보험공단은 피해자에 대하여 부당수급한 요양급여비용에 대한 환수처분을 하였다. 피해자는 의료법 위반 혐의에 대해 불기소결정을 받고 위 환수처분에 대하여 이의신청을 하였는데, 국민건강보험공단은 이의신청을 기각하였다가, 이후 불기소결정을 근거로 환수처분을 직권으로 취소하였으나, 환수처분의 취소 이후에도 피해자의 부동산에 관하여 압류를 하였다. 이에 피해자는 환수처분과 이의신청 기각 결정 및 부동산에 관한 압류가 위법하다고 주장하면서 국민건강보험공단을 상대로 국가배상청구를 하였다. 법원은 환수처분 당시에는 불기소결정이 있었던 것이 아니고 이를 예상할 수 없으므로 국가배상책임이 성립하지 않는다고 보면서, 이의신청 기각 및 압류 부분에 대하여는 ① 침해행위가 되는 행정처분의 양태와 목적의 측면에서, 피해자에 대한 불기소결정을 수령하였음에도 이를 인지하지 못한 채 이의신청을 기각하였다가 잘못을 인지하고 스스로 환수처분을 취소한 것으로 보이는 점, 환수처분을 취소하였음에도 피해자 소유의 부동산을 압류함으로써 정신적 부담을 주었을 것인 점 등에 비추어 위자료 상당의 국가배상책임이 인정된다고 판단하였다.

나. 국가나 지방자치단체가 상당한 신뢰를 부여한 사안

광주고등법원 2020. 8. 19. 선고 2018나26481 판결(심리불속행 기각

확정)은 지방자치단체가 피해자 측에 상당한 수준의 신뢰를 부여하였던 사안이다. 이 사건에서 지방자치단체는 관할 지역의 공유수면 매립을 위해 피해자 회사 측에 대상 토지를 매매하였고, 피해자 회사는 대상 토지에서 냉동창고 사업을 계획하였으나 이를 변경하여 유류저장탱크 사업을 추진하기 위하여 건축허가 등을 받아 공사를 수행하였다. 그 과정에서 피해자 회사가 건축허가변경 신청을 하자, 지방자치단체는 피해자 회사에 유류저장탱크를 설치하는 것은 주변 환경과 조화가 이루어지지 않고 위험시설에 해당한다는 등이 이유로 거부처분을 하였다. 이에 피해자 회사 측은 거부처분의 취소소송을 제기하여 이미 관련 건축허가를 하였음에도 건축허가변경 신청을 거부하는 것은 재량권을 일탈·남용한 것으로 위법하다는 판결을 받았다. 이후 지방자치단체는 대상 토지의 매매계약 위반으로 소유권이 상실되는 경우 허가가 취소된다는 조건을 붙여 건축허가변경 신청을 허가하였고, 토지 매매계약의 해제를 주장하며 소유권이전등기의 말소를 구하는 민사소송을 제기하였으나, 매매계약을 해제하는 것은 금반언의 원칙에 위배된다는 이유로 청구가 기각되었다. 이후 피해자 회사는 지방자치단체를 상대로 건축허가변경 신청 거부처분에 대한 국가배상소송을 제기하였다. 법원은 ① 침해행위가 되는 행정처분의 양태와 목적의 측면에서, 지방자치단체가 이미 유류저장탱크를 설치하려는 것을 알고 있는 상태에서 관련 건축허가를 하여 피해자 회사에 신뢰를 부여하였음에도 입장을 바꾸어 거부처분을 하였던 점, ③ 침해된 이익의 종류와 손해의 정도의 측면에서 수익적 행정처분을 취소하는 경우에는 법익의 침해를 정당화할 만한 중대한 공익상의 필요 또는 제3자의 이익보호와 형량을 해야 하는 점 등을 들어 지방자치단체의 거부처분이 위법하고, 그에 따라 피해자 회사가 공사 과정에서 지출한 비용 상당의 손해를 배상할 책임이 있다고 판단하였다.

다. 수익적 행정행위의 취소·철회에 따른 신뢰가 침해된 사안

광주고등법원(전주) 2021. 4. 1. 선고 2020나11600 판결(심리불속행 기각 확정)은 지방자치단체가 선행하는 처분 등을 통해 명시적으로 신뢰를 부여하지는 않았으나, 수익적 행정행위를 취소하는 과정에서 위법성이 있다고 인정된 사안이다. 피해자는 지방자치단체에 대상 토지에서 공업용원료토사채취공사를 하기 위해 토석채취 등 개발행위 허가신청을 하였으나, 대상 토지는 광업권이 설정된 지역으로 광업권자가 아닌 피해자는 채굴권이 없다는 이유로 신청이 반려되었다. 피해자는 위 반려처분에 대하여 행정심판청구를 하여 절차상 하자가 있다는 이유로 이를 취소하는 재결을 받았고, 이후 광업권자 중 1인의 동의서를 보완하여 개발행위허가를 받았다. 이후 지방자치단체는 감사원의 지적에 따라 피해자에 대하여 나머지 광업권자에 대한 동의서를 제출하도록 요구하였으나 피해자가 이를 보완하지 않자 개발행위 허가처분을 취소하였다. 이에 피해자가 이의를 제기하자, 지방자치단체는 재검토를 거쳐 기존의 광업권이 소멸하였음을 이유로 위 취소처분을 직권으로 취소하였다. 피해자는 개발행위 허가처분에 대한 취소처분이 위법하였다고 주장하며 국가배상청구를 하였다. 법원은 ① 침해행위가 되는 행정처분의 양태와 목적의 측면에서, 담당 공무원으로서는 피해자에 대하여 나머지 광업권자의 동의서를 제출하도록 보완요구를 할 때에는 광업권이 존재하는지 여부를 확인했어야 함에도 이를 하지 않은 점, ③ 침해된 이익의 종류와 손해의 정도의 측면에서, 수익적 행정처분을 취소하는 경우에는 법익의 침해를 정당화할 만한 중대한 공익상의 필요 또는 제3자의 이익보호와 형량을 해야 하는데, 당시 이를 취소할 만한 중대한 공익상의 필요나 제3자의 이익을 보호할 필요가 있었던 것으로 보이지 않는 점 등을 이유로 피해자가 위법한 처분으로 말미암아 지출한 비용 상당의 국가배상책임을 인정하였다.

라. 검토

항고소송에서 처분의 위법성이 인정되어 취소된 경우 국가배상소송에서 객관적 정당성이 결여되었는지 여부에 관한 하급심의 판결례에서도 앞서 검토한 대법원의 판단과 유사한 경향이 확인된다. 대법원은 침해행위가 되는 행정처분이 그에 선행된 법원의 판단이나 행정청 스스로 형성한 외관에 배치되어 피해자가 갖게 된 신뢰에 명백하게 반하는 경우에 비로소 국가배상책임을 인정하는 경향을 보였는데, 위에서 살펴본 가.항과 나.항의 하급심 판결들 역시 문제 되는 행정처분이 선행된 재결이나 불기소결정에 반하고, 행정청 스스로 피해자에게 선행하는 처분을 통해 신뢰를 부여하였음에도 그에 반대되는 행정처분을 한 경우에 국가배상책임을 인정한 사례이다. 이는 객관적 정당성의 상실이라는 요건을 엄격하게 적용하여 그 인정범위를 예외적으로 제한하는 대법원 판례의 흐름이 하급심에도 그대로 반영된 결과라고 할 수 있다. 앞서 언급한 사례들을 제외한 대부분의 판결에서 행정처분이 항고소송에서 취소되었다고 하더라도, 객관적 정당성을 상실한 정도에 이르지 않았다는 이유로 국가배상책임이 배척되고 있다.

다만 위 다.항의 사안은 대법원 판례의 제한적인 인정 범위를 벗어나 보다 적극적으로 국가배상책임을 인정한 사례로 평가할 수 있다. 기존의 대법원 입장은 수익적 행정행위를 취소하는 처분이 항고소송에서 위법하다고 인정된 경우에도 단순히 재량권의 일탈·남용이 인정된다는 사정만으로 곧바로 객관적 정당성이 상실되었다고 판단하지는 않았고(개간허가 취소처분에 대한 대법원 99다70600 판결 참조), 다만 선행하는 민사소송 등에서 판단된 내용에 정면으로 배치되는 처분을 한 경우에는 객관적 정당성이 상실된 것이라고 인정한 사례가 있다(장해급여 지급결정 취소처분에 대한 대법원 2008다30703 판결 참조). 그런데 위 다.항의 판결은 개발행위 허가의 취소처분을 행정청이 직권으로 취소한 사안에서, 위

취소처분 당시 법익침해에 대한 이익형량이 잘못되었음을 이유로 공익과 사익의 형량이라는 요소를 보다 적극적으로 반영하여 객관적 정당성을 상실하였다고 판단하였다는 점에서 차이가 있다고 보인다.

객관적 정당성이라는 요건은 대상판결 유형의 사안에서 항고소송에서 처분의 위법성이 확인된 경우 국가배상책임의 위법성을 제한하는 역할을 수행한다. 비록 그 의미가 무엇인지 다소 불분명하다는 한계가 존재하지만, 현재의 재판실무에서 국가배상책임을 제한하기 위한 유용한 도구로 사용되고 있는 것이다. 구체적인 사례에서는 ① 침해행위가 되는 행정처분의 양태와 목적 측면에서, 처분이 무엇인지, 처분에 이르게 된 경위와 제반 사정을 종합적으로 고려하여 객관적 정당성의 상실 여부를 판단하는 경우가 대부분이고, 나머지 판단기준은 그에 부수하여 특징적인 사정이 있는 경우에만 고려되고 있다. 대상판결의 경우에도, 원심은 ③ 침해된 이익의 종류와 손해의 정도에 주목하여 시험문제 오류로 인하여 피해자들에게 상당한 손해가 발생하였음을 전제로 객관적 정당성을 적극적으로 인정하였으나, 대상판결에서는 오히려 ① 침해행위가 되는 행정처분의 양태와 목적 측면에서, 시험출제 과정이 법령에 따른 것이어서 절차상의 문제가 없었다는 사정을 주된 근거로 하여 객관적 정당성을 부정하였다.

하급심에서 ③ 침해된 이익의 종류와 손해의 정도 측면에서, 피해자에게 이미 상당한 수준의 신뢰가 부여된 경우에는 객관적 정당성의 상실을 인정할 가능성을 높게 평가하는 것은 의미 있는 시도라고 생각된다. 국가배상소송은 항고소송에서 처분의 위법성이 인정되어 취소되었음에도 회복되지 못한 손해가 있는 경우 그에 대한 배상책임을 국가가 부담하여 피해자를 구제할 것인지의 문제이다. 이때 침해된 이익의 종류와 손해의 정도라는 판단기준은 국가배상책임의 위법성을 소극적으로 인정하는 경향이 뚜렷한 현재 판례의 흐름 속에서 피해자의 구제 기능을 실현하는 기능을 함과 동시에 위법한 처분에 대한 손해배상책임을 보다 적극적으로 인정하여 간접적으로나마 행정에 대한 통제기능을 수행할 수 있으므로, 국가배상책임의 위법성을 판단함에 있어 해당 기준의 충족 여부를 보다 충실하게 검토할 필요가 있을 것이다.

Ⅴ. 나가며

대상판결은 항고소송에서 처분의 위법성이 인정되어 취소된 경우, 국가배상소송에서 항고소송과 동일하게 처분의 위법성을 인정할 수 있는지에 관하여 항고소송의 위법성과 국가배상소송의 위법성은 다르며, 국가배상소송에서 위법성이 인정되기 위해서는 부가적으로 객관적 정당성의 상실이라는 요건이 충족되어야 한다는 기존 대법원 판례의 입장을 다시 한 번 명확하게 확인하였다. 특히 대상판결을 포함하여 국가시험의 출제오류에 따른 불합격처분 등의 위법성이 문제 된 세 건의 사안에서 각 사안의 원심판결이 모두 국가배상책임을 인정하였던 것과 달리 대법원은 예외 없이 객관적 정당성이 상실되지 않았다고 보아 국가배상책임을 부정하였다. 이러한 대법원 판단은 위법한 것으로 인정된 처분의 특성을 주되게 고려하면서 특히 국가시험이라는 특성상 시험문항의 출제나 정답 결정 과정이 가지는 공익적인 특성, 법령과 절차의 준수 여부를 중요한 판단요소로 삼아야 한다고 본 것인데, 국가배상책임을 매우 제한적인 범위에서 인정하는 기존 판례의 태도를 그대로 반복했다는 점에서 다소 아쉬움이 남기는 한다.

국가배상책임의 위법성 판단에 있어서 요구되는 객관적 정당성이라는 요건은 현실적으로 국가배상책임의 인정 범위를 제한하는 기능을 하고 있다. 대법원은 행정처분이 선행하는 판결 등에 배치되는 것이거나 행정청이 사전에 상당한 수준의 신뢰를 부여하였음에도 그에 반하는 행정처분이 이루어진 경우에 한하여 예외적으로 국가배상책임을 인정하는 태도를 보여 왔고, 이러한 태도가 하급심에도 반영되어 있는 경향을 확인할 수 있다. 구체적인 사안에서는 주로 행정처분의 양태와 목적을 고려하여 처분의 종류와 처분이 이루어진 경위를 중심으로 객관적 정당성이 상실되는 정도에 이르지 않았다는 결론이 도출되는 양상을 보이고, 다만 일부 하급심에서는 처분으로 침해된 이익이 무엇이고 그로 인해 발생한 손해의 정도가 어떠한지의 측면에 초점을 두어 다소 적극적으로 국가배상책임을 인정하려는 시도가 행해지고 있다.

판례가 제시하는 객관적 정당성이라는 요건은 국가배상책임의 성립 범위를 적절한 범위에서 제한하기 위한 도구로 사용되고 있다. 다만 객관적 정당성이라는 요건을 통해 국가배상책임을 매우 예외적인 사안에서만 인정하는 것은 이미 항고소송에서 위법성이 인정된 처분의 경우에도 그로 인해 발생한 손해에 대한 권리구제를 어렵게 한다는 점에서 아쉬운 면이 있다. 위법성이 확인된 행정처분의 특성 및 그로 인해 침해된 이익과 손해의 측면을 보다 적극적으로 고려한다면, 국가배상책임의 인정 범위를 적절한 수준에서 확장하여 균형을 찾는 데 도움이 될 수 있을 것이다.

참고문헌

단행본

김남진 · 김연태, 행정법 I (제27판), 박영사, 2023.

김남철, 행정법강론(제10판), 박영사, 2024.

김동희, 행정법 I, 박영사, 2020.

박균성, 행정법론(상)(제23판), 박영사, 2024.

정하중 · 김광수, 행정법개론(제18판), 법문사, 2024.

논문

김중권, "국가배상법상의 과실책임주의의 이해전환을 위한 소고", 법조 제
    635호, 2009.

김우진, "국가시험에 있어서의 오류와 손해배상", 민사재판의 제문제 제13
    권, 2004.

박현정, "국가배상청구소송의 관할법원", 법학 제64권 제3호, 2023.

_____, "헌법개정과 국가배상책임의 재구성-과실책임제도에 대한 비판적
    검토를 중심으로-", 사법 제1권 제42호, 2017.

_____, "프랑스 국가배상책임제도에서 위법성과 과실의 관계", 한양대
    법학논총 제29권 제2호, 2012.

박정훈, "국가배상법의 개혁-사법적 대위책임에서 공법적 자기책임으로
    -", 행정법연구 제62호, 2020.

_____, "공 · 사법 구별의 방법론적 의의와 한계", 공법연구 제37집 제3
    호, 2009

송시강, "분석철학의 관점에서 바라본 국가책임법상 논쟁", 행정법연구 제
    56호, 2019.

안동인, "국가배상청구소송의 위법성 판단과 객관적 정당성 기준-법적 안

정성 측면에서의 비판적 고찰-", 행정법연구 제41호, 2015.

이상덕, "국가기관의 홈페이지 게시글 삭제 조치에 따른 국가배상책임 성립 여부의 판단기준", 대법원판례해설 제123호, 2020.

이윤정, "공무원의 불법행위로 인한 국가배상책임의 본질 및 요건에 대한 재검토", 강원법학 제47권, 2016.

정남철, "국가배상소송과 선결문제: 특히 구성요건적 효력, 기판력 그리고 위법개념을 중심으로", 저스티스 제116호, 2010.

정승윤, "국가배상법상 위법과 고의·과실에 관한 대법원 판례 분석·비평", 법학논집 제19권 제1호, 2012.

정준현, "국가배상의 책임주체와 과실책임에 관한 연구", 미국헌법연구 제22권 제1호, 2011.

최계영, "처분의 취소판결과 국가배상책임", 행정판례연구 18-1집, 2013.

최인호, "국가배상법상 위법성에 관한 소고-제2조의 위법·과실요건을 중심으로-", 법학연구 제32권 제2호, 2021.

국문초록

 대상판결은 항고소송에서 처분의 위법성이 인정되어 취소된 경우, 국가배상소송에서 항고소송과 동일하게 처분의 위법성을 인정할 수 있는지에 관하여 항고소송의 위법성과 국가배상소송의 위법성은 다르며, 국가배상소송에서 위법성이 인정되기 위해서는 부가적으로 객관적 정당성의 상실이라는 요건이 충족되어야 한다는 기존 대법원 판례의 입장을 다시 한 번 명확하게 확인하였다. 특히 대상판결을 포함하여 국가시험의 출제오류에 따른 불합격처분 등의 위법성이 문제 된 세 건의 사안에서 각 사안의 원심판결이 모두 국가배상책임을 인정하였던 것과 달리 대법원은 예외 없이 객관적 정당성이 상실되지 않았다고 보아 국가배상책임을 부정하였다. 이러한 대법원 판단은 위법한 것으로 인정된 처분의 특성을 주되게 고려하면서 특히 국가시험이라는 특성상 시험문항의 출제나 정답 결정 과정이 가지는 공익적인 특성, 법령과 절차의 준수 여부를 중요한 판단요소로 삼아야 한다고 본 것인데, 국가배상책임을 매우 제한적인 범위에서 인정하는 기존 판례의 태도를 그대로 반복했다는 점에서 다소 아쉬움이 남기는 한다.

 본 글에서는 항고소송에서 처분의 위법성이 인정된 이후 국가배상책임의 성립 여부가 다투어진 사안에서 국가배상소송의 위법성의 인정 여부 및 판단 기준을 검토하기에 앞서 국가배상책임의 성격과 성립 요건을 정리하고 항고소송과 국가배상책임의 위법성의 관계에 대해 살펴본 다음, 판례가 국가배상소송의 위법성 판단 기준으로 제시하는 '객관적 정당성'의 의미와 판단기준에 관하여 검토하였다. 나아가 대법원 판례와 관련 하급심 판결의 동향을 정리함으로써 구체적인 사례에서 객관적 정당성의 요건이 어떠한 방식으로 기능하고 있는지에 관해 논의하였다.

 국가배상책임의 위법성 판단에 있어서 요구되는 객관적 정당성이라는 요건은 현실적으로 국가배상책임의 인정 범위를 제한하는 기능을 하고 있다. 대법원은 행정처분이 선행하는 판결 등에 배치되는 것이거나 행정청이 사전에 상당한 수준의 신뢰를 부여하였음에도 그에 반하는 행정처분이 이루어진 경우에 한하여 예외적으로 국가배상책임을 인정하는 태도를 보여 왔고, 이러한 태도가 하급심에도 반영되어 있는 경향을 확인할 수 있다. 구체적인 사안에서는 주로 행정처분의 양태와 목적을 고려하여 처분의 종류와 처분이 이루어진 경위를 중심으로 객관적 정당성이 상실되는 정도에 이르지 않았다는 결론이 도출되는 양상을 보이고, 다만 일부 하급심에서는 처분으로 침해된 이익이 무엇이고 그로 인해 발생한 손해의 정도가 어떠한지의 측면에 초점을 두어 다소 적극적으로 국가배상책임을 인정하려는 시도가 행해지고 있다. 이처럼 객관적 정당성이라는 요건은 국가배상책임의 성립 범위를 적절한 범위에서 제한하기 위한 도구로 사용되고 있는데, 그 판단에 있어서 위법성이 확인된 행정처분의 특성 및 그로 인해 침해된 이익과 손해의 측면을 보다 적극적으로 고려한다면, 국가배상책임의 인정 범위를 적절한 수준에서 확장하여 균형을 찾는 데 도움이 될 수 있을 것이다.

주제어: 국가배상소송, 국가배상책임의 위법성, 객관적 정당성

Abstract

The Criteria of Illegality Judgement in State Compensation Lawsuit and Trends of State Liability Cases
− Focusing on cases where the illegality of administrative disposition is confirmed in appeal litigation −

Yoonshil Jang*

In the judgment, the Supreme Court confirmed the existing precedent that the illegality of state compensation lawsuit is different from the illegality of appeal litigation and the 'objective justification' is required to admit state liability. In particular, the Supreme Court denied state liability without exception on the grounds that the objective justification was not lost in the case where the rejection disposition was a problem due to errors in the questions of the national examination. The Supreme Court's judgment is somewhat regrettable in that it repeats the attitude of existing precedents that recognize state liability to a very limited extent, especially considering the nature of the disposition recognized as illegal.

This article reviewed the recognition of the illegality of state liability and the criteria for judging the illegality in cases where the illegality of administrative disposition is confirmed in appeal litigation. Prior to that, the nature and requirements for state liability were summarized, the

---

* Judge, Busan High Court

relationship between the illegality of appeal litigation and state compensation lawsuit was examined, and the meaning and criteria for judgment were reviewed. Furthermore, by organizing the trends of the Supreme Court precedents and related court judgments, the article discussed how the requirements for objective justification function in specific cases.

The requirement of objective justification required in determining the illegality of state liability is functioning to limit the scope of state liability. The Supreme Court has shown an attitude of acknowledging state liability only when administrative dispositions are contrary to rulings that precede administrative dispositions or when administrative dispositions contrary to them are taken, even though the administrative agency has given a considerable level of trust in advance. Alto this attitude can be confirmed to be reflected in lower courts. In specific cases, the conclusion is drawn that objective justification has not reached the extent of loss, mainly focusing on the type of administrative disposition and how the disposition was made. However, some lower courts are attempting to actively recognize state liability by focusing on the aspect of profits infringed by the disposition and the extent of damage caused by it. This requirement of objective justification is used as a tool to limit the scope of state liability to an appropriate extent, and if the characteristics of administrative dispositions that have been confirmed to be illegal and the aspects of profits and damages infringed by them are more actively considered in its judgment, it can help to expand the scope of state liability to an appropriate level and find a balance.

Keyword: state compensation lawsuit, state liability, illegality, objective justification

투고일 2024. 6. 3.
심사일 2024. 6. 23.
게재확정일 2024. 6. 29.

地方自治法

「가축전염병 예방법」상 이동제한명령 위반자에 대한
지방자치단체의 손해배상청구의 타당성 (이은상)

「가축전염병 예방법」상 이동제한명령 위반자에 대한 지방자치단체의 손해배상청구의 타당성[*]

이은상(李殷相)[**]

대법원 2022. 9. 16. 선고 2017다247589 판결[***]

* 이 논문은 서울대학교 법학연구소의 2024학년도 학술연구비 지원을 받았음 (서울대학교 법학발전재단 출연).
  이 논문은 2024. 2. 16. 제393차 한국행정판례연구회에서 필자가 발제한 발표문을 수정·보완한 것이다.
** 서울대학교 법학전문대학원 조교수, 법학박사
*** 이하 '평석대상 판결'이라 한다.

1. 평석대상 판결의 개요

가. 사실관계[1]

1) 당사자와 관련자들의 지위

피고 1, 피고 2는 세종특별자치시에서 돼지를 키우는 농장을 운영하고 있다. 피고 3, 피고 4, 피고 5는 가축 매매 중개업에 종사하는 사람들이다. 소외 1은 강원도 철원군에서 돼지 등을 사육하며 농장을 운영하면서 피고들로부터 돼지를 매수한 사람이다. 소외 2는 소외 1이 운영하는 농장에서 개와 닭을 사육하던 사람이다. 원고 철원군(이하 '원고'라고만 한다)은 구 「가축전염병 예방법」(2017. 10. 31. 법률 제14977호로 개정되기 전의 것, 이하 「가축전염병 예방법」이라 한다)에 근거하여 소외 1, 소외 2에게 구제역 발생과 살처분에 따른 살처분 보상금 등을 지급한 지방자치단체이다.[2]

2) 피고들 지역에서의 구제역 발생과 이동제한명령

피고 1, 피고 2의 농장 근처에서 구제역이 발생하였다. 이에 세종특별자치시장은 2015. 1. 8. 구제역 확산을 막기 위해서 피고 1, 피고 2의 농장을 포함하여 그 일대에서 사육되는 돼지에 대하여 「가축전염병 예방법」에서 정한 이동제한명령(이하 '이 사건 이동제한명령'이라 한다)을

---

1) 이하의 사실관계는 평석대상 판결의 원심판결(의정부지방법원 2017. 6. 22. 선고 2016다61031 판결, 이하 '제2심판결'이라 한다)과 제1심판결(의정부지방법원 2016. 10. 26. 선고 2015가단124958 판결, 이하 '제1심판결'이라 한다)의 사실관계 부분을 참조하여 정리하였다.

2) 「가축전염병 예방법」은 가축전염병을 예방하고 그 확산을 방지하기 위한 '가축전염병의 예방 및 조기 발견·신고 체계 구축', '가축전염병별 긴급방역대책의 수립·시행' 등을 국가와 지방자치단체의 책무로 정하고 이를 포함하는 가축전염병 예방 및 관리대책을 수립하여 시행하도록 하고 있다(제3조).

발령하였다.[3]

3) 피고들의 소외 1에 대한 돼지 매도와 이 사건 이동제한명령 위반행위

피고 1, 피고 2는 2015. 2. 7. 이 사건 이동제한명령을 어기고 피고 3, 피고 4, 피고 5의 중개로 소외 1에게 돼지 260마리를 판매하였다. 이에 따라 피고들은 판매한 돼지 260마리를 강원도 철원군에 있는 소외 1의 농장으로 이동시켰다.

4) 소외 1 농장에서의 구제역 의심증상 발생과 살처분

이후 소외 1의 농장에 있는 돼지 중 일부가 구제역이 의심되는 증상을 보였고, 2015. 2. 9. 「가축전염병 예방법」에 따라 소외 1의 농장에서 사육되던 소외 1 소유의 돼지 618마리와 소외 2 소유의 개 7마리, 닭 80마리가 살처분되었다.[4] 살처분된 돼지 618마리에는 피고들이 위와 같이 이동시킨 돼지 260마리가 포함되어 있었다.

5) 원고의 소외 1, 2에 대한 살처분 보상금 등 지급

원고는 2015. 11. 30. 소외 1과 소외 2에게 「가축전염병 예방법」에 근거하여 위와 같은 살처분에 따른 살처분 보상금, 생계안정비용, 살처분 비용 합계 173,118,000원을 지급하였다.[5]

---

3) 「가축전염병 예방법」은 가축전염병의 확산 방지대책으로 가축전염병에 걸렸거나 걸렸을 우려가 있는 가축 등에 대한 이동제한명령(제19조 제1항)을 정한다.

4) 「가축전염병 예방법」은 가축전염병의 확산 방지대책으로 가축전염병에 걸렸거나 걸렸을 가능성이 있는 가축의 살처분명령 등을 정한다(제20조 제1항).

5) 「가축전염병 예방법」은 살처분명령으로 살처분된 가축의 소유자에게 일정한 보상금을 지급하여야 하고(제48조 제1항 제2호), 다만 이동제한명령을 위반한 경우에는 보상금의 전부 또는 일부를 감액할 수 있는 것으로 정하고 있다(제48조 제3항 제2호 참조).

나. 소송경과6)

1) 원고의 청구

원고는 피고들의 이 사건 이동제한명령 위반으로 살처분 보상금 상당의 손해를 입었다고 주장하며, 불법행위로 인한 손해배상청구에 관한「민법」제750조, 사무관리 비용상환청구권에 관한「민법」제739조, 부당이득반환에 관한「민법」제748조에 근거하여, 피고들을 상대로 소외 1, 소외 2에게 지급한 살처분 보상금 등 상당액에 관한 금전청구를 하였다.7)

2) 피고들 주장의 요지

원고가 소외 1, 소외 2에게 살처분 보상금 등을 지급한 것은「가축전염병 예방법」과 같은 법 시행령 등에 따른 것일 뿐, 피고들의 이 사건 이동제한명령 위반으로 인한 것이 아니므로, 피고들의 불법행위와 원고가 입은 손해 사이에는 상당인과관계가 없다.

설령 피고들의 불법행위와 원고가 입은 손해 사이에 상당인과관계가 있다고 하더라도, 그 손해배상의 범위는 소외 1이 피고 1로부터 매수한 돼지 260마리에 대한 살처분 보상금에 국한된다.8) 원고가 소외 1

---

6) 이하의 소송경과는 제1, 2심판결에 나타난 내용을 참조하여 정리하였다.
7) 제1심의 청구취지는 다음과 같다.
  1. 피고들은 연대하여 원고에게 173,118,000원 및 이에 대하여 2015. 12. 1.부터 피고 1, 피고 3은 2015. 12. 24.까지, 피고 2는 2016. 3. 15.까지, 피고 4는 2016. 1. 17.까지, 피고 5는 2016. 3. 17.까지 연 5%, 그 다음날부터 다 갚는 날까지는 연 15%의 각 비율로 계산한 돈을 지급하라.
  2. 소송비용은 피고들이 부담한다.
  3. 제1항은 가집행할 수 있다.
8) 구제역 확산 방지를 위한 정부의 방역정책은 농장의 일부 돼지가 구제역 의심 증상을 보이면, 구제역 확산을 근본적으로 차단하기 위해서 해당 돼지뿐만 아니라 같은 농장에 있는 돼지나 가축들까지 구제역 증상의 발현 여부를 불문하고 모두 살

에게 지급한 나머지 생계안정자금과 소외 2에게 지급한 살처분 보상금 등은 특별손해에 해당한다. 그런데 피고들로서는 그와 같은 손해 발생의 예견가능성이 없었으므로, 돼지 260마리에 대한 살처분 보상금 외에 지급된 나머지 보상금 등은 손해배상의 범위에서 제외되어야 한다.

3) 제1, 2심판결의 판단

제1, 2심판결에서는 모두 피고들의 이 사건 이동제한명령 위반 행위와 원고의 소외 1, 소외 2에 대한 살처분 보상금, 생계안정비용, 살처분 비용의 지급 사이에 상당인과관계가 있다고 인정하였다.[9] 또한 이 사건 이동제한명령을 위반하여 돼지를 반출시킨 피고들로서는 구제역 발병 농장에서 돼지가 반출되는 경우 반출받은 농장의 돼지에서 구제역이 발병하거나 그와 같은 구제역의 발병 및 확산을 막기 위해서 반출받은 농장의 가축들이 살처분될 수 있을 것이라는 사정을 알았거나 알 수 있었을 것이라고 보았다.[10] 이에 따라 제1, 2심판결은 모두 피고들은 공동하여 원고가 지출한 살처분 보상금 등을 불법행위로 인한 손해배상금으로서 배상할 책임이 있다고 판단하였다.[11]

처분하고 있기 때문에[홍승면 편, 『판례공보스터디 민사판례해설 Ⅳ-하』(2023. 1. 1.자 공보 ~ 2023. 6. 15.자 공보), 서울고등법원 판례공보스터디, 528면] 이와 같은 주장이 성립 가능한 것으로 이해할 수 있다.

9) 특히 제2심판결에서는 생계안정비용, 살처분 비용에 관한 「가축전염병 예방법」의 해당 규정은 그 문언상 재량규정으로 보이나, 관할관청이 재량권을 일탈·남용하지 않고 지급한 범위 내에서는 상당인과관계가 인정된다고 봄이 상당하다고 판시하면서, 이 사건의 경우 소외 1이 운영하는 농장의 규모, 소외 1, 소외 2 소유의 가축수, 지급된 자금의 세부내역 등에 비추어 소외 1, 소외 2에게 지급된 생계안정자금 또는 살처분 비용은 일응 재량권의 범위 내에 있는 것으로 보인다고 인정하였다.

10) 다만, 이러한 사정의 인식을 제1심판결에서는 (명시적으로 판시한 것은 아니지만) 불법행위 성립요건으로서의 고의·과실의 요소로 인정한 것으로 보이는 반면, 제2심판결에서는 가정적 판단으로서 특별손해로 인정되는 경우에 손해 발생의 예견가능성 인정 요소로 판시하였다.

11) 제1심판결에서는 불법행위에 기한 손해배상책임을 전부 인정하는 이상, 사무관리

4) 평석대상 판결의 판단

위 제2심판결에 대하여 피고가 불복하여 상고를 제기했다. 그러나 평석대상 판결에서 대법원은 아래의 판결요지와 같은 이유로 피고의 상고를 받아들여 원심판결을 파기하고 사건을 다시 심리·판단하도록 원심법원에 환송하였다.

다. 판결요지

[1] 불법행위로 인한 손해배상책임을 지우려면 위법한 행위와 피해자가 입은 손해 사이에 상당인과관계가 있어야 하고, 상당인과관계의 유무는 일반적인 결과 발생의 개연성은 물론 주의의무를 부과하는 법령 기타 행동규범의 목적과 보호법익, 가해행위의 태양 및 피침해이익의 성질 및 피해의 정도 등을 종합적으로 고려하여 판단해야 한다.

[2] 피고들이 「가축전염병 예방법」에서 정한 이동제한명령을 위반하여 구제역에 걸린 돼지들을 원고 지방자치단체에서 농장을 운영하는 소외인에게 매도한 다음 이동시켰는데, 소외인의 농장에서 사육 중이던 동물들에게 구제역이 확산되자, 원고 지방자치단체가 소외인에게 살처분명령을 하고 살처분 보상금 등을 지급한 후, 피고들을 상대로 이동제한명령 위반으로 살처분 보상금 상당의 손해를 입었다고 주장하며 손해배상을 구한 사안에서, 「가축전염병 예방법」에서 정한 이동제한명령은 가축전염병이 발생하거나 퍼지는 것을 막기 위한 것일 뿐, 「가축전염병 예방법」에서 정한 살처분 보상금 등을 지급하는 지방자치단체인 원고가 이러한 규정을 들어 불법행위를 원인으로 한 손해배상을 구하는 근

비용상환청구권에 관한 「민법」 제739조, 부당이득반환에 관한 「민법」 제748조에 근거한 나머지 청구원인에 관하여는 판단을 생략한다는 점을 분명하게 판시하였다.

거로 삼을 수는 없고, 지방자치단체가 가축 소유자에게 살처분 보상금 등을 지급하는 것은 가축전염병 확산의 원인이 무엇인지와 관계없이 「가축전염병 예방법」에서 정한 지방자치단체의 의무이므로, 원고 지방자치단체가 살처분 보상금 등을 지급하게 된 가축전염병 확산의 원인이 피고들의 이동제한명령 위반 때문이라고 하더라도, 원고 지방자치단체의 살처분 보상금 등 지급이 피고들의 이동제한명령 위반과 상당인과관계가 있는 손해라거나 원고 지방자치단체가 다른 법령상 근거 없이 곧바로 피고들을 상대로 살처분 보상금 등 상당을 손해배상으로 구할 수 있다고 보기 어려운데도, 이와 달리 본 원심판단에 법리오해의 잘못이 있다고 한 사례.

2. 평석

가. 문제의 제기

평석대상 판결의 사안은, 피고들이 구제역으로 인한 이 사건 이동제한명령을 위반하여 구제역이 확산되자, 지방자치단체인 원고가 가축 소유자인 소외 1, 소외 2에게 살처분명령을 하고 살처분 보상금 등을 지급한 다음 피고들을 상대로 위 이동제한명령 위반으로 살처분 보상금 상당액의 손해를 입었다고 주장하며 그 금액을 불법행위로 인한 손해배상으로 청구한 경우였다. 평석대상 판결은, ① 지방자치단체인 원고가 살처분 보상금 등을 지급하게 된 가축전염병 확산의 원인이 피고들의 이 사건 이동제한명령 위반 때문이라 하더라도 원고의 살처분 보상금 등 지급이 피고들의 위 이동제한명령 위반과 '상당인과관계'가 있는 손해라고 보기 어렵고(이하 '제1판단'이라 한다), ② '지방자치단체'인 원고가 '다른 법령상 근거 없이' 곧바로 피고들을 상대로 살처분 보상금 등 상당을 손해배상으로 구할 수 있다고 보기 어렵다고 판단하였다(이하 '제2판단'이라 한다). 이와 같은 판단의 근거로 평석대상 판결은 ① 「가축전염병 예방법」에서 정한 이동제한명령은 가축전염병이 발생하거나 퍼지는 것을 막기 위한 것일 뿐, 「가축전염병 예방법」에서 정한 살처분 보상금 등을 지급하는 지방자치단체가 이러한 규정을 들어 불법행위를 원인으로 한 손해배상을 구하는 근거로 삼을 수는 없고(이하 '제1근거'라 한다), ② 지방자치단체가 가축 소유자에게 살처분 보상금 등을 지급하는 것은 가축전염병 확산의 원인이 무엇인지와 관계없이 「가축전염병 예방법」에서 정한 지방자치단체의 의무라는 점(이하 '제2근거'라 한다)을 들고 있다. 일견(一見)해볼 때 위 제1판단에서 상당인과관계 있는 손해를 부정하는 주된 이유로는 제2근거가, 제2판단에서 지방자치단체의 살처분 보상금 상당액의 손해배상 청구를 부정하는 주된 이유로는 제1근거가 일응 각각 연결되어 제시된 것으로 보인다.

　　평석대상 판결이 원고의 손해배상 청구를 배척한 결론은 결과적으로 타당하다고 할 것이다. 그러나 그 결론에 이르게 된 제1, 2판단과 이를 뒷받침하기 위해 제시된 제1, 2근거에 관해서는 다음과 같은 몇 가지 문제를 제기하고자 한다. 이하에서 별도의 목차로 차례로 검토한다.

　　1) 제1판단과 관련하여, 피고들의 이 사건 이동제한명령 위반과 원고의 살처분 보상금 등 지급으로 인한 손해 사이에 상당인과관계가 부정되는 근거가 명확하지 않다. 평석대상 판결에서도 원고가 살처분 보상금 등을 지급하게 된 구제역 확산의 원인이 피고들의 이 사건 이동제한명령 위반 때문이라는 점을 명시적으로 판시하고 있어서 더욱 혼란스럽다. 제2근거에서 제시하는 살처분 보상금 등의 지급이 「가축전염병 예방법」에서 정한 지방자치단체의 '의무'라는 점을 고려하더라도 이 부분은 쉽게 이해되지 않는다. 상당인과관계 유무의 판단에 규범적 요소를 고려한다고 하더라도 어디까지나 상당인과관계는 원칙적으로 사실적 인과관계에 기초하는 것이므로, 제1, 2심과 같이 상당인과관계를 인

정하는 것이 통상의 재판 실무상의 선례나 종전 판례에 비추어 좀 더 자연스럽지 않은가 하는 의문이 제기될 수 있다.

2) 제2판단과 관련하여, 지방자치단체인 원고가 원칙적으로 이 사건 이동제한명령을 위반한 피고들을 상대로 살처분 보상금 등 상당액의 손해배상을 구할 수 있다고 보기는 어렵다고 판단한 근거가 역시 명확하지 않다. 「민법」 제750조가 청구권원이 될 수 없다는 것인지, 그렇다면 그 이유가 무엇인지, 다른 법령상 근거가 없이는 원고가 지급한 살처분 보상금 등 상당을 손해배상으로 구할 수 없다는 이유가 무엇인지가 논리적으로 설명되어 있지 않다. 제1근거 역시 그 의미가 불분명할 뿐만 아니라, 그 내용 자체가 타당한 것인지, 그 외에 평석대상 판결이 그와 같이 판단한 데에 실질적으로 고려한 다른 이유 내지 근거가 있는 것은 아닌지도 추가적인 검토가 요구된다.

나. 이동제한명령 위반행위와 살처분 보상금 상당액 손해 사이의 상당인과관계 여부

1) 상당인과관계의 의미와 기능

불법행위의 성립요건 중 인과관계에 관하여 우리나라의 통설과 판례는 '상당인과관계설'에 따라 ① 손해배상책임의 성립과 ② 손해배상의 범위를 한꺼번에 판단 해왔다고 할 수 있다.[12] 최근에는 위 ①과 ②를 구별하여, ① 손해배상책임의 성립에 관한 인과관계는 가해행위가 없었더라면 손해가 발생하지 않았을 것인가의 여부[13]라는 '사실적(자연

---

12) 편집대표 김용담, 『주석 민법 [채권각칙(6)]』, 한국사법행정학회, 2016, 258−260면 참조.

13) 이를 "전행사실이 없었다면 후행사실도 없을 것이다."의 관계인 'conditio sine qua non(필연적 조건)'(영미법상의 but for test)이라는 논리학상의 사고형식으로 칭하기도 한다. 편집대표 곽윤직, 『민법주해 제9권−채권(2)』, 박영사, 2007, 491−492

적) 인과관계'이고, ② 손해배상의 범위에 관한 인과관계는 그 손해를
가해자에게 귀속시키는 것이 타당한가 또는 어느 범위까지 귀속시키는
것이 타당한가의 여부라는 '법적 인과관계'라고 보면서, 사실적 인과관
계는 조건설[14]로, 법적 인과관계는 상당인과관계설에 따라 판단하면 된
다는 견해도 유력하고,[15] 이에 부합하는 듯한 소수의 판례도 있다.[16]

　　상당인과관계는 우연성을 배제[17]한 상당한 개연성에 기초한 인과
관계를 말하는데, 객관적으로 보아 어떤 선행사실로부터 보통 일반적으
로 초래되는 후행사실이 있는 때에 양자 사이에 상당인과관계가 있다고
설명된다.[18] 상당인과관계설은 완전배상주의를 취하는 독일에서 유래
한 학설로서, 우리 민법이 제393조를 통해 이미 제한배상주의를 취하고
있으므로, 손해배상 범위의 제한을 위하여 상당인과관계설을 끌어들일
것은 아니고, 「민법」 제763조에 의하여 준용되는 「민법」 제393조에 따
라 불법행위로 인한 손해가 통상손해인지, 예견가능성이 인정되는 특별

면 참조.

14) '조건설(Bedingungstheorie)' 또는 '대등설(Äquivalenztheorie)'이라고 하며, 그것이
　　없었더라면 결과가 발생하지 아니하였을 모든 조건을, 그것이 직접이든 간접이든
　　동일시하여 원인으로 파악하는 이론이다. 편집대표 곽윤직, 『민법주해 제9권-채
　　권(2)』, 박영사, 2007, 492면 참조.
15) 편집대표 곽윤직, 『민법주해 제9권-채권(2)』, 박영사, 2007, 531-532면; 편집대표
　　김용담, 『주석 민법 [채권각칙(6)]』, 한국사법행정학회, 2016, 259면 등 참조.
16) "불법행위로 인한 손해배상의 범위를 정함에 있어서는 불법행위와 손해와의 사이
　　에 자연적 또는 사실적 인과관계가 존재하는 것만으로는 부족하고 이념적 또는 법
　　률적 인과관계 즉 상당인과관계가 있어야 한다"라고 판시한 대법원 2011. 7. 28. 선
　　고 2010다18850 판결 등 참조.
17) 이러한 점에서 상당인과관계설은, 철학적 인과관계 내지 자연법칙상의 인과관계가
　　인정되는 손해 모두를 배상하게 함으로써 손해가 무한히 확대되는 것을 막지 못하
　　는 조건설의 난점을 시정하는 견해이다. 편집대표 곽윤직, 『민법주해 제9권-채권
　　(2)』, 박영사, 2007, 492면과 495면 참조.
18) 양창수/권영준, 『민법 Ⅱ ― 권리의 변동과 구제』(제3판), 박영사, 2020, 630면; 편
　　집대표 곽윤직, 『민법주해 제18권 ― 채권(11)』, 박영사, 2005, 231면 등 참조.

손해인지로 판단하면 충분하며, 「민법」 제750조의 손해배상책임이 성립하기 위해서는 사실적 인과관계로 충분하다는 견해가 유력하다.[19]

2) 사안의 검토

평석대상 판결은 제1판단을 통해, '① 피고들의 이 사건 이동제한명령 위반 행위 → ② 가축전염병(구제역) 확산 → ③ 지방자치단체인 원고의 (살처분 명령과 그에 따른) 살처분 보상금 등의 지급'이라는 각 사실 간의 선후 내지 '원인'[20]이 되는 관계를 인정하였다. 따라서 앞서 본 통설·판례에 의한 '상당인과관계설' 중 손해배상책임의 성립에 관한 사실적(자연적) 인과관계는 인정된다고 볼 수 있다. 평석대상 판결이 상당인과관계 있는 손해라고 보지 아니한 지점이 손해배상책임의 성립 부분인지, 손해배상의 범위 부분인지는 분명하게 판시되지는 않았지만, 제1판단에서 위와 같은 '원인' 관계를 인정하는 판시를 했다는 점에 비추어 적어도 위 ① 내지 ③ 사이의 사실적 인과관계를 부정한 것은 아니라고 생각된다.

그렇다면 평석대상 판결이 상당인과관계를 부정한 실질적인 이유는 손해배상의 범위 부분에 초점이 맞춰진 것일까. 평석대상 판결은 위 판결요지 [1]의 판시 내용과 같이 상당인과관계의 유무를 판단함에 있어 일반적인 결과 발생의 개연성은 물론 주의의무를 부과하는 법령 기타 행동규범의 목적과 보호법익, 가해행위의 태양과 피침해이익의 성질 및 피해의 정도 등을 종합적으로 고려해야 한다는 기존의 법리[21]를 그

---

19) 양창수/권영준, 『민법 Ⅱ — 권리의 변동과 구제』(제3판), 박영사, 2020, 629-631면 참조.
20) 평석대상 판결에서 "이 사건에서 원고가 살처분 보상금 등을 지급하게 된 가축전염병 확산의 **원인**이 피고들의 이 사건 이동제한명령 위반 때문이라고 하더라도"라고 명확히 판시하고 있다.
21) 대법원 2007. 7. 13. 선고 2005다21821 판결 등을 통해 반복적으로 설시되어 오는 판시내용이다.

대로 설시하고 있다. 위 기존의 법리를 판시하는 판례에 대해 손해배상
의 범위를 결정하는 기준으로서의 상당인과관계를 판단함에 있어서 규
범목적설[22]의 주장을 수용하고 있다고 평가하기도 하고,[23] 법원은 규
범적 판단을 통하여 최종적인 손해배상 책임의 범위를 정하고 있다고
보기도 한다.[24]

　평석대상 판결에서 상당인과관계의 유무 판단에 있어서 고려한 '규
범 목적' 내지 '규범적 판단'은 과연 무엇일까. 규범목적설은 '행위자가
위반한 법규범' 내지 '불법행위 손해배상의무가 도출된 규범'이 어떤 종
류의 위험방지를 목적으로 제정되었는가, 그리고 행위결과가 그 규범의
보호범위 안에 속하는가가 배상범위를 결정하는 요소가 된다고 본다.[25]
평석대상 판결의 사안에서는 피고들이 위반한 법규범은 이 사건 이동제
한명령에 관한 「가축전염병 예방법」의 해당 규정(제19조 제1항)이다. 위
규범목적설에 의할 때, 이동제한명령에 관한 「가축전염병 예방법」 규정
은 가축전염병이 발생하거나 퍼지는 것을 막기 위한 목적으로 제정된
것이고, ─따라서 피고들의 이 사건 이동제한명령 위반의 결과로 발생
한 구제역의 발생·확산은 이동제한명령 규정의 보호범위 안에 속하는
반면,─ 원고의 살처분 보상금 등의 지출은 이동제한명령 규정의 보호
범위 내지 규범목적 범위 내에 속한다고 단정하기는 어려워 보인다. 이
러한 의미에서 앞서 본 제2근거(살처분 보상금 등의 지급이 「가축전염병 예
방법」에서 정한 지방자치단체의 '의무'라는 점)보다는,[26] 오히려 제1근거(이

---

22) '규범목적설(Lehre vom Normzweck)', '규범보호목적설(Lehre vom Normschutzzweck)',
　　'규범보호범위설(Lehre vom Normschutzbereich)' 또는 '규범목적범위설(Lehre vom
　　Normzweckbereich)'로도 불린다. 편집대표 곽윤직, 『민법주해 제9권 ─ 채권(2)』,
　　박영사, 2007, 504-505면 참조.

23) 편집대표 곽윤직, 『민법주해 제18권 ─ 채권(11)』, 박영사, 2005, 272면 참조.

24) 양창수/권영준, 『민법 II ─ 권리의 변동과 구제』(제3판), 박영사, 2020, 631면 참조.

25) 편집대표 곽윤직, 『민법주해 제9권 ─ 채권(2)』, 박영사, 2007, 506-507면 참조.

26) 제2근거는 살처분 보상금 등의 지급이 ─가축전염병 확산의 원인과 무관하게─ 지

동제한명령에 관한 「가축전염병 예방법」 규정이, 살처분 보상금 등 상당액의 손해를 주장하는 원고의 불법행위 손해배상청구의 근거가 될 수 없다는 점)가 제1판단의 주요한 이유로 작용하였던 것이 아닌가 하는 생각이 든다. 다시 말해서 행위자인 피고들이 위반한 법규범인 이동제한명령에 관한 「가축전염병 예방법」은 지방자치단체인 원고가 살처분 보상금 등을 지출하는 것을 방지하기 위한 목적에서 제정된 것은 아니므로, 원고의 살처분 보상금 등의 지급이라는 행위 결과는 위 이동제한명령 규정의 보호범위 안에 속한다고 볼 수 없을 것이다. 또한 제1근거의 내용인 이동제한명령에 관한 「가축전염병 제한법」 규정이 원고의 살처분 보상금 등 상당액에 대한 손해배상청구의 근거가 될 수 없다는 점도 '불법행위 손해배상의무가 도출된 법규범'의 관점에서 규범의 보호범위 안에 속하지 않는다는 점을 밝힌 것으로 볼 여지가 있다.[27]

3) 소결론

앞서 문제의 제기에서 밝힌 바와 같이 평석대상 판결이, 원고가 살처분 보상금 등을 지급하게 된 구제역 확산의 원인이 피고들의 이 사건 이동제한명령 위반 때문이라는 점을 명시적으로 판시하면서도, 상당인과관계 있는 손해는 부정하고 있는 판결이유는 일응 모순되어 보인다. 또한 그러한 판단의 근거 제시도 부족하다는 비판은 피하기 어려워 보

방자치단체의 재정을 사용해야 하는 의무 사항이므로 '손해'로 보기 어렵다는 논리로 이해되나, 이는 손해 개념에서 다루어져야 할 사항으로 보이지, 손해배상 범위의 결정 기준으로서의 상당인과관계를 부정하는 논거가 되기는 어려우므로, 제2근거는 제1판단의 근거로서 적절하지 않다고 생각한다.

[27] 다만, 이동제한명령에 관한 「가축전염병 예방법」의 해당 규정이 가해행위의 위법성을 구성하는 불법행위 손해배상의무 성립의 요건 규정일 수는 있지만, 위 이동제한명령 위반의 효과로 「가축전염병 예방법」에서는 위반자의 손해배상 의무 규정을 별도로 두고 있지 않다는 점에서 위 이동제한명령 규정이 '불법행위 손해배상의무가 **도출**된 규범'으로 볼 수 있는지는 논의의 여지가 있다.

인다. 또한 평석대상 판결에서 제시한 제1판단의 실질적인 내용은 결국, 「가축전염병 예방법」상 이동제한명령 위반행위 사안에서는 그 위반행위로 인해 지방자치단체의 살처분 보상금 등 지급이라는 손해의 결과로 이어지더라도, 규범적 관점에서 볼 때 애초에 「민법」 제750조의 일반적 규정에 의한 권리구제는 이루어질 수 없다는 결론과 다를 바가 없다. 이동제한명령 위반 사안에 있어서 살처분 보상금 등 상당액의 손해에 대하여는 왜 규범적 의미상 불법행위 손해배상의 보호 범주로부터 배제되는 것인지는 보다 정밀한 검토가 필요하다고 생각한다. 평석대상 판결은 사법(私法)상의 불법행위 손해배상청구의 요건 중 상당인과관계의 개념과 기능이라는 법기술적(法技術的)인 수단을 동원하여 지방자치단체인 원고의 이동제한명령 위반행위자들에 대한 살처분 보상금 등 지급 상당액의 손해배상청구를 받아들이지 않고 있지만, 그 결론에 이르는 실질적인 이유는 다른 고려에 근거한 것 아닌가 하는 의문이 제기될 수 있다. 이는 특히 평석대상 판결이 지방자치단체인 원고의 손해배상청구를 배척하는 결론을 도출함에 있어서 제2근거인 살처분 보상금 등의 지급이 「가축전염병 예방법」에서 정한 지방자치단체의 '의무'라는 점을 주된 이유로 들고 있다는 측면에서도 어느 정도 추측해 볼 수 있다.[28] 이에 관해서는 별도의 목차로 좀 더 상세히 검토한다.

---

28) 즉, 살처분 보상금 등을 지급할 의무가 있는 지방자치단체는 불법행위로 인한 손해배상청구의 구제방법으로는 지출한 살처분 보상금 등의 손해전보를 받을 수 없고, 이는 규범적으로 이미 정해져 있는 결론이라는 관점이 그것이다.

다. 지방자치단체의 이동제한명령 위반자를 상대로 한 손해배상청구의 타당성 여부

1) 이동제한명령 위반자를 상대로 한 지방자치단체의 손해배상청구의 목적·실질과 문제점

평석대상 판결의 사안과 같이 가축전염병의 발생·확산의 원인이 된 이동제한명령 위반자를 상대로 지방자치단체가 살처분 보상금 등의 지급액 상당에 관하여 민사상 불법행위로 인한 손해배상청구를 하는 목적은 무엇일까. 단순히 지방자치단체의 재정적 출연에 따른 손해를 전보받기 위한 목적만은 아니라고 생각된다. 특히 제1심판결의 인정사실에서 드러난 바와 같이 농장을 운영하던 피고 1, 피고 2는 이 사건 이동제한명령으로 인해 자돈(仔豚: 새끼 돼지)을 반출하지 못하게 되어 자돈의 중량 초과로 인한 축사 파손·사료 섭취량의 증가 등으로 농장경영이 어려워질 것을 우려하여 돼지를 출하하는 이동제한명령 위반행위를 하였던 것이므로, 재정상태가 좋지 못한 피고들을 상대로 한 손해배상 청구액의 집행 가능성이나 민사상 금전 청구를 통한 권리구제의 실익이 있을지는 의문이다.

지방자치단체가 이동제한명령 위반자를 상대로 살처분 보상금 등 상당액을 민사상 손해배상으로 청구하는 목적으로는 우선, 이미 이동제한명령을 위반하여 가축전염병의 발생·확산을 야기한 사람에게 그 위반행위에 대응하여 민사상 금전적 손해배상의 부담이라는 '징벌' 내지 '제재'를 가하여 응징을 한다는 점을 생각해 볼 수 있다. 「행정기본법」제2조 제5호는 '제재처분'을 '법령등에 따른 의무를 위반하거나 이행하지 아니하였음을 이유로 당사자에게 의무를 부과하거나 권익을 제한하는 처분'으로 정의한다. 따라서 「가축전염병 예방법」에 따른 이동제한명령을 준수할 의무를 위반한 사람에게 지방자치단체가 지급한 살처분 보상금 등 상당액의 손해배상금을 지급할 의무를 부담시키는 것은 그

실질이 행정상 의무위반에 대한 제재처분을 우회적으로 창설하는 셈이
되어 법치주의적 관점에서 문제가 있다.29) 비록 민사재판이 헌법상 재
판청구권에 근거하여 이루어지고 「법원조직법」이나 「민사소송법」 등
각종 법률에 근거를 두고 있더라도, 엄격한 법치주의적 통제30) 하에서
행정상 실효성을 확보하기 위하여 제재처분이 이루어지는 것과는 본질적
으로 차이가 있기 때문이다.31) 더군다나 제재처분의 발령과 그에 대한
통제에 있어서는 비례원칙, 평등원칙 등 행정법의 일반원칙의 준수 여부
가 중요한데, 수범자의 입장에서는 위반행위에 상응하는 제재를 넘어선
과도한 거액의 손해배상금을 부담하게 되는 문제가 발생할 수 있다. 이동
제한명령 위반자에 대하여 「가축전염병 예방법」에서 규정하는 제재는 1
년 이하의 징역 또는 1천만 원 이하의 벌금인데(제57조 제4호),32)33) 살처

---

29) 코로나 19 방역 관련 의무위반자에 대한 불법행위 손해배상청구에 관하여 마찬가
지 견해를 제시하는 글로는 이은상, "코로나바이러스감염증-19 방역 위반 관련
국가소송의 몇 가지 공법적 쟁점 검토", 『유럽헌법연구』 제35호, 유럽헌법학회,
2021. 4., 57면과 50면 참조.
30) 여기서의 법치주의적 통제는 행정의 실효성 확보수단이 '법률유보의 원칙'에 따라
이루어지고, 각종 '행정의 일반 원칙'(적법절차의 원칙, 평등원칙, 비례원칙 등)의
제한을 받는다는 것, 행정심판·행정소송이나 집행정지를 통한 권익구제 제도가
마련되어 있다는 것 등을 내용으로 한다. 이은상, "코로나바이러스감염증-19 방역
위반 관련 국가소송의 몇 가지 공법적 쟁점 검토", 『유럽헌법연구』 제35호, 유럽헌
법학회, 2021. 4., 50면 각주 16) 참조.
31) 이은상, "코로나바이러스감염증-19 방역 위반 관련 국가소송의 몇 가지 공법적 쟁
점 검토", 『유럽헌법연구』 제35호, 유럽헌법학회, 2021. 4., 50면 참조.
32) 물론 이동제한명령 위반자에 대하여 가장 강력한 제재수단이라 할 수 있는 행정형
벌을 부과하여 전과자가 되도록 하는 것 자체가 타당한지는 별도로 찬·반의 논의
가 가능할 것이다.
33) 통상 「가축전염병 예방법」 위반에 따른 형사처벌의 수위는, 집행유예를 부가함이
없이 징역형의 실형 선고가 예상되는 매우 중대한 위반행위가 아닌 경우에는 징역
형의 집행유예로서 위반행위자에게 금전적 부담을 부과하지 않거나, 대부분 1천만
원 이하인 벌금형이나 과태료에 처해질 사안이어서, 민사상 불법행위로 인한 손해
배상금과는 차이가 크다고 볼 수 있다.

분 보상금 등 손해배상 액수는 수천만 원에서 수억 원까지 이를 수 있
어 의무이행 확보 수단으로 관철하기에는 지나치게 과도하여 위반행위
와 제재 사이의 비례원칙 위반 문제를 야기할 수 있다.[34] 또한 동일·인
근 지역의 유사한 사안에서 행정청이 어느 위반자를 임의로 선택하여
민사상 손해배상 청구를 하는 것은 경우에 따라서는 위반자들 사이에서
평등원칙 위반이 될 수도 있을 것이다.[35]

그리고 또 다른 목적으로는 거액의 민사상 손해배상 가능성을 알
림으로써 향후 이와 같이 구제역 발생·확산에 따른 이동제한명령이 발
하여졌음에도 이를 위반하여 가축을 이동시키는 행위를 감행할 수도 있
는 잠재적 이동제한명령 위반자의 발생을 사전에 억제하고자 하는 '일
반예방적 목적' 내지 '위하적(威嚇的) 효과'를 기대하는 것도 민사소송
제기의 목적으로 상정해 볼 수 있다. 이러한 지방자치단체의 민사 손해
배상 청구의 실질을 고찰해 보자면, 행정의 실효성 확보를 목적으로 하
여 행정상 의무불이행에 대한 불이익이 부과될 수 있다는 심리적 강제
를 통해 의무이행을 담보하는 '간접적 강제수단'의 일종으로 이해할 수
있을 것이다.[36] 그러나 국가 또는 지방자치단체가 행정목적의 직접적

---

34) 코로나 19 방역 관련 의무위반자에 대한 불법행위 손해배상청구나 국가·지방자치
    단체의 구상금 지급청구에 관하여 마찬가지 견해를 제시하는 글로는 이은상, "코
    로나바이러스감염증-19 방역 위반 관련 국가소송의 몇 가지 공법적 쟁점 검토",
    『유럽헌법연구』 제35호, 유럽헌법학회, 2021. 4., 50-51면 참조.
35) 코로나 19 방역 관련 의무위반자에 대한 불법행위 손해배상청구나 국가·지방자치
    단체의 구상금 지급청구에 관하여 마찬가지 견해를 제시하는 글로는 이은상, "코
    로나바이러스감염증-19 방역 위반 관련 국가소송의 몇 가지 공법적 쟁점 검토",
    『유럽헌법연구』 제35호, 유럽헌법학회, 2021. 4., 50-51면 참조.
36) 이와 같이 행정의 실효성 확보를 위한 '간접적 강제수단'까지 포함하여 '광의의 행
    정벌'로 파악한 후 행정상 강제수단에 관한 체계를 조망하고 법치주의에 부합하는
    방향으로 향후 연구가 이루어져야 한다는 방향성을 제시하는 견해로는 박정훈,
    "협의의 행정벌과 광의의 행정벌", 『행정법의 체계와 방법론(행정법연구1)』, 박영
    사, 2005, 319-379면 참조.

실현 권한을 보유하고 있음에도 행정상 제재수단의 실효성을 실질적으로 높이는 방향으로 나아가지 않고, 손쉽게 거액의 민사상 불법행위 손해배상 청구소송이라는 민사재판을 통해 우회적으로 의무이행을 확보하려 하거나,[37] 행정목적을 달성하고자 하는 것은 행정 본연의 바람직한 모습으로 보기는 어렵다.[38]

또한 이러한 민사상 손해배상 청구소송의 제기는 부가적으로는 가축전염병의 피해 확산을 우려하는 농가나 관계자들로부터 지지를 이끌어내기 위한 지방자치단체의 정무적 판단에 의한 것일 수도 있다.[39] 실제로 「가축전염병 예방법」상 이동제한명령 위반자가 지방자치단체의 민사소송 제기에 의해 고액의 살처분 보상금 등 상당액의 손해배상을 물게 되었다는 취지의 언론 보도가 있거나 지역 사회 내에서 그러한 소식이 전해지게 되면, 가축전염병의 발생·확산으로 인해 피해를 입은 농가나 관련된 사람들, 지역 주민은 해당 지방자치단체의 장에 대한 지지를 표하고 여론도 우호적으로 형성될 것임을 쉽게 예상할 수 있다.

2) 사안의 검토

평석대상 판결에서 지방자치단체인 원고가 이 사건 이동제한명령 위반자인 피고들을 상대로 살처분 보상금 등 상당액의 손해배상청구를

---

37) 예를 들어 지방자치단체에서 「가축전염병 예방법」상 의무위반자를 상대로 거액의 민사 손해배상금 청구의 소를 제기한 후, 피고가 된 의무위반자에게 의무 내지 원상회복 등의 이행을 조건으로 소취하를 하거나, 소송 도중 그 이행을 확인한 후 소취하를 하는 방식으로 ―행정처분의 집행을 통한 직접적인 의무이행 확보가 아닌 ― 우회적으로 의무이행을 확보하는 것도 상정해 볼 수 있다.

38) 같은 견해로서 코로나 19 방역 관련 의무위반자에 대한 구상금 청구소송 제기 사안에 관해서는 이은상, "코로나바이러스감염증-19 방역 위반 관련 국가소송의 몇 가지 공법적 쟁점 검토",『유럽헌법연구』제35호, 유럽헌법학회, 2021. 4., 50면 참조.

39) 코로나 19의 사안에서 마찬가지 지적을 한 견해로는 이은상, "코로나바이러스감염증-19 방역 위반 관련 국가소송의 몇 가지 공법적 쟁점 검토",『유럽헌법연구』제35호, 유럽헌법학회, 2021. 4., 51면 참조.

한 목적이나 동기가 명시적으로 나타나지는 않았다. 그러나 만일 그 손해배상청구가 이동제한명령을 위반한 피고들에 대한 징벌·제재를 가하려 한 것이거나, 위반행위자에 대한 거액의 손해배상 청구를 통한 민사소송 피소(被訴) 상황을 본보기로 삼아 향후 이동제한명령 위반자 발생을 억제시키기 위한 동기나 목적에서 비롯되었다면 위에서 검토한 문제점을 고스란히 안게 된다.

평석대상 판결도 이러한 문제점을 의식한 것으로 보이는데, 특히 제2판단에서 지방자치단체인 원고가 '다른 법령상 근거 없이'는 곧바로 피고들을 상대로 살처분 보상금 등 상당을 손해배상으로 구할 수 없다고 선언하고 있는 부분을 주목할 필요가 있다. 이는 이동제한명령 위반자에 대한 살처분 보상금 등 상당의 손해배상청구는 보통의 불법행위에 관한 「민법」 제750조의 일반법적 구제는 거부되는 것으로 해석하되, (일반법이 아닌) 다른 개별법령상의 근거가 있어서 법치주의 원칙(법률유보의 원칙)에 위반됨이 없다면 그러한 손해배상 청구는 가능할 수 있음을 판시한 것으로 이해된다. 그러나 이렇게 해석할 수 있는 근거를 판결이유에서 구체적으로 밝히지 않은 채 간략히만 서술한 것은 판결이유의 설득력 확보와 판결의 결론과 이유 사이의 정합성에서 볼 때 문제이다. 자칫 살처분 보상금 등의 지급 의무가 있는 지방자치단체는 그 상당액의 손해는 애초에 「민법」 제750조에 따른 불법행위 손해배상청구를 할 수 없다는 '소권 제한'을 선언한 것처럼 오해될 수도 있어서 문제이다.

3) 소결론

평석대상 판결이 '살처분 보상금 등을 지급한 지방자치단체가 「가축전염병 예방법」상 이동제한명령 위반자를 상대로 그 보상금 등 상당액에 관하여 「민법」 제750조에 근거한 불법행위로 인한 손해배상 청구를 제기하는 것은 법적 근거가 없이 위반자에게 과도한 금전손해배상의 부담을 지우는 등 여러 파생되는 문제를 일으키는 것이어서 적절하지 않다.'는 것을 실질적인 판단 근거 내지 주요 고려 요소로 삼았다면, ─ 현재의 평석대상 판결과 같이 사법상 불법행위의 요건으로서 상당인과 관계와 같은 법기술적인 개념을 동원하거나, 부족하고 불분명한 판결이 유만을 제시할 것이 아니라─ 이러한 공법(公法)적 시각에서 본 문제점을 정면으로 드러내서 판결이유에서 명시하여 선언해야 할 것이다. 이렇게 하는 것이 판결 당사자와 해당 판결에 관심을 가지는 국민에게 설득력 있는 판결을 하는 것일 뿐만 아니라, 판례를 소재로 한 학문적 검증과 논의를 더 활성화시킬 수 있고, 실무에 지도적(指導的)인 기능과 역할을 담당하는 대법원 판례의 본연의 임무에도 부합될 것이다.

라. 기타 관련 문제

1) 피고들의 소외 1, 2에 대한 불법행위책임, 지방자치단체인 원고의 부진정연대채무와 구상권

철원군 농장주인 소외 1과 그곳에 가축을 사육하던 소외 2는 피고들을 상대로 불법행위로 인한 손해배상의 청구가 가능할 것이다. 피고들은 세종시 소재 농장에서 구제역 의심 증상을 보이는 돼지가 있음을 알면서도 이를 숨긴 채 돼지를 반출·이동하였고, 그로 인해 소외 1, 소외 2의 가축들에게서 구제역 증상이 나타나 모두 살처분에 이르게 된 것이기 때문이다. 실제로 철원군 농장주인 소외 1 등은 피고 1을 상대로 손해배상청구의 소를 제기하였고, 제1심 판결[40]에서 피고 1의 손해배상책임이 인정되었으나,[41] 항소심[42]에서 조정이 성립되었다.

---

40) 대전지방법원 2016. 5. 25. 선고 2015가합103740 판결

41) 소외 1 등은 철원군(이 사건 원고)로부터 돼지 시가의 80% 상당액을 보상받았기 때문에, 나머지 돼지 시가의 20%와 위자료에 대해 배상책임이 인정되었다고 한다. 홍승면 편, 『판례공보스터디 민사판례해설 Ⅳ-하』(2023. 1. 1.자 공보 ~ 2023. 6.

이처럼 피고 측의 철원군 농장주인 소외 1 등에 대한 불법행위책임이 인정되므로, 지방자치단체인 원고의 살처분 보상금 등의 지급의무와 피고 측의 소외 1 등에 대한 손해배상책임은 동일한 피해의 보상을 목적으로 하는 채무로서 중복되는 범위에서 부진정연대책임의 관계에 있다고 볼 여지가 있다.[43] 이렇게 본다면 먼저 보상의무를 이행한 지방자치단체인 원고는 피고들에 대하여 구상권을 민사소송을 통해 행사할 수 있을 것인데, 이러한 구상금 청구도 앞서 본 불법행위 손해배상 청구와 마찬가지로 그 실질이 행정상 의무위반에 대한 제재조치를 민사상 청구의 방식으로 우회적으로 창설하는 것이고, 법치주의적 통제를 벗어난 간접적 강제수단의 관철이라는 마찬가지의 비판이 가능할 것이다.[44]

2) 경찰비용 상환청구의 문제

경찰(警察) 작용을 '공공의 안녕과 질서에 대한 위험을 방지하고 장해를 제거하는 행정청의 작용'으로 정의한다면,[45] 이 사건 이동제한명

15.자 공보), 서울고등법원 판례공보스터디, 529면 참조.

42) 대전고등법원 2016나12814 손해배상(기) 사건

43) 홍승면 편, 『판례공보스터디 민사판례해설 Ⅳ−하』(2023. 1. 1.자 공보 ~ 2023. 6. 15.자 공보), 서울고등법원 판례공보스터디, 529면 참조. 반면 국가나 지방자치단체의 지출은 관련자들의 손실보상 등을 주된 목적으로 하는 「가축전염병 예방법」에 근거를 두는 반면, 피고들의 책임은 위법행위에 대한 손해전보를 목적으로 하는 「민법」에 근거를 두고 있는 점 등에 비추어 볼 때, 단지 원인을 구성하는 사실관계에 일부 동일성이 인정될 수 있다는 등의 이유만으로 순전히 민사법적인 사고에서 양자의 채무를 불가분채무로 인정해야 할 근거나 정당성이 부족하다는 반론도 가능할 것이다. 코로나 19 방역 관련 의무위반자에 대한 구상금 청구에 관하여 마찬가지 논리로 견해를 제시하는 글로는 이은상, "코로나바이러스감염증−19 방역 위반 관련 국가소송의 몇 가지 공법적 쟁점 검토", 『유럽헌법연구』 제35호, 유럽헌법학회, 2021. 4., 52−53면 참조.

44) 코로나 19 방역 관련 의무위반자에 대한 구상금 청구에 관하여 마찬가지의 논리에서 비교적 상세한 검토를 한 글로는 이은상, "코로나바이러스감염증−19 방역 위반 관련 국가소송의 몇 가지 공법적 쟁점 검토", 『유럽헌법연구』 제35호, 유럽헌법학회, 2021. 4., 49−55면 참조.

령과 살처분은 가축의 전염성 질병인 구제역의 발생과 확산을 막음으로
써 축산업의 발전, 가축의 건강 유지 및 공중위생의 향상(「가축전염병 예
방법」 제1조 참조)이라는 공공의 안녕과 질서에 대한 위험을 방지하기 위
한 행정작용으로서 모두 '경찰' 작용에 해당한다. 평석대상 판결의 사안
에서 사인(私人)인 피고들이 지방자치단체인 원고의 살처분이라는 경찰
권 발동을 유발한 것이므로 소외 1, 소외 2에게 지급된 살처분 보상금
등을 경찰권 발동에 소요된 비용으로 보아 그 '경찰비용 상환청구'가 가
능해야 한다는 견해가 제시될 수도 있다. 이는 '경찰비용의 국민에 대한
전가 가능성'의 문제로서 긍정설[46]과 부정설[47]이 대립하고 있어 학계
의 견해가 합일되어 있지 않다. 더군다나 경찰비용의 국민에 대한 전가
는 국민에게 의무를 부담시키는 것으로서 법률유보의 원칙상 법적 근거
가 명확해야 하는데, 「가축전염병 예방법」에는 그러한 명시적인 근거
규정이 존재하지 않아, 원고가 지출한 살처분 보상금 등 상당액을 피고
들로부터 징수하는 것은 현행법상 허용되지 않을 것이다.[48]

---

45) 실질적 의미의 경찰 개념을 이와 같이 새기는 견해로는 김철용 편,『특별행정법』,
   박영사, 2022 중 서정범 집필 부분, 제3편 경찰행정법, 256면; 정하중/김광수,『행
   정법개론』(제18판), 법문사, 2024, 1077면 등 참조.
46) 긍정설의 근거로는 과거와 같이 경찰의 활동에 소요되는 비용은 전적으로 국가가
   부담하는 것이 당연하다는 인식에 변화가 일어나고 있으며 그에 따라 경찰비용의
   전가를 인정해야 할 필요성이 있다는 점이 제시된다. 김철용 편,『특별행정법』, 박
   영사, 2022 중 서정범 집필 부분, 제3편 경찰행정법, 416면 참조.
47) 부정설의 근거로는 경찰비용을 수수료의 성질을 가진 것으로 본다면 수수료의 개
   념에 내재하는 본질적 한계, 경찰의 위험방지 활동이 가지는 공익성, 조세국가의
   원리, 헌법상 국가의 자유권 보호의무, 평등의 원칙 등으로 인하여 경찰활동에 소
   요된 비용을 국민으로부터 징수할 수는 없다는 점이 제시된다. 김철용 편,『특별행
   정법』, 박영사, 2022 중 서정범 집필 부분, 제3편 경찰행정법, 416-417면 참조.
48) 이러한 구제역 전염에 따른 돼지살처분 원인을 제공한 제3자에게 비용상환 등 책임
   을 물을 수 없다는 '입법적 공백'은 공법과 사법의 협력체제의 관점에서 민사상 불
   법행위 손해배상책임으로 메워야 한다는 견해도 제시된다(김중권, "「가축전염병예
   방법」상의 이동제한명령의 위반에 따른 지방자치단체의 손해배상청구 - 대상판결:
   대법원 2022. 9. 16. 선고 2017다247589 판결",『인권과정의』통권 522호, 대한변호

3. 결론

　평석대상 판결은, 「가축전염병 예방법」상 이동제한명령을 위반하여 구제역이 확산되자 지방자치단체가 가축 소유자에게 살처분 보상금 등을 지급한 후 이동제한명령 위반자들을 상대로 한, 지급 보상금 등 상당액에 관한 불법행위 손해배상 청구를 배척하였다. 이러한 결론은 타당하다고 볼 수 있지만, 평석대상 판결에서 제시한 이유나 근거는 그 결론을 이끌어내기 위한 논리구조를 형성함에 있어서는 불분명하고 부족하다는 비판이 가능하다. 이에 본 평석은 평석대상 판결이 제시한 판시 내용의 타당성 여부를 밝히고, 실질적인 판단 근거 내지 판결이유가 무엇이었는지를 공법적 관점에서 검토하였다.

　공익을 실현할 권한과 의무가 주어진 국가나 지방자치단체가 국민을 상대로 일반법적 구제방법인 불법행위로 인한 손해배상청구권을 임의적으로 행사하는 것은 타당하지 않을 것이다. 특히 그러한 민사상 청구를 하는 것의 실질이 행정상 의무이행이라는 행정목적을 달성하기 위해 우회적으로 남용되는 것은 경계할 일이다. 본 평석에서는 행정상 의무위반에 대한 실질적인 제재조치를 민사상 손해배상 소제기의 방식을 통해 우회적으로 창설하는 것의 문제점을 본격적으로 제기하고, 선행연구가 많지 않은 상황에서 공법적 관점에서 그 해명을 시도했다는 데

사협회, 2024. 6., 59−73면). 하지만 평석대상 판결은 ―다른 법령상의 근거에 따른 손해배상청구는 별론으로 하고― 살처분 보상금 등 상당을 민법 제750조의 일반법적인 구제 방법에 따라 손해배상으로 구할 수 있다고 보기 어렵다는 점을 판시하고 있고, 지방자치단체인 원고가 이 사건 이동제한명령 위반자인 피고들을 상대로 살처분 보상금 등 상당액의 손해배상청구를 한 것이 이동제한명령을 위반한 피고들에 대한 징벌·제재를 가하려 한 것이거나, 위반행위자에 대한 거액의 손해배상 청구를 통한 민사소송 피소 상황을 본보기로 삼아 향후 이동제한명령 위반자 발생을 억제시키기 위한 동기나 목적에서 비롯되었다면 법치주의적 관점에서나 행정 본연의 모습에 비추어 바람직하지 않다는 점은 앞서 본 바와 같다. 향후 계속 논의와 연구가 이어져야 할 부분이라고 생각한다.

에 의미가 있다고 생각한다. 앞으로 이 부분에 관한 학문적 관심과 연구가 계속되기를 기대한다.

참고문헌

단행본

김철용 편, 『특별행정법』, 박영사, 2022
양창수/권영준, 『민법 Ⅱ ─ 권리의 변동과 구제』(제3판), 박영사, 2020
정하중/김광수, 『행정법개론』(제18판), 법문사, 2024
편집대표 곽윤직, 『민법주해 제9권 ─ 채권(2)』, 박영사, 2007
편집대표 곽윤직, 『민법주해 제18권 ─ 채권(11)』, 박영사, 2005
편집대표 김용담, 『주석 민법 [채권각칙(6)]』, 한국사법행정학회, 2016
홍승면 편, 『판례공보스터디 민사판례해설 Ⅳ－하』(2023. 1. 1.자 공보~
　　2023. 6. 15.자 공보), 서울고등법원 판례공보스터디

단행논문

김중권, "「가축전염병예방법」상의 이동제한명령의 위반에 따른 지방자치
　　단체의 손해배상청구 - 대상판결: 대법원 2022. 9. 16. 선고 2017다
　　247589 판결", 『인권과정의』 통권 522호, 대한변호사협회, 2024. 6.,
　　59－73면
박정훈, "협의의 행정벌과 광의의 행정벌", 『행정법의 체계와 방법론(행정
　　법연구1)』, 박영사, 2005, 319－379면
이은상, "코로나바이러스감염증－19 방역 위반 관련 국가소송의 몇 가지
　　공법적 쟁점 검토", 『유럽헌법연구』 제35호, 유럽헌법학회, 2021. 4.,
　　41－69면

국문초록

평석대상 판결인 대법원 2022. 9. 16. 선고 2017다247589 판결은, 가축전염병 예방법상 이동제한명령 위반행위로 구제역이 확산되자 먼저 지방자치단체가 살처분을 한 가축 소유자에게 살처분 보상금 등을 지급한 후, 지방자치단체가 원고가 되어 이동제한명령 위반자들을 피고로 삼아 민법상 불법행위로 인한 손해배상으로서 위와 같이 지급한 보상금 등 상당액을 청구한 사안에서 원고 지방자치단체의 청구를 기각하였다. 평석대상 판결의 결론은 결과적으로 옳지만, 평석대상 판결에서 제시한 이유나 근거는 그 결론을 이끌어내기 위한 논리구조 면에서 불분명하고 부족하다는 비판이 가능하다. 먼저 이동제한명령을 위반한 피고들의 이동제한명령 위반행위와 지방자치단체인 원고의 보상금 등 지급으로 인한 손해 사이에 상당인과관계를 부정하는 평석대상 판결의 판시 근거가 명확하지 않다. 평석대상 판결은 구제역 확산의 원인이 피고들의 이동제한명령 위반 때문이라고 인정하여 '사실적(자연적) 인과관계'는 인정하면서도, 상당인과관계 있는 손해는 인정하지 않는바, 이는 규범적 판단에 근거한 것으로 이해된다. 그러나 평석대상 판례가 근거로 제시한 ① 이동제한명령에 관한 '가축전염병 예방법' 규정이 살처분 보상금 등 상당액의 손해를 주장하는 원고의 불법행위 손해배상청구의 근거가 될 수 없다는 점이나 ② 살처분 보상금 등의 지급이 '가축전염병 예방법'에서 정한 지방자치단체의 '의무'라는 점은 이러한 규범적 판단에 근거한 상당인과관계의 부정을 제대로 논증해주지 못한다. 마찬가지로 위 ①, ②의 근거는 또한, 지방자치단체인 원고가 다른 법령상 근거 없이 곧바로 이동제한명령을 위반한 피고들을 상대로 살처분 보상금 등 상당을 손해배상으로 구할 수 있다고 보기 어렵다는 평석대상 판결의 판시에 대한 충분한 근거가 되지 못한다. 오히려 이러한 지방자치단체의 이동제한명령위반자를 상대로 한 고액의 불법행위 손해배상금을 청구하는 민사소송의 제기는 이동제한명령을 위반한 피고들에 대한 징벌·제재를 가하거나, 위반자에 대한 거액의 손해배상 청구를 통해 민사소송 피소(被訴) 상황을 본보기로 삼아 향후 이동제한명령 위반자 발생을 억제시키기 위한 동기나 목적에서 비롯된 것으로 보인다. 그러나 이러한 지방자치단체가 민사소송을 통해 행정상 의무위반자에 대하여 거액의 손해배상금 지급의무를 부담시키는 것은 그 실질이 행정상 의무 위반에 대한 제재처분을 우회적으로 창설하는 셈이 되어 법치주의적 관점에서 문제가 있고, 위반행위에 상응하는 제재를 넘어서게 되어 비례원칙에 위반되거나, 지방자치단체의 임의적 선택에 따른 민사소송 제기로서 평등원칙 위반이 발생할 수 있다. 또한 행정이 제재수단의 실효성을 실질적으로 높이는 방향으로 나아가지 않고, 손쉽게 거액의 민사상 불법행위 손해배상 청구소송이라는 민사재판을 통해 우회적으로 의무이행을 확보하는 '간접적 강제수단'으로 오용될 수 있어 결코 바람직하지 않다. 평석대상 판결은 사법(私法)상 불법행위의 요건으로서 상당인과관계를 동원하거나, 부족하고 불분명한 판결이유 제시에 그칠 것이 아니라, 이와 같은 공법적 시각에서 문제를 살피고 판결이유에서 명시했어야 한다고 생각한다.

    주제어: 가축전염병 예방법, 이동제한명령, 제재처분, 행정강제, 지방자치단체, 손해배상청구, 상당인과관계

Abstract

Validity of Local Government's claim for damages
against a violator of a movement restriction order under the
Act on the Prevention of Contagious Animal Diseases:
Supreme Court Decision 2017Da247589, Decided September
16, 2022

Eun-sang, RHEE*

The Supreme Court's 2017Da247589 ruling concerns the case in
which the local government filed a claim for damages against persons
who sold the pigs in violation of the movement restriction order under
the Act on the Prevention of Contagious Animal Disease, after it paid
compensation to the farm owner who bought the above pigs and fulfilled
the order to slaughter them infected with foot-and-mouth disease. The
damages claimed by the plaintiff, the local government were equivalent
to the amount of compensation paid. The Supreme Court recognized that
the cause of the spread of foot-and-mouth disease was the defendants'
violation of the movement restriction order and acknowledged causal
relation, but did not recognize proximate causal relation between the
damage and the violation, and dismissed the claim of the plaintiff.

Although the conclusion of the above judgment is ultimately correct,
it can be criticized that the reasons or grounds presented in the judgment
are unclear and insufficient in terms of the logical structure for deriving

---

* Assistant Professor/Ph. D, School of Law, Seoul National University

the conclusion. In principle, administrative sanctions are imposed on violators who sell and move livestock to another area in violation of the movement restriction order based on the Act on the Prevention of Contagious Animal Disease. Therefore, it needs to be further reviewed from a public law perspective whether it can be justified for the local government to actually impose financial sanctions on those who sold livestock in violation of the original movement restriction order by claiming civil damages.

In principle, it is a requirement of the rule of law that the sanction should be commensurate with the offense, but it is difficult to see the validity of a local government's claim for damages because it is likely to burden the offender with monetary damages that are more excessive than the offense. It is not appropriate for the state or local government to use the civil remedy of damages in tort against the people as a substitute without exercising its administrative power to realize the public interest. The above ruling denies the proximate causal relation only from the perspective of civil law. However, I believe that it would have been more desirable to approach the issue with a sense of the problem from a public law perspective.

Keywords: Act on the Prevention of Contagious Animal Diseases, Movement Restriction Order, Disposition of Administrative Sanctions, Administrative Compulsion, Local Government, Claim for Damages, Proximate Causal Relation

투고일 2024. 6. 10.
심사일 2024. 6. 23.
게재확정일 2024. 6. 29.

經濟行政法

회사분할과 시정조치의 승계 (이승민)

회사분할과 시정조치의 승계

이승민*

대상판결: 대법원 2023. 6. 15. 선고 2021두55159 판결

I. 대상판결의 개요

1. 사실관계

원심 판결(서울고등법원 2021. 9. 30. 선고 2020누55888 판결)에 드러난 이 사건의 사실관계는 다음과 같다.

분할 전 현대중공업[1]은 2019. 6. 3. 조선, 엔진기계, 발전소 등 사업부문을 물적분할하여 사명을 현대중공업으로 하는 원고를 새로 설립하였고, 같은 날 자신의 사명을 한국조선해양으로 변경하였다. 당시 분할계획서[2]에는 분할 전 회사에 속한 일체의 적극·소극재산, 권리·의무

---

* 성균관대 법학전문대학원 부교수, 법학박사(행정법).
 1) 이하에서 회사 명칭 전·후의 '주식회사' 표기는 생략한다.
 2) 이하 '이 사건 분할계획서'.

(공법상 권리·의무 포함) 및 재산적 가치가 있는 사실관계가 분할 대상 사업부문에 대한 것이면 그 사업부문이 귀속되는 신설회사인 현대중공업에, 분할대상 사업부문 이외의 부문에 대한 것이면 존속회사인 한국조선해양에 각각 귀속하기로 되어 있었다.

　분할 전 현대중공업은 선박 구성부품 제조업 등을 영위하는 중소기업자인 피고보조참가인3) 삼영기계에 에콰도르 하라미호 발전소용 H32/40 엔진 실린더헤드를 제조위탁한 자로서 「하도급거래 공정화에 관한 법률」4) 제2조 제2항 제1호에 따른 원사업자에 해당하고, 참가인은 같은 법 제2조 제3항에 따른 수급사업자에 해당한다. 분할 전 현대중공업은 2010. 12. 29.부터 2012. 8. 20.까지의 기간 동안 참가인에게 위 실린더헤드 336개를 발주하였고, 참가인은 2011. 6. 14.부터 2012. 8. 30.까지 발주 물량의 납품을 완료하였다. 분할 전 현대중공업은 2013. 5.경 위 실린더헤드에 균열이 발생하였음을 확인하고, 2013. 8. 21.부터 참가인과 위 실린더헤드 하자의 원인, 대체품 공급 및 향후 대책 등을 협의하였다. 그러나 하자에 대한 책임 소재 등에 관하여 두 회사 간 합의가 이루어지지 않는 상황에서 계속하여 하자가 발생하자, 분할 전 현대중공업은 2015. 1. 9. 참가인에게 하자 책임의 소재는 추후 확인하여 책임이 있는 회사의 비용으로 처리하되, 우선 고객사의 피해를 줄이기 위해 대체품을 2015. 1. 15.까지 45개, 같은 해 2. 5.까지 63개, 같은 해 3. 10.까지 32개를 공급하여 줄 것을 요구하였다. 이에 따라 참가인은 분할 전 현대중공업에게 2015. 1. 15. 및 같은 해 2. 6. 두 차례에 걸쳐 위 실린더헤드 108개를 납품하였으나, 분할 전 현대중공업은 이에 대한 하도급 대금 255,636,000원(= 단가 2,367,000원×108개)을 목적물 수령일로부터 60일 이내에 지급하지 아니하였고 그 초과기간에

---

3) 이하 '참가인'.
4) 이하 '하도급법'.

대한 지연이자도 미지급하였다.[5]

피고 공정거래위원회는 이 사건 행위가 하도급법 제13조 제1항 및 제8항에 위반되고, 이 사건 분할계획서에 따라 신설회사인 원고는 2019. 6. 3. 분할 전 현대중공업의 엔진기계 사업부문의 권리·의무를 포괄적으로 승계하였다는 이유로, 원고에 대하여 하도급법 제25조 제1항의 시정조치 규정을 적용하여 재발방지명령 및 대금지급명령을 부과하였다.

2. 원심의 판단

원심은 다음과 같은 이유로 신설회사인 원고에게 위와 같은 시정조치를 부과할 수 없다고 보아 피고의 처분이 위법하다고 판단하였다.[6]

① 하도급법 제25조 제1항은 "공정거래위원회는 제3조 제1항부터 제4항까지 및 제9항, 제3조의4, 제4조부터 제12조까지, 제12조의2, 제12조의3, 제13조, 제13조의2, 제14조부터 제16조까지, 제16조의2 제7항 및 제17조부터 제20조까지의 규정을 위반한 발주자와 원사업자에 대하여 하도급대금 등의 지급, 법 위반행위의 중지, 특약의 삭제나 수정, 향후 재발방지, 그 밖에 시정에 필요한 조치를 명할 수 있다."라고 하여 시정조치의 요건으로 '원사업자 등이 위 각 조항을 위반할 것'을 규정하고, 시정조치의 내용으로 '하도급대금의 지급', '향후 재발방지' 등을 규정하고 있다.

② 상법은 회사분할에 있어서 분할되는 회사의 채권자를 보호하기 위하여, 분할로 인하여 설립되는 신설회사와 존속회사는 분할 전의 회사채무에 관하여 연대책임을 지는 것을 원칙으로 하고 있으나(제530조의

---

5) 이하 이상의 대금 및 지연이자 미지급 행위를 '이 사건 행위'.
6) 밑줄은 필자가 추가한 것이다.

9 제1항), 한편으로는 회사분할에 있어서 당사자들의 회사분할 목적에 따른 자산 및 채무 배정의 자유를 보장하기 위하여 소정의 특별의결 정족수에 따른 결의를 거친 경우에는 신설회사가 분할되는 회사의 채무 중에서 출자한 재산에 관한 채무만을 부담하는 것으로 정할 수 있다고 규정하고 있고(제530조의9 제2항), 신설회사 또는 존속회사는 분할하는 회사의 권리와 의무를 분할계획서가 정하는 바에 따라서 승계하도록 규정하고 있다(제530조의10).

　　대법원은, 신설회사 또는 존속회사가 승계하는 것은 분할하는 회사의 권리와 의무인데, 분할하는 회사의 분할 전 법 위반행위를 이유로 과징금이 부과되기 전까지는 단순한 사실행위만 존재할 뿐 그 과징금과 관련하여 분할하는 회사에게 승계의 대상이 되는 어떠한 의무가 있다고 할 수 없고, 특별한 규정이 없는 한 신설회사에 대하여 분할하는 회사의 분할 전 법 위반행위를 이유로 과징금을 부과하는 것은 허용되지 않는다고 판시하여 왔다(대법원 2007. 11. 29. 선고 2006두18928 판결, 대법원 2009. 6. 25. 선고 2008두17035 판결, 대법원 2011. 5. 26. 선고 2008두18335 판결 참조).

　　위 대법원 판결들은 모두 과징금납부명령에 관한 사안으로 이 사건에서 문제되는 시정조치와 법 위반행위에 대한 제재처분에 해당하는 과징금납부명령은 그 성격이 다르기는 하다. 그러나 ㉠ 과징금납부명령과 시정조치 모두 그 요건은 '해당 공정거래법 또는 하도급법의 규정을 위반한 (원)사업자'로 공통되는 점, ㉡ 시정조치는 특정한 작위 또는 부작위 의무를 부과하는 것으로 침익적 처분에 해당하고, 특히 지급명령의 시정조치는 금전급부의 지급을 명하는 것으로 그 이익침해가 직접적이고 그 정도도 큰 점, ㉢ 하도급법 제26조 제2항, 같은 법 시행령 제17조 [별표 3]에 의하면, 과징금납부명령뿐 아니라 시정조치를 받은 경우에도 벌점의 가중사유가 되어 입찰참가자격 제한 처분(벌점 5점 초과)이나 영업정지 처분(벌점 10점 초과)의 추가적인 불이익을 받을 수 있는 점

등에 비추어 보면, 시정조치 자체도 엄연한 침익적 처분으로서 그 근거
가 되는 행정법규는 엄격하게 해석·적용되어야 하고(대법원 2019. 2. 21.
선고 2014두12697 전원합의체 판결 참조), 과징금납부명령과 시정조치의 성
격 차이가 처분 요건에 해당하는 사실행위 승계 여부를 달리 해석해야
할 정도로 크다고 보이지 아니하므로, '특별한 규정 없이는 분할 전 법
위반행위를 이유로 신설회사에 대하여 과징금을 부과하는 것은 허용되
지 않는다'는 위 판결 취지는 하도급법상 시정조치의 경우에도 그대로
적용된다고 보아야 한다.

　　③ 시정조치 중 재발방지명령과 지급명령은 그 성격이 동일하지는
않는데, 재발방지명령은 강학상 경찰행정의 성격이 강하여 위반사실이
신설회사에게 승계된다고 인정할 여지가 원상회복적 성격을 아울러 가
지는 지급명령이나 제재처분적 성격의 과징금납부명령에 비하여 높다
고 볼 수 있다. 그러나 '시정조치'라는 하나의 조항에 규정된 재발방지
명령과 지급명령을 구분하여 전자는 신설회사에 승계되나 후자는 그러
하지 않다고 해석하는 것은 법의 체계에 반하는 해석으로서 타당하지
않다.

3. 대법원의 판단

　　대법원은 회사 분할 시 특별한 규정이 없는 한 신설회사에 대하여
분할하는 회사의 분할 전 하도급법 위반행위를 이유로 하도급법 제25조
제1항에 따른 시정조치를 명하는 것은 허용되지 않는다면서 구체적으
로 다음과 같은 이유를 들었다.[7]

　　① 대법원은 2007. 11. 29. 선고 2006두18928 판결에서 법률 규정
이 없는 이상 분할하는 회사의 분할 전「독점규제 및 공정거래에 관한

─────────────

7) 밑줄은 필자가 추가한 것이다.

법률」8) 위반행위를 이유로 신설회사에 대하여 과징금을 부과하는 것은 허용되지 않는다고 판시하였다. 공정거래법에 따른 과징금 부과처분과 하도급법 제25조 제1항에 따른 시정조치명령 모두 해당 법 규정을 위반한 사업자를 처분 상대방으로 하는 점, 회사분할 전에 공정거래법 위반이나 하도급법 위반이 있는 경우 시정조치의 제재사유는 이미 발생하였고 신설회사로서는 제재사유를 제거할 수 있는 지위에 있지 않는 점(예를 들어 분할하는 회사가 목적물 등의 수령일부터 60일 이내에 하도급대금을 지급하지 않았다면 그 사실만으로 하도급법상 시정조치의 제재사유가 발생하고, 이후 신설회사가 이를 지급하였다고 하여 위 제재사유가 소멸하지는 않는다. 신설회사가 하도급대금 지급채무를 승계하였음에도 그로부터 일정 기한 내에 이를 지급하지 아니하는 경우 이것이 별도의 위반사실이 될 여지가 있을 뿐이다), 공정거래위원회는 사업자에게 하도급법 위반 제재사유가 있는 경우 시정조치 또는 과징금을 선택적으로 부과할 수 있고, 과징금 부과처분의 성격이 공정거래법상의 그것과 다르지 않은바, 제재사유 승계에 관한 특별한 규정이 없음에도 법 위반사유에 대한 처분의 선택에 따라 제재사유의 승계 여부가 달라지는 결과를 초래하는 것은 형평에 맞지 않은 점 등에 비추어 볼 때, 공정거래법상 과징금 부과처분에 관한 위 법리는 아래에서 보는 바와 같이 제재사유의 승계에 관하여 법률 규정을 두고 있지 않은 하도급법상 시정조치명령의 경우에도 그대로 적용되어야 한다.

② 현행 공정거래법은 분할하는 회사의 분할 전 공정거래법 위반행위를 이유로 신설회사에 과징금 부과 또는 시정조치를 할 수 있도록 규정을 신설하였다. 현행 하도급법은 과징금 부과처분에 관하여는 신설회사에 제재사유를 승계시키는 공정거래법 규정을 준용하고 있으나 시정조치에 관하여는 이러한 규정을 두고 있지 않다. 이와 같이 공정거

---

8) 이하 '공정거래법'.

래법과 하도급법이 회사분할 전 법 위반행위에 관하여 신설회사에 과
징금 부과 또는 시정조치의 제재사유를 승계시킬 수 있는 경우를 따로
규정하고 있는 이상, 그와 같은 규정을 두고 있지 아니하는 사안, 즉
회사분할 전 법 위반행위에 관하여 신설회사에 시정조치의 제재사유가
승계되는지가 쟁점이 되는 사안에서는 이를 소극적으로 보는 것이 자
연스럽다.

Ⅱ. 쟁점의 정리

대상판결은 하도급법상 시정조치의 승계 여부를 다룬 최초의 대법
원 사례이다. 물론, 시정조치가 아닌 일반적인 제재처분의 승계에 관해
서는 여러 유형의 판례가 있었고 다양한 이론적 논의가 전개되어 왔으
며, 많은 부분이 입법적으로 해결되기도 하였다. 그러나 하도급법에 따
라 공정거래위원회가 부과하는 시정명령이 회사분할의 경우에 승계될
수 있는지에 대해서는 명확한 선례가 없었는데, 대상판결과 그 원심에
서는 이를 여러 측면에서 상세히 논하고 있어 실무적으로나 이론적으로
나 상당한 시사점을 제공하고 있다.

이하에서는 제재처분 승계에 관한 기존 논의를 간략히 정리해 보
고(아래 Ⅲ.항), 하도급법상 시정명령의 법적 성격에 대해 살펴본 다음,
회사분할시 시정명령의 승계 가능성에 관해 대상판결을 분석한 후(아래
Ⅳ.항), 결론을 내려보고자 한다(아래 Ⅴ.항).

Ⅲ. 재재처분 승계에 관한 논의

1. 명문 규정이 있는 경우

(1) 영업자 지위 승계

제재처분의 승계는 영업자 지위가 승계될 때 문제되며, 그 사유의 승계와 효과의 승계를 구분할 필요가 있다.

현재 많은 법률에서 "행정제재처분 효과의 승계"라는 표제로 제재 효과의 승계에 대해 명문 규정을 두고 있는데,[9] 예컨대 「건강기능식품에 관한 법률」[10] 제34조 제1항은 "영업자가 영업을 양도하거나 법인이 합병되는 경우"에는 "종전의 영업자에게 행한 행정제재처분의 효과는 그 처분기간이 끝난 날부터 1년간 양수인이나 합병 후 존속하는 법인에 승계"되고, "행정제재처분 절차가 진행 중일 때에는 양수인이나 합병 후 존속하는 법인에 대하여 행정 제재처분 절차를 계속 진행할 수 있다."고 규정하고 있다.[11] 다만, "양수인이나 합병 후 존속하는 법인"이 "영업을 승계할 때에 그 처분과 처분의 원인이 위반사실을 알지 못하였음을 증명"하는 경우에는 처분 효과가 승계되지 않거나 처분 절차가 진행되지 않는다.

이처럼 제재 효과의 승계는 일정 기간 내에서 원칙적으로 인정되는 반면, 제재 사유의 승계는 그에 대한 제재처분 절차가 진행 중인 경우에만 예외적으로 인정된다. 즉, 승계가 원칙적으로 가능한 것은 제재 효과이고 제재 사유는 예외적으로만 승계가 가능한데, 이는 승계인의

---

9) 법제처 국가법령정보센터에서 조문제목 "제재처분 효과"를 검색하면 총 30개의 법률이 검색된다.

10) 이하 '건강기능식품법'.

11) 제재 효과의 승계를 규정하고 있는 다른 법률 규정의 경우에도 사소한 표현상의 차이가 있을 뿐, 내용은 동일하다.

법 위반행위에 대한 예측가능성 또는 예견가능성에 기초하여 정당화될 수 있고, 이는 다시 책임주의 원칙으로 연결된다. 즉, 행정처분은 행정절차법에 따라 대외적으로 표시되기 때문에 이미 처분이 내려진 경우에는 승계인이 그러한 사실을 충분히 알 수 있고, 이러한 인식 또는 예견가능성이 승계의 근거가 된다. 마찬가지로 제재 사유의 승계는 처분 절차가 진행 중인 경우에는 일정한 예견가능성을 인정할 수 있기 때문에 이를 긍정할 수 있지만, 다만 처분 절차의 진행 사실 유무는 이해관계인이라 하더라도 제3자로서는 알기 어려운 측면이 있으므로 선의의 승계인의 면책을 인정하는 것이다. 다만, 선의의 승계인에 대한 면책 규정은 본문이 아닌 단서에 마련되어 있으므로 양수인이 선의에 대한 증명책임을 지게 된다.12)

　　그런데 합병의 경우에는 합병 당사자 사이에 동일성이 유지되기 때문에 위와 같은 규정을 두는 것은 문제가 있다. 합병의 경우에는 피합병회사의 행위는 당연히 존속회사의 행위인 것이고, 따라서 피합병회사의 행위에 따른 사실 상태, 즉 잠재적 처분 가능성도 법률관계와 마찬가지로 모두 존속회사가 승계함이 당연함에도 불구하고13) 위 규정을 통해 존속회사의 제재 효과 승계가 처분기간 종료 후 1년으로 제한되기 때문이다. 다만, 합병의 특성상 존속회사가 제재 사유에 대한 선의를 주장할 수는 없을 것이다. 참고로 공정거래법 제102조 제2항은 "공정거래위원회는 이 법을 위반한 회사인 사업자가 합병으로 소멸한 경우에는 해당 회사가 한 위반행위를 합병 후 존속하거나 합병에 따라 설립된 회

---

12) 대법원 2017. 9. 7. 선고 2017두41085 판결.

13) 대법원 2022. 5. 12. 선고 2022두31433 판결은 "회사합병이 있는 경우에는 피합병회사의 권리·의무는 사법상의 관계 혹은 공법상의 관계를 불문하고 그 성질상 이전이 허용되지 않는 것을 제외하고는 모두 합병으로 인하여 존속한 회사에 승계되는 것으로 보아야 한다."라고 판시하고 있는데, 이처럼 승계가 되는 법률관계는 넓게 보면 합병 전 법 위반행위로 인하여 장래에 처분이 부과될 가능성도 포함된다고 볼 수 있다.

사가 한 행위로 보아 과징금을 부과·징수할 수 있다."라고 규정하고 있으며, 이러한 규정 형식이 타당하다.

한편, 건강기능식품법 제34조 제2항 단서는 승계인이 처분 또는 그 원인이 되는 위반사실을 알지 못한 경우라도 "처분의 효과가 승계되지 아니하거나 처분의 절차를 계속 진행하지 아니하면 국민 건강에 위해가 발생하거나 발생할 우려가 있는 경우"에는 승계인에 대한 제재 효과의 승계를 긍정하고 있는데, 이러한 예외 규정은 「게임산업진흥에 관한 법률」 제37조, 「영화 및 비디오물의 진흥에 관한 법률」 제69조, 「대중문화예술산업발전법」 제35조, 「문화유산의 보존 및 활용에 관한 법률」 제80조의2와 같은 경우는 물론, 건강기능식품법과 마찬가지로 공중보건 또는 공중위생과 직·간접적 관련이 있는 「공중위생관리법」 제11조의3, 「농수산물 품질관리법」 제28조의2, 「모자보건법」 제15조의12, 「식품위생법」 제78조 「식품·의약품분야 시험·검사 등에 관한 법률」 제9조의2, 「약사법」 제89조의2, 「위생용품 관리법」 제20조, 「의료기기법」 제48조, 「인체조직안전 및 관리 등에 관한 법률」 제13조의4, 「첨단재생의료 및 첨단바이오의약품 안전 및 지원에 관한 법률」 제55조, 「화장품법」 제26조의2 등에서도 찾아볼 수 없는 특이한 것이다.

건강기능식품법의 이러한 특칙은 공중보건 또는 공중위생이라는 공익 목적을 위한 것이기는 하지만 논란거리가 될 수 있다. 같은 법 제32조의 영업정지·취소, 제33조의 품목 제조정지가 단순한 처벌적 성격의 행정제재가 아닌 공중위생 목적의 위험방지작용, 즉 경찰작용의 성격을 지니고 있기 때문에[14] 위와 같은 특칙이 정당화될 여지도 있지만, 후술하는 것처럼 행정제재는 본질적으로 대인적인 것이므로 책임주의 원칙이 엄격하게 관철되어야 한다는 점에서 영업정지·취소, 품목 제조

---

14) 이는 특히 제33조에 따른 품목 제조정지의 경우에 그러하다.

정지의 법적 성격을 명확하지 않은 채 일률적으로 제재 사유의 승계를 긍정하는 것은 타당하다고 보기 어렵다.

이 외에 특기할 만한 것은 「체육시설의 설치·이용에 관한 법률」 제32조의3인데, 같은 조 제2항은 "체육시설업자가 체육시설업을 폐업한 후에 종전의 체육시설업자, 그 배우자, 형제자매 또는 직계혈족(이하 "친족등"이라 한다)이 같은 장소에서 종전에 폐업한 체육시설업과 같은 종류의 체육시설업을 할 때"에는 제재처분이 있은 날부터 1년간 그 효과를 친족등에게 승계되거나 처분 절차가 진행 중인 때에는 절차를 속행할 수 있도록 규정하고 있다. 체육시설업의 양수도가 간편하기 때문에 제재 효과의 잠탈도 용이한 점을 감안한 규정으로 보인다.

(2) 회사분할

회사분할은 일반적인 영업자 지위 승계에 따른 제재처분 승계 규정에 포함되어 있지 않은 사유이다. 이에 따라 2. 나.항에서 후술할 대법원 2007. 11. 29. 선고 2006두18928 판결에서 공정거래법상 과징금 부과처분의 승계가 부정되었는데,[15] 이후 2012. 3. 21. 공정거래법 제55조의3 제3항(현행 제102조 제3항)[16]이 신설되어 회사분할시에도 제재 사유 승계를 인정하는 명문 규정이 마련되었다. 그리고 2020. 12. 29.

---

15) 이러한 승계가 문제되는 것은 물적 분할의 경우이다. 인적 분할의 경우에는 특별한 사정이 없는 한 존속회사에 제재처분을 부과하면 된다.

16) ③ 공정거래위원회는 이 법을 위반한 회사인 사업자가 분할되거나 분할합병된 경우에는 분할되는 사업자의 분할일 또는 분할합병일 이전의 위반행위를 다음 각 호의 어느 하나에 해당하는 회사의 행위로 보고 과징금을 부과·징수할 수 있다.
1. 분할되는 회사
2. 분할 또는 분할합병으로 설립되는 새로운 회사
3. 분할되는 회사의 일부가 다른 회사에 합병된 후 그 다른 회사가 존속하는 경우 그 다른 회사

공정거래법이 다시 개정되어 제7조 제3항[17])이 신설되면서 시정조치에
대해서도 그 사유의 승계를 인정하는 명문 규정이 마련되었다.[18]) 다만,
이러한 승계규정들은 하도급법에 준용되지 않고 있으며,[19]) 이러한 상황
이 대상판결의 배경이 되었다.

위와 같은 공정거래법 규정들에서는 피분할회사, 신설회사, 일부
분할합병시 제3의 존속회사 중 어느 한 회사에 과징금과 시정조치를 승
계할 수 있도록 하고 있는데, 이들에게 중복적으로 승계가 이루어지지
않도록 한 것은 타당하지만, 이들 중 누가 승계할 것인지에 대해서는
명확하게 규정하고 있지 않다.

그런데 위 대법원 2006두18928 판결에서는 제재 사유의 승계를
부정한 근거 중 하나로 '상법 제530조의10이 신설회사 또는 존속회사
는 분할하는 회사의 권리와 의무를 분할계획서가 정하는 바에 따라 승

---

17) ① 공정거래위원회는 남용행위가 있을 때에는 그 시장지배적사업자에게 가격의 인
하, 해당 행위의 중지, 시정명령을 받은 사실의 공표 또는 그 밖에 필요한 시정조
치를 명할 수 있다.
③ 공정거래위원회는 남용행위를 한 회사인 시장지배적사업자가 분할되거나 분할
합병된 경우에는 분할되는 시장지배적사업자의 분할일 또는 분할합병일 이전의 남
용행위를 다음 각 호의 어느 하나에 해당하는 회사의 행위로 보고 제1항의 시정조
치를 명할 수 있다.
1. 분할되는 회사
2. 분할 또는 분할합병으로 설립되는 새로운 회사
3. 분할되는 회사의 일부가 다른 회사에 합병된 후 그 다른 회사가 존속하는 경우
그 다른 회사

18) 제7조 제3항은 시장지배적지위 남용행위에 대한 시정조치에 관한 것이고, 이 규정
은 같은 법 제14조 제4항(기업결합에 대한 시정조치), 제37조 제3항(기업 지배구조
관련 위반행위에 대한 시정조치), 제42조 제2항(부당공동행위에 대한 시정조치),
제49조 제2항(불공정거래행위에 대한 시정조치), 제52조 제2항(사업자단체 위반행
위에 대한 시정조치)에도 준용된다.

19) 하도급법 제27조 제1항은 공정거래법에서 규정되는 준용규정들을 열거하고 있는
데, 여기에 공정거래법 제7조, 제102조는 없다.

계하도록 규정하고 있는 점'을 들고 있는 것으로 보인다. 그러므로 분할계획서의 내용이 가장 중요한 기준이 될 여지가 있는데, 다만 대법원 2015. 2. 12. 선고 2012두14729 판결에서는 "상법상 회사분할의 경우 피분할회사의 권리의무는 분할계획서에 따라 사법상 관계나 공법상 관계를 불문하고, 분할로 인하여 설립되는 회사에게 포괄승계되는 것이 원칙이지만, 그 성질상 이전이 허용되지 않는 것은 그 승계의 대상에서 제외된다"면서 "정부투자기관이 구 정부투자기관 관리기본법의 규정에 의하여 행하는 입찰참가제한 처분 권한은 법령에 따라 부여된 공법상 권한이므로 특별한 규정이 없는 한 당사자의 의사에 따라 처분되거나 이전될 수는 없다. 따라서 그 처분 권한은 성질상 회사 분할로 이전이 허용되지 않는 것에 해당한다고 보아야 한다."라고 판시하여, 분할계획서에 따른 공법상 의무 귀속을 부정하였다. 이러한 판례의 입장을 고려한다면 회사분할시 과징금이나 시정조치를 누가 승계할 것인지는 개별 사안에 맞게 판단하여 제1차적인 행위책임자에게 부과할 수밖에 없어 보인다.[20]

한편, 아래 IV. 1.항에서 살펴보는 바와 같이 시정조치는 그 법적 성격을 일률적으로 설명하기 어려우며, 무엇보다 위험방지작용(경찰작용)의 성격을 지닌 경우가 많아 일반적인 행정제재와는 법적 성격이 같다고 보기 어렵다. 그러므로 시정조치에 대해 행정제재와 동일한 형태의 규정을 만들고 동일한 법리를 적용하는 것의 타당성에는 의문이 제기될 수 있다.

---

[20] 다만, 잠재적 제재 사유의 존재를 인식한 상태에서 제재를 회피할 의도로 분할계획서를 작성하여 임의로 권리의무를 배분하는 것과 같은 특별한 사정이 없는 한, 분할계획서의 내용은 제1차적인 행위책임자를 결정함에 있어 가장 중요한 요소로 고려될 수 있을 것이다.

2. 명문 규정이 없는 경우

(1) 영업자 지위 승계

1) 판례[21]

대법원은 (회사분할을 제외한) 영업자 지위 승계와 관련하여 명문 규정이 없는 경우에도 제재처분의 승계, 특히 제재 사유의 승계를 인정하고 있다. 이에 관한 대법원의 판례는 대체로 영업자 지위 승계 규정, 해당 인허가 및 제재처분의 법적 성격(대물적 처분)을 근거로 하고 있다.

먼저, 대법원 1998. 6. 26. 선고 96누18960 판결에서는 "자동차운송사업을 양수한 양수인은 그 운송사업면허에 기인한 권리의무를 모두 승계하는 것이어서 그 양도·양수 후에라도 그 이전에 발생한 양도인에 대한 운송사업면허취소사유를 이유로 양수인에 대하여 양수인의 운송사업면허를 취소할 수 있다"라고 판시하여, 영업자 지위 승계 규정을 제재 사유 승계의 근거로 삼았다. 그리고 대법원 2021. 7. 29. 선고 2018두55968 판결에서는 위와 같은 입장을 토대로 하면서도 대인적 처분과 대물적 처분의 구별을 통해 책임을 제한하기도 하였다. 즉, 대법원은 구 「화물자동차 운수사업법」[22]에 따른 유가보조금 반환명령의 승계를 긍정하여 행정청은 "양수인의 선의·악의를 불문하고 양수인에 대하여 불법증차 차량에 관하여 지급된 유가보조금의 반환을 명"할 수 있다고 보면서도, 유가보조금 반환명령은 대인적 처분으로서 운송사업 허가 취소와 같은 대물적 제재처분과는 구별되므로 양수인의 책임 범위는 '지위승계 후 발생한 유가보조금 부정수급액'에 한정된다고 보았다.[23]

---

21) 이에 관한 자세한 분석은 이승민 "제재처분 승계에 관한 일고(一考) – 프랑스법상 행정제재 개념을 기초로 한 대법원 판례의 비판적 검토", 성균관법학, 제35권 제1호, 2023. 3., 266-280면 참조.

22) 이하 '화물자동차법'.

23) 그러나 위 사안에서의 유가보조금 반환명령이 승계되기 위해서는 이를 부당이득환

다음으로, 대법원 2001. 6. 29. 선고 2001두1611 판결에서는 구 공중위생관리법상 영업정지와 영업장폐쇄명령은 모두 대물적 처분이고 '공중위생영업자가 영업소 개설 후 시장 등에게 영업소개설사실을 통보하도록 규정하는 외에 공중위생영업에 대한 어떠한 제한규정도 두고 있지 아니한 것은 공중위생영업의 양도가 가능함을 전제로 한 것'이라면서, 양수인이 "양수 후 행정청에 새로운 영업소개설통보를 하였다 하더라도, 그로 인하여 영업양도·양수로 영업소에 관한 권리의무가 양수인에게 이전하는 법률효과까지 부정되는 것은 아니라"는 이유로 영업정지처분의 승계를 긍정하였다.[24]

한편, 대법원 2003. 10. 23. 선고 2003두8005 판결에서는 석유판매업 등록은 대물적 허가이고 사업정지 또한 대물적 처분의 성격을 지니고 있다면서, 사업자 지위의 승계에는 제재처분의 승계가 포함되므로 그 지위를 승계한 자에 대해 사업정지 등의 제재처분을 부과할 수 있고, 이러한 법리는 사업정지에 갈음하여 부과되는 변형과징금에 대해서도 마찬가지로 적용된다고 보았다.

마지막으로, 대법원 2022. 1. 27. 선고 2020두39365 판결에서는 구 국민건강보험법에 따른 요양기관에 대한 업무정지처분을 "의료인 개인의 자격에 대한 제재가 아니라 요양기관의 업무 자체에 대한 것으로서 대물적 처분의 성격"으로 보면서, 요양기관이 폐업한 때에는 그 요양기관은 업무를 할 수 없는 상태일 뿐만 아니라 그 처분대상도 없어졌으므로 요양기관 폐업 후 그 요양기관의 개설자가 새로 개설한 요양기관에 대해서는 업무정지처분을 할 수 없다고 보았다. 또한, 침익적 행정행위의 근거법령에 대한 엄격해석원칙과 요양기관 개설자인 의료인 개인에

수적 성질 또는 복구적 성질의 처분으로 보았어야 할 것이다(이승민, 앞의 글, 277면 참조).

24) 이승민, 앞의 글, 272면에는 이 판결이 '인허가의 법적 성격'을 근거로 제재 사유의 승계를 긍정한 판례로 표시되어있는데, 그 뒤의 서술에 비추어 보면 오기로 보인다.

대해 별도의 제재수단이 존재함을 근거로 "제재의 실효성 확보를 이유로 구 국민건강보험법 제85조 제1항 제1호의 '요양기관'을 확장해석할 필요도 없다."고도 판시하였다.[25]

2) 학설

행정절차법 제10조에 지위의 승계에 관한 규정이 있기는 하지만, 이는 행정절차의 승계에 관한 것이고, 제재처분의 승계에 관한 일반규정은 아니다. 제재처분 승계에 관한 명문 규정이 없는 경우, 특히 제재사유의 승계에 관해 여러 견해가 제시되고 있다.

먼저, 처분 자체의 대물성·대인성이 아닌 법 위반행위가 대인적 사유인지 대물적 사유인지에 따라 승계적성을 판단해야 하고,[26] 대인적 사유인 경우라도 양도인과 양수인이 제재 회피를 공모한 경우에는 책임의 승계를 인정해야 한다는 견해가 있다.[27] 여기서 행정제재의 사유가 설비 등 물적 사정과 관련된 경우에는 양수가 가능하지만, 양도인의 자격상실이나 부정영업 등 인적 사유·책임이 문제되는 경우에는 승계가 불가하다고 하며,[28] 행정절차법 제10조를 처분에 관련된 책임의 승계에 관한 기본적인 근거 규정으로 보기도 한다.[29] 비슷한 취지로, 제재처분의 실효성 확보를 위해 인허가와 제재처분의 성격이 대물적인 경우에는 승계를 인정해야 한다거나,[30] 물적 제재처분이 있게 되면 그에 따라 제

---

25) 이 판례에 관한 상세한 분석으로는 김재선, "공법상 지위승계 규정이 없는 경우, 제재처분 승계의 요건 – 대물성 개념의 상대화와 불확실성 논의를 중심으로", 행정판례연구, 제28-1집, 2023. 6. 참조.

26) 김향기, "행정제재처분의 승계", 토지공법연구, 제33집, 2006. 11., 176-177면; 이세정, 『국민부담경감을 위한 영업승계 관련법제 개선방안』, 한국법제연구원, 2012. 10. 31., 44-45면도 같은 취지인 것으로 보인다.

27) 김유환, 『현대행정법』, 제9판, 박영사, 2024, 76-77면; 하명호, 『행정법』, 제2판, 박영사, 2020, 60-61면.

28) 하명호, 앞의 책, 60-61면.

29) 김유환, 앞의 책, 76면.

한된 상태의 '수허가자로서의 공법상 권리와 의무'가 영업자 지위 승계에 따라 승계인에게 승계되는 것이므로 영업자 지위 승계 규정을 통해 제재처분 효과가 승계될 수 있다는 견해도 있다.[31]

다수의 견해에서는 허가 및 의무의 승계가능성과 행정제재 사유(법위반)의 이전 가능성을 구분하고 있다. 그리하여 허가가 대물적이거나, 의무가 일신전속적이지 않아 승계가 가능하더라도,[32] 법률유보원칙에 따라 명문 규정이 없는 한 구체적 제재처분이 내려지기 전에는 제재처분의 부과 가능성만으로는 승계가 긍정될 수 없고, 제재 효과의 승계규정만으로는 제재 사유가 승계될 수 없다고 한다.[33] 제재 사유는 양도인의 귀책사유이므로 자기책임 원리에 따라 선의의 양수인에게 이전될 수 없다는 것이다.[34] 따라서 영업자 지위의 승계에 제재처분의 승계가 당연히 포함된다고 볼 수 없으므로 명문 규정이 없는 한 제재처분 면탈을 위한 지위 승계 악용 방지 필요성만으로 제재 사유의 승계를 긍정할 수 없고,[35] 현재 제재 사유 승계에 관한 일반법적 근거는 없으므로 개별법

---

30) 김리사, "영업승계 관련 법제 기준에 관한 연구", 의정논총, 제13권 제1호, 2018. 6., 192면.

31) 이현수/김태호/박현정/황선훈/김권일, 『행정기본법의 보완·발전을 위한 신규의제 입안방안 연구 1』, 법제처, 2022. 9. 93~94면.

32) 여기서 승계가 가능한 의무는 대물적 하명에 의해 부과된 의무나 대체가능한 의무 (타인에 의하여 이행될 수 있는 의무)와 같이 원래의 의무자 개인과 독립하여 이행될 수 있는 의무(정하중/김광수, 『행정법개론』, 제18판, 법문사, 2024, 80면), 철거 명령에 따른 철거의무처럼 일신(개성)과 관계없이 이행될 수 있는 경우에는 의무 (김중권, 『행정법』, 제2판, 법문사, 2016, 117면)를 말한다. 건축법상 철거명령은 당해 건물의 위법성을 근거로 한 대물적 처분이고, 시설상 하자를 이유로 한 시설개선명령은 대체적 작위의무이므로 승계가 가능하다고 설명으로는 김동희/최계영, 『행정법 I』, 제26판, 박영사, 2021, 262~263면; 박균성, 『행정법강의』, 제19판, 박영사, 2022, 207면 참조.

33) 김남진/김연태, 『행정법 I』, 제24판, 법문사, 2020, 103~104면; 정하중/김광수, 앞의 책, 80면; 김중권, 앞의 책, 117~119면; 김재선, 앞의 글, 138~140면.

34) 김중권, 앞의 책, 118면.

상 근거에 의해야 하며,36) 민법의 포괄승계 규정을 유추할 수도 없고
다만 행정절차법이나 행정기본법에 일반적 승계규정을 두어 해결하는
것은 가능하다고 한다.37) 이러한 견해를 취하면서도, 양도인과 양수인
이 제재를 회피하기 위해 공모하거나 담합한 경우에는 승계를 인정할
필요가 있다는 주장도 제시되고 있다.38)

이 밖에, 양수인과 행정청 사이의 분쟁을 미연에 방지하기 위해 영
업자 지위 승계 과정에서 양도인의 법 위반사실을 양수인에게 고지하는
절차를 둘 필요가 있다는 주장도 제기된다. 이 견해에서는 영업자 지위
승계에 대한 수리행위는 양도인에 대한 제재 사유와 제재 효과를 양수
인이 승계하는 것을 부관으로 하는 신규 허가로 볼 수 있고, 행정청이
양도인의 법 위반사실에 대한 고지의무를 해태한 경우에는 선의의 양수
인에 대해 승계를 부정해야 한다고 한다.39)

3) 검토

책임주의에서의 '책임'은 결과책임이 아니 구체적 행위에 대한 비
난가능성을 의미하는 것으로 이는 헌법상 대원칙일 뿐만 아니라 민사상
불법행위책임이나 형사책임에서도 보편적인 원칙이고40) 법치국가에서
개인의 자유를 보장하기 위한 가장 기본적인 요건이라 할 수 있다. 이

---

36) 정하중/김광수, 앞의 책, 80면.
37) 김중권, 앞의 책, 117-118면.
38) 정하중, "최근 행정판례에 있어서 몇가지 쟁점에 대한 소고", 행정법학, 제6호, 2014. 3., 19면; 김연태, 앞의 글(제재사유 승계), 28면.
39) 이영무, "영업양도에 따른 허가권의 이전과 제재사유 또는 제재처분 효과의 승계에 관하여", 법조, 제55권 제6호, 2006. 6., 127-128면.
40) 지원림, 『민법강의』, 제8판, 홍문사, 2010, 1647면; 이재상/장영민/강동민, 『형법총론』, 제9판, 박영사, 2017, 311면; 정성근/박광민, 『형법총론』, 전정3판, 성균관대학교 출판부, 2020, 241-242면 등 참조.

러한 점은 행정제재라고 하여 달라질 수 없으며, 따라서 제재처분의 경우에도 그 승계에는 책임주의가 적용되어야 하고 이러한 책임주의는 법률유보원칙에 의해 보장되어야 한다. 이러한 관점에서 공법상 지위 또는 의무의 승계 가능성과 제재 사유의 승계 가능성을 분리해서 바라보고, 후자에 대해 엄격한 법률유보원칙을 관철시키는 것이 타당하다.

다만, 여기서 제재처분의 법적 성격을 분명히 할 필요가 있다. 행정기본법 제2조 제5호는 "제재처분"을 "법령등에 따른 의무를 위반하거나 이행하지 아니하였음을 이유로 당사자에게 의무를 부과하거나 권익을 제한하는 처분"으로 정의하면서 행정강제는 여기서 제외하고 있는데, 이러한 정의에 따르면 처벌 목적의 행정제재와 예방 목적의 경찰작용이 모두 포함될 여지가 없지 않다.

그런데 행정기본법의 제재처분은 행정이 주체가 되므로 '행정'제재를 의미하는 것이고, 여기서 제재는 '과거의 의무불이행에 대해 부과되는 불이익'이며, 심리적 강제를 통해 행정의 실효성을 확보하기 위한 수단이다.[41] 이러한 행정제재도 국민의 입장에서는 '벌(罰)'로 볼 수 있는데, 국민의 자유와 재산을 제한하거나 박탈하는 것이기 때문이다. 그렇기 때문에 행정제재는 넓은 의미의 행정벌에 속하는 것으로 볼 수 있으며,[42] 특히 현대 사회에서 국민의 법적 지위가 행정권을 통해 형성되거나 허용되는 경우가 급증하고 있음을 감안하면 행정제재는 형벌보다도 오히려 그 처벌적 속성이 강할 수 있다. 형법에 따른 벌금형보다 공정거래법에 따른 과징금이 더 심각하게 받아들여지고 있는 것이 현실이며, 각종 영업법제에서 법령상 의무 위반으로 인한 수익적 행정행위의 사후적 제한·박탈, 이른바 '제재철회'는 임직원에 대한 자유형보다도 위하 효과가 더 클 수 있다. 또한, 형벌의 성격이 응보, 일반예방, 특별예

41) 박정훈, "협의의 행정벌과 광의의 행정벌", 『행정법의 체계와 방법론』, 박영사, 2005, 322면.
42) 박정훈, 앞의 글, 324-325면.

방이라고 본다면 행정제재의 경우에도 이러한 성격을 (최소한 어느 정도는) 포함한다고 볼 수 있다.[43) 게다가 형벌에도 자격정지와 자격상실이 있다는 점에서 행정제재와의 구별은 더더욱 상대적인 것이 된다.

　이처럼 행정제재에서는 그 처벌적 성격을 부정하기 어려우며, 프랑스에서 경찰작용과 행정제재를 그 목적, 즉 '예방'과 '처벌'을 기준으로 구분하는 것은 이러한 측면에서 이해할 수 있다.[44) 프랑스에서 경찰작용은 공공질서의 유지를 위한 예방적인 것이고, 이 점에서 과거의 법 위반행위에 대한 (응보의 관점이 포함된) 처벌을 주된 목적으로 하는 행정제재와는 구별된다. 그리고 행정제재의 처벌적 성격은 공무원에 대한 징계, 가산세나 공정거래법이나 방송법, 「개인정보 보호법」 등에 따라 독립규제위원회가 부과하는 본래적 의미의 과징금 등의 경우에 특히 잘 드러난다.[45)

　물론, 경찰허가의 제재철회에서는 예방과 처벌 목적이 혼재되어 나타날 수 있다. 경찰허가의 제재철회는 수허가자가 장래에 법 위반행위를 반복하는 것을 방지한다는 측면에서 경찰작용의 성격, 즉 예방적 성격도 있기 때문이다. 달리 말하면, 경찰허가의 제한이나 박탈은 (독일법상) 공공의 안녕·질서에 대한 장래의 위험 발생을 방지하거나 (프랑스법

---

43) 대법원도 음주운전자에 대한 복수의 운전면허를 취소함에 있어 "운전면허의 취소에서는 일반의 수익적 행정행위의 취소와는 달리 취소로 인하여 입게 될 당사자의 불이익보다는 이를 방지하여야 하는 <u>일반예방적측면</u>이 더욱 강조되어야 한다."라고 판시하고 있다(대법원 2018. 2. 28. 선고 2017두67476 판결. 밑줄은 필자가 표시).

44) 이에 관한 자세한 내용은 이승민,『프랑스의 경찰행정』, 경인문화사, 2014, 70-71면, 77면; 이현수, "프랑스 행정제재법리와 그 시사점", 세계헌법연구, 제25권 제1호, 2019. 4., 83-85면; 송시강, "프랑스법상 행정제재에 관한 연구", 행정법연구, 제69호, 2022. 11., 6-8면 참조.

45) 참고로 대법원은 공정거래법상 부당지원행위로 인한 과징금에 대해 "부당지원행위 억지라는 행정목적을 실현하기 위한 행정상 제재금으로서의 기본적 성격에 부당이득환수적 요소도 부가되어 있는 것"이라고 판시한 바 있다(대법원 2004. 3. 12. 선고 2001두7220 판결).

상) 공공질서에 대해 기 발생한 장애를 제거하여 공공질서를 회복하기 위한 것으로서 경찰작용의 성격도 지니고 있다. 하지만, 법 위반행위의 반복을 방지하기 위하여 왜 반드시 허가의 제한·박탈이라는 수단만을 사용해야 하는지, 나아가 경찰허가 자체와는 특별한 연관이 없는 행위를 사유로 왜 허가를 제한·박탈해야 하는지에 대한 의문은 제재철회의 응보 내지는 처벌적 관점을 완전히 배제한 상태에서는 쉽게 대답하기 어렵다. 예컨대, 도로교통법 제93조 제1항 제12호는 "다른 사람의 자동차등을 훔치거나 빼앗은 경우"를 운전면허 정지·취소의 사유로 삼고 있는데, 운전자가 형법상 절도죄 또는 강도죄를 범하였다고 하여 향후 교통질서나 교통안전에 위험을 초래할 것이라는 합리적 근거는 발견하기 어렵다. 이는 제재철회가 처벌로서 기능한다는 점을 잘 보여주는 예이다.

행정제재의 처벌적 성격에 주목하게 되면 행정제재에 엄격한 책임주의가 적용되어야 한다는 결론에 이르게 된다. 행정제재가 처벌적이라는 것은 결과가 아닌 행위에 대한 것임을 의미하므로 행위책임에 기반한 책임주의 하에서만 부과될 수 있기 때문이다. 어떤 허가나 의무가 대물적 성격이라는 것은 그것이 일신전속적이지 않아 승계가 가능하다는 근거일 뿐이며, 위반행위는 어디까지나 행위자의 행위에 기한 것이므로 이에 대한 제재는 대인적 성격일 수밖에 없다.[46] 따라서 행정제재의 승계에는 법률유보원칙이 엄격하게 관철되어야 하며, 선의 또는 정당한 사유가 있는 양수인에 대한 면책규정을 두지 않는다면 그 자체로 책임주의와 법치주의, 그리고 과잉금지원칙에 반하는 위헌적인 것이 될 수 있다.

이처럼 책임주의를 강조하는 것은 법령상 책임자에 관한 법 실무와 판례의 혼선을 극복하는 데에도 도움이 된다. 이와 관련하여 대법원

---

46) 이승민, 앞의 글, 267면.

은 "행정법규 위반에 대한 제재조치는 행정목적의 달성을 위하여 행정법규 위반이라는 객관적 사실에 착안하여 가하는 제재이므로, 반드시 현실적인 행위자가 아니라도 법령상 책임자로 규정된 자에게 부과되고, 특별한 사정이 없는 한 위반자에게 고의나 과실이 없더라도 부과할 수 있다."라는 판시를 반복하여 왔다.[47] 최근에는 위반자의 '의무위반을 탓할 수 없는 정당한 사유'가 있는 경우 면책이 가능하다고 판시하면서 책임주의를 명시적으로 언급하기도 하였지만,[48] 이러한 정당한 사유는 "폐기물처리업자 본인이나 그 대표자의 주관적인 인식을 기준으로 하는 것이 아니라, 그의 가족, 대리인, 피용인 등과 같이 본인에게 책임을 객관적으로 귀속시킬 수 있는 관계자 모두를 기준으로 판단"해야 한다고 판시함으로써[49] 그 범위를 좁히고 있다. 이상과 같은 판시들은 행정제재의 처벌적 성격과는 맞지 않는 것이다.

  법치주의 국가에서 처벌 목적의 행정제재를 허용하는 것은 행정의 실효성 확보를 위해 형벌의 사법권 독점 원칙에 대한 중대한 예외를 인정하는 것인데, 행정제재의 자력집행력과 집행부정지원칙은 형벌의 무죄추정원칙을 크게 양보하는 것이고, 절차적 보장 측면에서도 행정절차에서 형사절차에서와 같은 대심구조와 증거법칙이 보장되기 어렵다는

---

47) 대법원 2012. 5. 10. 선고 2012두1297 판결(관광진흥법상 영업정지), 대법원 2017. 5. 11. 선고 2014두8773 판결(「대부업 등의 등록 및 금융이용자 보호에 관한 법률」상 영업정지), 대법원 2020. 7. 9. 선고 2020두36472 판결(공중위생관리법상 변형과징금) 등.

48) 정당한 사유를 인정한 판례로는 대법원 2014. 10. 15. 선고 2013두5005 판결(여객자동차 운수사업자에 대한 과징금), 대법원 2017. 4. 26. 선고 2016두46175 판결(선불식 할부거래 회사에 대한 등록취소), 대법원 2020. 5. 14. 선고 2019두63515 판결(폐기물처리업자에 대한 영업정지), 대법원 2020. 7. 9. 선고 2020두36472 판결(공중위생업자에 대한 영업정지), 대법원 2021. 2. 25. 선고 2020두51587 판결(직업정보제공사업자에 대한 사업정지) 등이 있으며, 2016두46175 판결에서는 책임주의와 헌법상 직업선택의 자유를 명시적으로 언급하였다.

49) 대법원 2020. 5. 14. 선고 2019두63515 판결.

점을 고려하면, 행정제재를 승계시키는 것, 특히 제재 사유를 승계시키는 것은 매우 엄격한 요건 하에 예외적으로만 인정되어야 한다.[50] 이에 대한 엄격한 법률유보원칙의 적용으로 인하여 당장 법 집행의 실효성이 저해되는 문제점이 발생하더라도 이는 입법으로 해결해야 할 것이고, 해석이나 이론을 통해 제재의 범위를 함부로 확장할 것은 아니다. 그리고 양도인과 양수인이 승계를 공모한 경우에는 지위 승계에 하자가 있는 것이므로 승계 자체를 직권취소의 대상으로 보아 해결하면 될 것이고 이를 제재처분의 승계 문제로 치환할 필요는 없어 보인다.[51]

반면, 경찰작용의 경우에는 행위책임 외에도 상태책임의 부과가 가능하기 때문에 예외적 상황에서 법률유보원칙이 완화될 수 있고, 상태책임의 승계에 관한 명문 규정에서도 양수인에 대한 보호를 공익과의 비교 형량을 통해 조절할 여지가 발생한다. 그러나 상태책임을 묻는 경우라도 상속과 같은 포괄승계 사유가 존재하지 않는 한 승계에 관한 명문 규정을 두어야 할 것이고, 행위책임이 상태책임에 우선함을 분명히 해야 할 것이다. 토양환경보전법 제10조의4 제1항 및 제2항은 이에 관한 좋은 예이다.

한편, 종래의 논의에서 제재처분의 원인이 대물적 사유에 기한 것이라거나, 물적 제재처분이라거나, 의무가 일신전속적이지 않아 승계가 가능하다고 하는 사례들은 대체로 그 성격이 위험방지적인 것들이 많다. 그러므로 이러한 경우에는 제재처분이 사유까지 승계된다고 보는 것보다는 위험방지적 성격 또는 경찰작용으로서의 성격으로 인하여 승계적성이 긍정된다는 것으로 이해할 필요가 있다.

---

50) 이승민, 앞의 글, 257-259면.
51) 이승민, 앞의 글, 258면.

(2) 회사분할

1) 판례

상기한 것처럼, 대법원은 공정거래위원회의 처분에 대해서는 회사 분할에 따른 승계를 부정하는 입장을 견지하고 있다. 먼저, 공정거래법 상 과징금 부과처분의 승계에 대해서는 대법원 2007. 11. 29. 선고 2006 두18928 판결에서 상법 제530조의10을 고려하여 "신설회사 또는 존속 회사가 승계하는 것은 분할하는 회사의 권리와 의무"이므로 "분할하는 회사의 분할 전 법 위반행위를 이유로 과징금이 부과되기 전까지는 단 순한 사실행위만 존재할 뿐 그 과징금과 관련하여 분할하는 회사에게 승계의 대상이 되는 어떠한 의무가 있다고 할 수 없고, 특별한 규정이 없는 한 신설회사에 대하여 분할하는 회사의 분할 전 법 위반행위를 이 유로 과징금을 부과하는 것은 허용되지 않는다."라고 판시하였다.[52]

한편, 대법원 2023. 4. 27. 선고 2020두47892 판결에서는 하도급법 상 벌점의 누적에 따른 공정거래위원회의 입찰참가자격제한 요청[53]의 승계가 문제되었는데, 이 판결에서 원고는 위 대법원 2006두18928 판결 을 근거로 공정거래위원회의 입찰참가자격제한 요청이 승계될 수 없음 을 주장하였고 원심도 이러한 주장을 수용하였으나, 대법원은 원심과 다른 입장을 취하였다. 즉, 위 사안에서 문제된 벌점은 분할 전 회사가

---

52) 同旨: 대법원 2009. 6. 25. 선고 2008두17035 판결, 대법원 2011. 5. 26. 선고 2008두 18335 판결. 이러한 대법원 판결에 대해서는 과징금 부과처분의 실효성 저해를 우 려하는 견해(이황, "회사분할과 과징금 납부책임의 승계 가능성 – 대법원 2007. 11. 29. 선고 2006두18928 판결을 중심으로", 고려법학, 제53호, 2009. 6., 240면; 백 대용, "회사분할에 있어 과징금 및 시정조치 부과 가능성에 관한 검토", 『경제법판 례연구』, 제7권, 법문사, 2011, 301면)와 행위책임 원칙에 충실한 것으로 타당성을 인정할 수 있다는 견해(강수진/이승민, "회사분할과 과징금의 승계", 『회사분할의 제 문제』, 서울대학교 금융법센터, 2013. 6., 338–339면)가 대립하고 있다.

53) 대법원은 이러한 요청행위의 처분성을 인정하고 있다(대법원 2023. 2. 2. 선고 2020 두48260 판결, 대법원 2023. 4. 27. 선고 2020두47892 판결).

과거에 하도급법 위반행위를 하였을 때 이미 부과된 상태였고, 이러한 벌점은 향후 누적되어 입찰참가자격 제한이나 영업정지로 이어질 수 있는 공법상 의무 내지 책임으로 볼 수 있는 것이므로 단순히 잠재적인 제재 사유, 즉 법 위반행위가 단순한 사실행위로만 존재하는 경우와는 다르다고 보았다.

대상판결은 이러한 상황에서 내려진 것인데, 시정명령이 내려지기 전, 즉 제재 사유만이 존재하고 제재 효과는 발생하지 않은 상태에서 회사분할이 이루어진 것이 문제가 되었다. 이에 대해 대법원은 상기한 2006두18928 판결을 원용하여 공정거래법상 과징금 부과처분과 마찬가지로 하도급법상 시정조치의 경우에도 제재 사유의 승계는 명문 규정이 없는 한 불가능하다고 판시한 것이다.

2) 검토

제재 사유의 승계에 있어 회사분할이 문제되는 것은 회사분할 이후 복수의 회사가 병존하게 되기 때문이다. 회사분할은 포괄승계 사유이지만 합병의 경우와는 달리 분할 후 회사의 책임을 묻기 어려운 상황이 있을 수 있고, 그렇기 때문에 위와 같은 대법원의 입장은 원칙적으로 타당하다고 할 수 있다.

그런데 대법원이 회사분할과 같은 포괄승계의 경우에도 제재 사유의 승계를 부정하면서 정작 특정승계에 해당하는 영업자 지위 승계의 경우에는 명문 규정 없이 영업자 지위 승계 규정만을 가지고 제재 사유의 승계를 쉽게 인정하는 것은 이해하기 어렵다. 대법원이 상기한 2018두55968 판결에서 유가보조금 반환명령을 대인적 처분으로 보고 양수인의 책임 범위를 제한한 것을 보면 본래적 의미의 과징금과 같은 금전제재는 대인적 성격이 강한 것으로 보고 그 사유의 승계를 엄격히 본 것 아닌지 추측되기는 하지만 그 이유를 정확히 알기 어렵다. 그러나 금전제재든 제재철회든 애초에 제재 사유를 함부로 긍정해서는 안 되는 것이고, 따라서 대법원이 앞으로라도 영업자 지위 승계시 제재 사유 승계에 대해 신중을 기할 필요가 있다.

한편, 대법원은 과징금이나 입찰참가자격제한 요청, 시정조치의 승계 가능성에 대해 논하면서 그 법적 성격을 자세히 살피지는 않았다. 대상판결의 경우에도 원심에서는 시정조치의 법적 성격이 경찰작용에 해당하지만 그 사유의 승계를 함부로 긍정할 수 없다는 판시가 있지만, 대법원은 이에 관한 면밀한 고찰 없이 과징금 부과처분의 승계에 관한 대법원 2006두18928 판결을 그대로 적용하였을 뿐이다. 그러나 공정거래위원회가 부과하는 과징금은 특히 처벌적 성격이 강한 반면, 시정조치는 경찰작용으로서 위험방지 또는 예방적 성격이 강하기 때문에 이를 동일선상에서 취급하는 것은 바람직하지 않다. 아래 IV.항에서는 시정조치의 의의와 하도급법상 시정조치의 법적 성격에 대해 살펴본 후, 회사분할시 하도급법상 시정조치가 승계될 수 있는지에 대해 검토해 보기로 한다.

IV. 대상판결의 검토

1. 시정조치의 의의 및 하도급법상 시정조치의 법적 성격

(1) 시정조치의 의의

시정명령은 "행정법규 위반에 의해 초래된 위법상태를 제거하는 것을 명하는 행정행위"로 정의되는데,[54] "수범자가 행정법적 의무를 위반하였으므로 그 위반상태를 행정법적 의무에 부합하게 만들어 놓으라는 행정청의 고권적 명령"으로서 흔히 원상회복명령의 의미로 사용된다

---

54) 박균성, 앞의 책, 446면.

고 설명되기도 한다.[55] 시정조치를 "법위반 상태를 법에 합치하는 상태로 회복시키기 위한 수단"으로 정의하는 견해도 원상회복에 중점을 두고 있다.[56] 그러나 공정거래위원회가 흔히 사용하는 반복금지(재발방지)명령은 원상회복과는 다소 거리가 있기 때문에 시정조치 또는 시정명령을 원상회복명령과 동일시할 수는 없을 것이다.

유의할 것은 시정조치에 관해서는 그 용어의 사용에서부터 혼란이 있다는 점이다. 다양한 법령에서 시정조치, 시정명령, 시정조치명령 등이 혼용되고 있는데, 이들이 같은 의미로 사용될 때도 있고 그렇지 않은 경우도 있다. 예컨대, 공정거래법을 비롯한 공정거래위원회 소관 법령에서는 종래부터 '시정조치' 규정을 두어 왔고, 방송법, 건축법 등에서는 '시정명령' 규정을 두고 있다.

시정조치와 시정명령이 다른 의미로 사용될 경우, 그 의미의 광협(廣狹) 또는 양자 사이의 포함관계 등도 일관적이지 않다.[57] 예컨대, 공정거래위원회 소관 법령에서는 시정조치가 법 위반행위 중지명령, 반복금지명령, 공표명령 등 구체적 시정명령을 포함하는 의미로 사용되고 있는 반면,[58] 전기통신사업법 시행령 제45조는 시정조치명령이라는 표현을 사용하고 있고 같은 법 제92조는 시정명령에 대해 규정하고 있어 하나의 법 안에서도 용어가 통일되어 있지 않지만, 구체적으로 내용을 살펴보면 시정명령이 시정조치보다 좀 더 추상적이고 포괄적인 형태로 사용되고 있다. 즉, 전기통신사업법 상으로는 시정조치는 어느 정도 구체화된 조치를 의미하고, 시정조치명령 또는 시정명령은 이러한 조치를

---

55) 이상덕, "제재적 행정처분에 관한 사법심사 ― 최근 대법원 판례 동향을 중심으로", 행정법연구, 제72호, 2023. 8., 250면.

56) 김치환, "공정거래법에서 규정하고 있는 시정조치의 법적 의미", 경쟁저널, 제106호, 2004. 6., 4-5면.

57) 이에 관한 자세한 내용은 이승민, 온주 전자상거래 등에서의 소비자보호에 관한 법률 제32조에 대한 주석, 로앤비, 2022. 4. 참조.

58) 공정거래법 제7조, 제14조, 제37조, 제42조, 제49조, 제52조 참조.

명하는 것을 의미한다.

이 글에서는 대상판결이 하도급법에 관한 것이기 때문에 '시정조치'라는 용어를 사용하고 여기에 시정(조치)명령이 포괄되는 것으로 보고 논의를 진행하고자 한다.

(2) 하도급법상 시정조치의 법적 성격

1) 시정조치의 법적 성격

시정명령의 법적 성격에 관해서는 이를 제재처분의 성격과 1차적 행정행위(경찰하명)로서의 성격을 겸유한다고 보는 견해,[59] 이는 제재나 처벌과는 구별되지만 제재의 개념범주에 포함될 여지가 있다고 설명하는 견해[60]가 있지만, 시정조치는 그 유형이 한정적이지 않기 때문에 개별법에서 다양한 행태의 시정조치를 규정하고 있는 경우가 많고, 이 경우 각각의 시정조치별로 법적 성격을 파악할 수밖에 없다.

시정조치는 기존에 발생한 공공질서에 대한 장애의 제거나 위험 발생 방지를 위한 예방적인 것으로서 경찰작용의 성격을 지는 경우가 많다. 이에 따라 공공질서의 유지를 위하여 장래를 향한 조치가 허용되고, 그에 따라 시정조치의 승계 가능성도 확장될 여지가 있다. 예컨대, 불법건축물과 같은 공공질서에 대한 물적 장애 요소의 경우에는 상태책임의 부과가 가능하며, 대법원이 건축법 제79조 제1항의 시정명령은 "대지나 건축물이 건축 관련 법령 또는 건축 허가 조건을 위반한 상태를 해소하기 위한 조치를 명하는 처분으로, 건축 관련 법령 등을 위반한 객관적 사실이 있으면 할 수 있고, 원칙적으로 시정명령의 상대방에게 고의·과실을 요하지 아니하며 대지 또는 건축물의 위법상태를 직접 초래하거나 또는 그에 관여한 바 없다고 하더라도 부과할 수 있다."라

---

59) 이상덕, 앞의 글, 250−251면.
60) 김치환, 앞의 글, 4−5면.

고 판시하고, 나아가 아파트 공사가 완료되고 분양까지 이루어진 이후
에는 아파트 공사시공자인 건설업체는 위와 같은 시정명령을 이행할 수
있는 법률상·사실상 지위에 있지 않으므로 시정명령의 상대방이 될 수
없다고 본 것[61])은 이러한 관점에서 이해될 수 있다.

　이러한 시정조치는 넓게 보면 과거의 법 위반행위에 따라 발생하
는 불이익이라고 할 수도 있지만, 처벌적 성격과는 거리가 있기 때문에
행정제재와는 개념상 구별할 필요가 있다. 참고로, 위에서 언급한 불법
건축물의 경우, 그 원인이 되는 법 위반행위가 형식적 불법(위법)에 해
당하는지 아니면 실질적 불법(위법)에 해당하는지 구별할 필요가 있는
데, 전자의 경우에는 사전 건축행위로서 형사처벌의 대상이 될 수는 있
지만, 철거명령이 정당화되기는 어렵다. 여기서 형식적 불법은 인허가
절차를 준수하지 않고 행위를 하는 것을 의미하고, 실질적 불법은 인허
가 요건 자체가 충족되지 않고 이루어진 행위를 의미하는데,[62]) 형식적
불법과 실질적 불법의 구별은 독일 건설법에서 주로 불법건축물과 관련
하여 학설과 판례를 통해 일반적으로 받아들여지고 있다.[63]) 형식적 불
법은 인허가 절차의 잠탈을 방지하기 위한 것이므로 그 행위자에 대해
행정형벌이나 공사중지명령을 부과할 수 있지만, 이는 행위자로 하여금
건축행위 등에 대하여 행정청의 허가를 받도록 강제하는 것(즉, 절차를
준수하도록 하는 것)에 그 취지가 있으므로 일단 건축행위 등이 완료된
이후에는 행정형벌만을 부과할 수 있을 뿐 해당 건축허가 등을 통해 이
루어진 건축행위의 효력을 부정하거나 원상회복 등을 명할 수 없다.[64])
반면, 실질적 불법의 경우에는 해당 건축행위 등이 완성된 후에도 원상
회복, 철거 등을 통해 위법상태를 제거할 수 있다.[65]) 이러한 논의는 철

---

61) 대법원 2022. 10. 14. 선고 2021두45008 판결.
62) 김종보,『건설법의 이해』, 제7판, 북포레, 2023, 174면; 김중권, 앞의 책, 229-230면.
63) 김종보, 앞의 책, 174면; 김중권, 앞의 책, 230면.
64) 김종보, 앞의 책, 174-175면; 김중권, 앞의 책, 230면.

거명령의 법적 성격과 연결되어 있는데, 철거명령이 형식적 불법에 대한 행정의 실효성 확보 수단으로 적절하지 않은 것은 이것이 처벌적 성격의 제재가 아니기 때문이다.

시정조치의 이와 같은 위험방지작용으로서의 성격은 폐기물관리법에 따라 부과되는 폐기물 처리명령(조치명령)에 관한 다음의 판시에서도 드러난다. 대법원은 이러한 조치명령을 2회에 걸쳐 불응하여 폐기물관리법 위반죄로 형사처벌까지 받은 경우라 하더라도, 이후 행정청이 3차 조치명령을 함에 있어 행정절차법 제21조 제5항, 같은 법 시행령 제13조 제2호("법원의 재판 또는 준사법적 절차를 거치는 행정기관의 결정 등에 따라 처분의 전제가 되는 사실이 객관적으로 증명되어 처분에 따른 의견청취가 불필요하다고 인정되는 경우")를 들어 사전통지 및 의견제출 절차를 생략할 수 없다고 보았는데,66) 이는 3차 조치명령 단계에서 폐기물이 이미 처리된 경우에는 이를 명할 이유가 없기 때문이다. 즉, 조치명령이 과거의 법 위반행위에 대한 처벌적인 것이 아니기 때문에 그 단계에서 가벌성이 확정되지 않고, 이후 처분을 내리는 단계에서 구체적인 위험방지조치를 명할 필요성 내지 실익이 있는지를 개별적으로 확인해야 한다. 그러므로 조치명령과 같은 시정조치의 법적 성격을 경찰작용으로 이해하면 위와 같은 판시는 지극히 당연한 것이다.

그런데 법령에 따라서는 시정조치가 제재철회의 전단계 조치로 활용되는 경우도 있다.67) 그러나 이로 인하여 시정조치의 경찰작용으로서의 성격이 달라지는 것은 아니다. 이러한 상황은 해당 법률에서 시정조치를 '법 위반사실 및 법 위반 정도'에 대한 징표나 자료로 활용함에 따라 발생한 것일 뿐이고, 처벌적 성격을 갖는 것은 이후의 제재철회이기

---

65) 김종보, 앞의 책, 176-177면; 김중권, 앞의 책, 230면.

66) 대법원 2020. 7. 23. 선고 2017두66602 판결.

67) 예컨대, 식품위생법 시행규칙 [별표 23] "행정처분 기준" II. 개별기준에는 1차 위반의 경우 시정명령을 부과하는 경우가 다수 존재한다.

때문이다. 이러한 점은 하도급법상 벌점 부과의 경우에도 동일하다. 하도급법상 시정조치는 같은 법 제26조 제2항에 따른 벌점 부과의 요건이기도 하며, 구체적으로는 같은 법 시행령 제17조 제1항 및 관련 [별표 3] 2. 가.항에 따라 시정조치가 부과되면 1점 또는 2점의 벌점이 자동적으로 부여된다. 이러한 벌점이 누적되면 「국가를 당사자로 하는 계약에 관한 법률」 제27조 제1항 제5호 후문 및 「지방자치단체를 당사자로 하는 계약에 관한 법률」 제31조 제1항 제5호 후문에 따른 입찰참가자격제한과 건설산업기본법 제82조 제1항 제7호에 따른 영업정지로 이어질 수 있다. 그러나 이러한 벌점이 부과된다고 하여 시정조치의 법적 성격이 처벌적인 것으로 변한다고 보기는 어렵고, 시정조치가 법 위반사실 및 법 위반 정도에 대한 징표 내지 자료로 활용되는 것일 뿐이다.

한편, 대법원은 법령상 책임자와 관련하여 "행정법규 위반에 대한 제재조치는 (중략) 특별한 사정이 없는 한 위반자에게 고의나 과실이 없더라도 부과할 수 있다."는 판시를 「전자상거래 등에서의 소비자보호에 관한 법률」[68] 제32조에 따른 시정조치에 대해서도 적용하고 있다.[69] 이 사건에서 문제된 것은 오픈마켓 사업자가 자신이 거래를 중개하는 제품에 대한 배너 광고를 포털사이트에 설치한 것이었고, 이에 대해 공정거래위원회는 반복금지명령과 공표명령을 부과하였다.[70] 이러한 상황에서 오픈마켓 사업자가 자신이 해당 배너 광고가 허위·과장된 것임을 인지하지 못하였다고 주장한 것인데, 오픈마켓의 사업 구조상 오픈마켓 사업자는 자신의 오픈마켓 플랫폼에서 판매되는 개별적인 상품에 대해 일일이 책임을 지는 것이 아니라 판매자와 소비자 사이를 중개하는 것일 뿐이지만, 그러한 상품들에 대한 판매 수수료를 수취하는 것

---

68) 이하 '전자상거래법'.
69) 대법원 2012. 6. 28. 선고 2010두24371 판결.
70) 공정거래위원회 2009. 4. 13.자 의결 제2009−096호("(주)옥션의 전자상거래소비자보호법 위반행위에 대한 건").

외에도 각 상품에 대한 온라인 광고 공간(자신의 웹사이트 또는 외부
웹사이트)을 제공·판매하여 수익을 창출하고 있기 때문에 자신이 운영
하는 플랫폼과 자신이 판매하는 광고 공간을 지배하고 있는 것으로 볼
수 있다. 그렇기 때문에 오픈마켓과 같은 플랫폼 사업자는 자신의 지배
하에 있는 공간에서 발생된 불법 광고에 대해 상태책임을 부담한다고
할 수 있고, 이러한 측면에서 특히 반복금지명령과 같은 시정조치를 부
과하기 위해 반드시 고의나 과실이 인정될 필요는 없을 수 있다. 그러
므로 위와 같은 대법원 판결은 결론에 있어서는 타당하다고 볼 수 있지
만, 이를 위해 법령상 책임자의 제재와 관련한 잘못된 판시를 원용하고
있다는 점에서 문제가 있다. 대법원이 이를 경찰책임의 관점에서 접근
하였다면 혼선을 피하는 데 도움이 되었을 것이다.

2) 하도급법의 경우

하도급법의 경우, 제25조 제1항에서 발주자와 원사업자에 대하여
"하도급대금 등의 지급, 공시의무의 이행 또는 공시내용의 정정, 법 위
반행위의 중지, 특약의 삭제나 수정, 향후 재발방지, 그 밖에 시정에 필
요한 조치"를 부과할 수 있도록 규정하여, 대금지급명령, 공시의무 이
행명령 및 공시내용 정정명령, 법 위반행위 중지명령, 특약 삭제·수정
명령, 반복금지(재발방지)명령 등을 포괄하고 있다. 여기서 공시의무 이
행명령 및 공시내용 정정명령, 법 위반행위 중지명령, 특약 삭제·수정
명령, 반복금지명령과 같은 경우에는 시장 경쟁질서에 대한 장애를 제
거하고 장래의 위험을 방지하기 위한 작용으로서 경찰작용의 성격이
강하다.[71)

[71) 경쟁법 자체가 시장의 경쟁질서에 대한 위험을 방지하기 위한 경찰법적 성격을 지
니므로(이원우, 『경제규제법론』, 홍문사, 2010, 46−47면), 공정거래법의 특별법인
하도급법이 이러한 성격을 지는 것이 이상한 일은 아니다. 꽁세유·데따도 프랑스
경쟁청(Autorité de la concurrence)이 기업결합에 대해 부과한 시정조치는 경찰권
의 행사로 보았다(CE, ass.. 2012. 12. 21., n° 362347, Rec.).

이러한 경찰작용의 성질을 지니는 시정조치는 공공의 안녕과 질서에 대한 위험 또는 공공질서에 대한 장애가 지속되는 한 부과될 수 있으며, 반복금지명령처럼 장래를 향한 조치도 가능하다. 대법원도 공정거래법상 시정조치와 관련하여 "시정명령 제도를 둔 취지에 비추어 시정명령의 내용은 과거의 위반행위에 대한 중지는 물론 가까운 장래에 반복될 우려가 있는 동일한 유형의 행위의 반복금지까지 명할 수는 있는 것으로 해석함이 상당하다."라고 판시한 바 있고,[72] 「대리점거래의 공정화에 관한 법률」 제23조에 따른 시정조치는 "현재의 법 위반행위를 중단시키고, 향후 유사행위의 재발을 방지·억지하며, 왜곡된 경쟁질서를 회복시키고, 공정하고 자유로운 경쟁을 촉진시키는 데에 취지가 있는 것으로, 그중 통지명령은 통지명령의 상대방에 대한 피해구제가 목적이 아니고, 통지명령의 상대방으로 하여금 해당 사업자의 위반행위를 명확히 인식하도록 함과 동시에 해당 사업자로 하여금 통지명령의 상대방이 지속적으로 위반행위 여부를 감시하리라는 것을 의식하게 하여 향후 유사행위의 재발 방지·억지를 보다 효율적으로 하기 위한 것"이므로 "통지명령의 상대방은 반드시 당해 위반행위에 의하여 직접 영향을 받았던 자로 한정되어야 하는 것은 아니고, 그 취지와 필요성 등을 고려하여 향후 영향을 받을 가능성이 큰 자도 이에 포함될 수 있다."라고 판시하였다.[73] 그러므로 이와 같은 시정조치를 행정기본법 제2조 제5호의 제재처분으로 보기는 어려우며, 그 본질상 제척기간 규정에 적합하지도 않다.[74]

반면, 대금지급명령은 공정거래 관련 법률 중 하도급법에 특유한 시정조치로 사물의 원상태를 복구하고 회복시키는 것을 목적으로 하는 '복구적 행정작용'으로 볼 수 있는데, 다만 이러한 복구적 행정작용의

---

72) 대법원 2003. 2. 20. 선고 2001두5347 전원합의체 판결.
73) 대법원 2022. 5. 12. 선고 2022두31433 판결.
74) 이승민, 앞의 글, 261-262면.

개념과 범주가 명확한 것은 아니다. 예컨대, 불법건축물에 대한 철거명령은 복구적 행정작용으로 볼 수 있지만 공공안전에 대해 발생한 장해를 제거하는 것으로서 경찰작용의 성격이 강하고, 공정거래법상 과징금은 부당이득 환수 측면에서 복구적 행정작용의 성격이 있지만 처벌적 제재의 성격이 강하다. 대금지급명령의 경우에는 복구적 성격이 강하고 처벌적 성격은 잘 드러나지 않으며, 하도급 관계에 관한 경쟁질서에 발생한 장애를 제거한다는 측면에서 경찰작용의 성격이 전혀 없지는 않지만 행정상 의무가 아닌 사인 간 채무에 대해 그 이행을 강제한다는 특수성이 있기 때문에 일반적인 경찰작용과 동일하게 보기도 어렵다. 또한, 대금지급명령은 그 자체로 사인 간 채무가 이행된 결과를 달성하려는 것이지 의무이행을 심리적으로 강제하려는 것은 아니므로 이행강제금과는 명백히 구별된다.

대법원은 이러한 대금지급명령을 "공정거래위원회가 간편하게 손해배상 등의 지급을 명하는 것"이라고 설명하고 있을 뿐인데,[75] 이것이 행정처분임은 분명하지만 그 전제로서 하도급대금의 부당성과 그에 따른 사업자 간 채권·채무의 존재가 인정되어야 하기 때문에 실체법적으로나 소송법적으로 다툼의 여지가 많아[76] 실무적으로 많이 활용되지는 못하고 있고, 법원도 그 요건을 판단함에 있어 신중을 기하고 있다.[77] 이처럼 대금지급명령은 그 독특한 구조로 인하여 법적 성격을 쉽게 판

---

75) 대법원 2018. 3. 13. 선고 2016두59423 판결.

76) 예컨대, 공정거래위원회의 지급명령 이후 원사업자의 하도급대금 지급채무가 원사업자의 다른 채권과 상계된 경우 지급명령의 효력이 어떻게 되는지, 지급명령과 별도로 하도급대금의 지급을 구하는 민사소송이 제기된 경우에 양 소송은 어떻게 진행되어야 하는지, 지급명령을 이행한 상태에서 이에 대한 취소소송을 제기한 경우에 향후 수급사업자의 무자력으로 인해 지급명령 취소소송에서 승소하더라도 기지급한 대금을 반환받지 못하게 될 가능성이 있는데 이러한 사정을 고려하여 지급명령을 일반적은 금전납부하명과 달리 회복할 수 없는 손해로 보아줄 것인지 등의 쟁점이 있다.

77) 대법원 2018. 3. 13. 선고 2016두59423 판결, 같은 날 선고 2016두59430 판결 등 참조.

단하기는 어렵지만, 분명한 것은 이는 처벌적 성격의 행정제재나 위험
방지적 성격의 일반적인 경찰작용과는 거리가 있고, 무엇보다 행위자의
행위를 전제로 하여서만 성립할 수 있다는 점이다.

한편, 공정거래위원회가 자주 활용하는 시정조치 중 하나로 공표명
령이 있는데, 이는 하도급법 제25조 제1항의 "그 밖에 시정한 필요한
조치"를 근거로 부과된다. 그런데 법 위반사실의 공표는 행정법상 의무
위반 또는 불이행에 대해 그 사실을 일반에 공개함으로써 심리적 강제
를 통해 의무이행을 확보하려는 제도로서[78] 행정제재나 행정벌과 같이
행정의 실효성 확보를 위한 간접적 강제수단으로 분류된다.[79] 따라서
하명의 형식을 취하는 공표명령은 비록 행정기본법 제30조 제1항에 열
거된 행정강제의 유형은 아니라 하더라도 행정강제에 보다 가까운 것이
어서 일반적인 행정제재와는 구별된다.[80] 이러한 측면에서 보더라도 시
정조치를 행정기본법 제2조 제5호의 제재처분에 속하는 것으로 보기에
는 난점이 많다.

2. 회사분할과 하도급법상 시정조치의 승계 가능성

시정조치가 경찰작용의 성격을 지닌다 하더라도 대부분의 시정조
치는 행위책임을 묻는 것이다. 상태책임은 어디까지나 행위책임에 비하
여 보충적인 것이고, 또한 특단의 사정이 없는 한 상태책임에 대해서도
명문의 부과 근거가 필요하다. 그러므로 경찰법상의 상태책임이 시정조

---

78) 김동희/최계영, 앞의 책, 487면.
79) 박정훈, 앞의 글, 321-323면.
80) 행정절차법은 처분 절차에 관한 제2장이 아닌 제3장에서 법 위반사실의 공표(제40
    조의3)를 별도로 다루고 있다. 다만, 행정절차법 제3조 제2항 제9호, 같은 법 시행
    령 제2조 제6호에 따라 공정거래위원회의 의결을 거쳐 행하는 사항에 대해서는 행
    정절차법의 적용이 원칙적으로 배제된다.

치 부과, 나아가 시정조치 사유의 승계를 일반적으로 긍정하는 논거가 되어서는 곤란하며, 시정조치 사유의 승계는 책임주의와 법률유보원칙에 따라 명문 규정이 있는 경우에만 허용하는 것이 원칙이어야 한다. 게다가 하도급법상 시정조치의 경우에는 물적 대상에 대한 것이 아니라 원사업자의 불공정거래행위에 관한 시정을 구하는 것이 대부분이기 때문에 상태책임을 부과할 근거를 더더욱 찾기 어렵다.

시정조치가 경찰법상 행위책임을 묻는 내용인 경우, 여기에 회사분할과 같은 포괄승계 사유가 개재되는 것은 행위책임의 승계 문제가 되며, 제재 사유의 승계는 추상적 행위책임의 승계가 된다. 추상적 행위책임의 포괄승계 가능성에 대해서는 논란이 있지만, 일반적으로 승계인이 피승계인의 행위책임에 대한 선의 유무는 승계가능성에 영향을 미치지 않는다.[81] 다만, 포괄승계인에 대해 추상적 행위책임의 승계 가능성이 인정되더라도 실제 승계를 위해서는 승계요건이 별도로 충족되어야 하는데, 민법 제1005조에 따른 상속이나 상법 제235조에 따른 합병이 이러한 승계요건에 해당할 수 있으며,[82] 토양환경보전법 제10조의4 제1항 제3호는 이러한 승계요건을 명문으로 규정하고 있다. 그러나 회사분할은 포괄승계 사유이기는 하지만 신설회사가 분할되는 회사의 모든 권리의무를 승계하는 것이 아니라 분할계획서에 정해진 바에 따라 일부만을 승계하기 때문에(상법 제530조의9 제2항 및 제530조의10) 합병과 동일하게 취급하기는 어렵다. 특히, 물적 분할, 나아가 분할합병의 경우에는 행위책임의 최종적인 귀속에 관해 논란이 발생할 수 있기 때문에 명문 규정을 두어 혼선을 방지하는 것이 바람직하다.

대상판결에서 문제된 것은 명문 규정이 없는 상태에서 하도급법상

---

81) 김연태, "경찰책임의 승계", 고려법학, 제51호, 2008. 10., 246-248면 참조.
82) 김연태, 위의 글, 248면. 대법원은 산림을 무단으로 형질변경한 자가 사망한 경우 상속인이 복구의무를 승계한다고 판시한 바 있다(대법원 2005. 8. 19. 선고 2003두 9817, 9824 판결).

반복금지명령 및 대금지급명령의 사유가 승계될 수 있는지 여부이다.
먼저, 반복금지명령은 경찰작용의 성격이 강하다고 볼 수 있는데, 장래
에 동일한 행위를 반복하지 말라는 것이 처벌적 성격의 것이라고 보기
는 어렵기 때문이다. 그러므로 반복금지명령은 추상적 행위책임의 상태
에서도 포괄승계가 가능할 수 있지만, 그렇다 하더라도 반복금지명령은
특정한 법 위반행위의 반복을 금지하는 것으로서 그 실제 행위자가 명
령의 수범자가 되는 것이 본래적인 모습이기 때문에, 회사분할 전에 발
생한 법 위반행위를 이유로 회사분할 이후 신설된 회사에 대해 반복금
지명령을 부과하기 위해서는 이론에 의존하기보다는 그러한 사유의 승
계에 대해 명문 규정을 둘 필요가 있다.

　　다음으로, 대금지급명령의 경우에는 이행기가 도래한 채권의 존재
를 전제로 금전납부를 명하는 것으로서 일반적인 행정제재나 경찰작용
과는 그 성격이 다르다. 그러므로 회사분할의 경우에 있어 대금지급명
령의 승계 문제에 대해서는 책임주의 원칙을 바탕으로 하여 일반적인
제재처분이나 경찰책임의 승계와는 다른 측면에서 논의할 필요가 있다.
즉, 하도급거래에 따른 대금지급채무의 귀속 주체에 대해 대금지급명령
을 내려야 할 것이고, 이러한 대금지급명령의 사유는 함부로 승계될 수
없다. 그러므로 회사분할 이전에 발생한 사유를 바탕으로 회사분할 이
후에 대금지급명령을 부과하는 것이 당연히 긍정될 수는 없고, 회사분
할 이후에 대금지급채무를 부담하게 된 회사가 특정되고 대금지급명령
의 부과요건이 충족되는 경우에 그 회사에 대해 새로운 처분 절차를 거
쳐 대금지급명령을 부과해야 할 것이다. 이러한 대금지급명령은 대금지
급채무의 귀속을 전제로 하기 때문에 처분의 상대방을 정함에 있어 분
할계획서의 내용이 매우 중요한 의미를 갖게 된다. 앞서 살펴본 것처럼
분할계획서의 내용이 공법상 권리의무의 귀속을 절대적으로 결정한다
고 보기는 어렵지만, 대금지급명령은 그 본질이 '사인 간 채무의 존재'
를 전제로 하는 것이기 때문에 그러한 특수성을 인정하여 다르게 취급

할 수밖에 없다.

　대상판결이 "공정거래법에 따른 과징금 부과처분과 하도급법 제25조 제1항에 따른 시정조치명령 모두 해당 법 규정을 위반한 사업자를 처분 상대방으로 하는 점, 회사분할 전에 공정거래법 위반이나 하도급법 위반이 있는 경우 시정조치의 제재사유는 이미 발생하였고 신설회사로 서는 제재사유를 제거할 수 있는 지위에 있지 않는 점"을 들어 시정조치의 승계를 부정한 것은 대금지급명령과 관련하여서는 충분히 수긍할 수 있다. 다만, 반복금지명령의 경우에는 추상적 행위책임의 포괄승계에 있어 승계인의 선의 유무를 묻지 않기 때문에, 이론적으로는 위와 같은 사정이 그 승계를 곧바로 부정하는 근거가 되기는 어려울 수 있다.

　대상판결은 나아가 "현행 하도급법은 과징금 부과처분에 관하여는 신설회사에 제재사유를 승계시키는 공정거래법 규정을 준용하고 있으나 시정조치에 관하여는 이러한 규정을 두고 있지 않다. 이와 같이 공정거래법과 하도급법이 회사분할 전 법 위반행위에 관하여 신설회사에 과징금 부과 또는 시정조치의 제재사유를 승계시킬 수 있는 경우를 따로 규정하고 있는 이상, 그와 같은 규정을 두고 있지 아니하는 사안, 즉 회사분할 전 법 위반행위에 관하여 신설회사에 시정조치의 제재사유가 승계되는지가 쟁점이 되는 사안에서는 이를 소극적으로 보는 것이 자연스럽다."라고 판시하였는데, 대금지급명령에 관해서는 이와 같이 법률유보원칙에 충실한 판시가 타당하다 할 것이다. 반복금지명령의 경우에는 이론적으로 승계에 관한 명문 규정이 없더라도 회사분할을 근거로 그 사유의 승계가 가능할 여지가 있지만, 이러한 경우에도 법률유보원칙을 보다 엄격히 관철하는 것을 부정적으로 볼 이유는 없을 것이다.

　다만, 대상판결에서 "공정거래위원회는 사업자에게 하도급법 위반 제재사유가 있는 경우 시정조치 또는 과징금을 선택적으로 부과할 수 있고, 과징금 부과처분의 성격이 공정거래법상의 그것과 다르지 않은 바, 제재사유 승계에 관한 특별한 규정이 없음에도 법 위반사유에 대한

처분의 선택에 따라 제재사유의 승계 여부가 달라지는 결과를 초래하는
것은 형평에 맞지 않은 점"이라고 판시한 것은 과징금과 시정조치의 법
적 성격의 차이를 간과한 것으로서 아쉬움이 남는다.

　　한편, 원심인 서울고등법원은 반복금지명령과 대금지급명령이 하
도급법상 '시정조치'라는 하나의 조항에 규정되어 있음을 근거로 이를
분리하여 취급하는 것을 부정하였는데, 시정조치의 승계를 인정할 것인
지 여부는 별론으로 하고, 여러 유형의 시정조치가 하나의 조항에 규정
되어 있다는 이유만으로 복수의 구별되는 처분을 달리 취급할 수 없다
는 것은 수긍할 수 없다. 시정조치의 특성상 그 내용을 일일이 열거하
기 힘들기 때문에 기술적으로 하나의 조항에 포함시켜 둔 것일 뿐이며,
소송상으로도 반복금지명령과 대금지급명령은 별개의 처분으로 분리되
어 취급될 수 있기 때문이다.83) 대법원도 "하도급법 제25조 제1항은 제
3조 제1항부터 제4항까지 및 제9항, 제4조부터 제12조까지, 제12조의2,
제12조의3, 제13조, 제13조의2, 제14조부터 제16조까지, 제16조의2 제2
항 및 제17조부터 제20조까지의 규정을 위반한 발주자와 원사업자에
대한 시정조치로서 하도급대금 등의 지급, 법 위반행위의 중지, 그 밖에
위반행위의 시정에 필요한 조치를 권고하거나 명할 수 있다고 규정하
여, 시정조치의 대상이 되는 여러 위반행위와 이에 대한 다양한 내용의
시정조치를 하나의 규정에 포괄하여 정하고 있다."라고 판시한 바 있
다.84)

　　마지막으로 살펴볼 것은 회사분할을 통한 시정조치의 회피 가능성
이다. 앞서 살펴본 것처럼, 대상판결은 대법원 2007. 11. 29. 선고 2006
두18928 판결을 그대로 원용하였는데, 이 판결에서는 분할계획서가 정
하는 바에 따라 승계가 이루어질 여지가 있는 것처럼 보였지만, 앞서

83) 예컨대 대금지급명령은 제외하고 반복금지명령만을 특정하여 항고소송을 제기하거
　　나 그 반대로 할 수 있다.
84) 대법원 2016. 2. 18. 선고 2012두15555 판결.

설명한 대법원 2015. 2. 12. 선고 2012두14729 판결을 보면 분할계획서
가 공법상 의무의 귀속에 대한 기준이 될 수는 없다. 분할계획서는 사
인 간 합의의 결과이기 때문에 이것이 공법상 의무의 귀속을 결정해서
는 안 될 것이며, 이를 허용할 경우에는 예컨대 분할 전 회사에서 자체
판단한 결과, 법 위반행위가 아직 지적되지는 않았지만 향후 구체화될
가능성이 많은 사업 부문을 분할하여 껍데기뿐인 신설회사를 만드는 등
의 방법으로 법 집행이 형해화될 수 있다. 특히, 회사분할의 경우에는
영업자 지위 양수도의 경우와 달리 행정청의 승인 절차가 없는 경우가
많아 이러한 문제점을 승인 단계에서 막기도 어렵다. 이러한 문제의 발
생 가능성을 대비하여 승계에 관한 명문 규정을 마련할 필요가 있을 것
이다.

V. 결론

대상판결에서는 하도급법에 따라 공정거래위원회가 부과하는 시정
조치, 특히 반복금지명령과 대금지급명령과 관련하여 그 사유의 승계에
관한 명문 규정이 없는 한 회사분할을 이유로 시정조치 사유가 승계될
수는 없다고 보았으며, 회사분할시 공정거래법상 과징금 부과처분의 사
유가 승계될 수 없다고 본 선행 판결과 침익적 행정행위의 근거 법령에
대한 엄격해석원칙을 그 주된 근거로 삼았다.

이러한 대상판결의 입장은 명문 규정이 없는 경우에도 영업자 지
위의 승계 규정만을 근거로, 혹은 인허가나 제재처분의 법적 성격이 대
물적인 것임을 근거로 제재 사유의 승계를 널리 인정하던 종래의 판결
들과 구별되는 것이다. 이와 같은 종래의 판결들은 법률유보원칙과 책
임주의의 관점에서 수긍하기 어려운 것인데, 대상판결이 이러한 종래의
판결들을 따르지 않은 것은 바람직하다고 본다. 다만, 대상판결이 어떠

한 이유로 기존과 다른 입장을 취한 것인지, 대상판결의 입장이 공정거래위원회의 처분에 한정된 것인지에 대해 명확하게 알기 어렵다는 점에서 아쉬움이 없지 않다. 어떠한 경우든 대상판결을 계기로 명문 규정이 없는 경우에 제재 사유의 승계를 함부로 긍정하던 잘못된 태도는 시정되어야 할 것이다.

또한, 대상판결에서는 시정조치와 행정제재의 법적 성격을 엄밀히 구별하지는 않았다. 시정조치는 그 내용이 다양하여 법적 성격을 일률적으로 설명하기 어렵지만 대개 위험방지를 위한 경찰작용의 성격을 지니는 경우가 많기 때문에 처벌적 성격의 행정제재와는 구별되며, 하도급법상 반복금지명령도 이러한 경찰작용의 성격을 지니고 있다. 그러나 대금지급명령은 사인 간 채무의 존재를 전제로 공권력을 통해 그 이행을 명하는 시정조치로서 이는 처벌적 성격의 행정제재나 위험방지적 성격의 경찰작용과는 구별되는 특수한 성격의 조치이다. 이러한 법적 성격을 감안하면, 대금지급명령 사유의 승계는 대상판결에서와 같이 명문 규정 없이 함부로 승계될 수 없다고 보는 것이 법률유보원칙과 책임주의의 측면에서 타당하며, 반복금지명령의 경우에는 이론적으로 경찰법상 추상적 행위책임의 포괄승계가 가능하다는 점에서 추가적인 법적 논증이 필요할 수 있다. 그러나 하도급법의 반복금지명령은 구체적 행위에 대한 연관성이 클 뿐만 아니라, 회사분할 전후에 발생하는 법적 혼란을 방지할 필요가 있기 때문에 반복금지명령 사유의 승계에 대해서도 명문 규정을 두는 것이 바람직할 것이다.

이상의 점들을 고려하여 대상판결의 결론에 대체로 찬동한다.

참고문헌

1. 단행본

김남진/김연태, 『행정법 I』, 제24판, 법문사, 2020.
김동희/최계영, 『행정법 I』, 제26판, 박영사, 2021.
김유환, 『현대행정법』, 제9판, 박영사, 2024.
김종보, 『건설법의 이해』, 제7판, 북포레, 2023.
김중권, 『행정법』, 제2판, 법문사, 2016.
박균성, 『행정법강의』, 제19판, 박영사, 2022.
박정훈, 『행정법의 체계와 방법론』, 박영사, 2005.
이세정, 『국민부담경감을 위한 영업승계 관련법제 개선방안』, 한국법제연
　　구원, 2012. 10. 31.
이승민, 『프랑스의 경찰행정』, 경인문화사, 2014.
이원우, 『경제규제법론』, 홍문사, 2010이재상/장영민/강동민, 『형법총론』,
　　제9판, 박영사, 2017.
이현수/김태호/박현정/황선훈/김권일, 『행정기본법의 보완·발전을 위한
　　신규의제 입안방안 연구 1』, 법제처, 2022. 9.
정성근/박광민, 『형법총론』, 전정3판, 성균관대학교 출판부, 2020.
정하중/김광수, 『행정법개론』, 제18판, 법문사, 2024.
지원림, 『민법강의』, 제8판, 홍문사, 2010.
하명호, 『행정법』, 제2판, 박영사, 2020.

2. 논문 및 기타 자료

강수진/이승민, "회사분할과 과징금의 승계", 『회사분할의 제 문제』, 서울
　　대학교 금융법센터, 2013. 6.
김리사, "영업승계 관련 법제 기준에 관한 연구", 의정논총, 제13권 제1

호, 2018. 6.

김연태, "경찰책임의 승계", 고려법학, 제51호, 2008. 10.

김연태, "공법상 지위 승계와 제재사유 승계에 관한 판례의 분석·비판적 고찰", 고려법학, 제95호, 2019. 12.

김재선, "공법상 지위승계 규정이 없는 경우, 제재처분 승계의 요건 - 대물성 개념의 상대화와 불확실성 논의를 중심으로", 행정판례연구, 제28-1집, 2023. 6.

김치환, "공정거래법에서 규정하고 있는 시정조치의 법적 의미", 경쟁저널, 제106호, 2004. 6.

김향기, "행정제재처분의 승계", 토지공법연구, 제33집, 2006. 11.

백대용, "회사분할에 있어 과징금 및 시정조치 부과 가능성에 관한 검토", 『경제법판례연구』, 제7권, 법문사, 2011.

송시강, "프랑스법상 행정제재에 관한 연구", 행정법연구, 제69호, 2022. 11.

이상덕, "제재적 행정처분에 관한 사법심사 — 최근 대법원 판례 동향을 중심으로", 행정법연구, 제72호, 2023. 8.

이승민 "제재처분 승계에 관한 일고(一考) - 프랑스법상 행정제재 개념을 기초로 한 대법원 판례의 비판적 검토", 성균관법학, 제35권 제1호, 2023. 3.

이영무, "영업양도에 따른 허가권의 이전과 제재사유 또는 제재처분 효과의 승계에 관하여", 법조, 제55권 제6호, 2006. 6.

이현수, "프랑스 행정제재법리와 그 시사점", 세계헌법연구, 제25권 제1호, 2019. 4.

이 황, "회사분할과 과징금 납부책임의 승계 가능성 - 대법원 2007. 11. 29. 선고 2006두18928 판결을 중심으로", 고려법학, 제53호, 2009. 6.

정하중, "최근 행정판례에 있어서 몇가지 쟁점에 대한 소고", 행정법학, 제6호, 2014. 3.

3. 기타 자료

이승민, 온주 전자상거래 등에서의 소비자보호에 관한 법률 제32조에 대한 주석, 로앤비, 2022. 4.

국문초록

대상판결에서는 하도급법에 따라 공정거래위원회가 부과하는 시정조치, 특히 반복금지명령과 대금지급명령과 관련하여 그 사유의 승계에 관한 명문 규정이 없는 한 회사분할을 이유로 시정조치 사유가 승계될 수는 없다고 보았으며, 회사분할시 공정거래법상 과징금 부과처분의 사유가 승계될 수 없다고 본 선행 판결과 침익적 행정행위의 근거 법령에 대한 엄격해석원칙을 그 주된 근거로 삼았다.

이러한 대상판결의 입장은 명문 규정이 없는 경우에도 영업자 지위의 승계 규정만을 근거로, 혹은 인허가나 제재처분의 법적 성격이 대물적인 것임을 근거로 제재 사유의 승계를 널리 인정하던 종래의 판결들과 구별되는 것이다. 이와 같은 종래의 판결들은 법률유보원칙과 책임주의의 관점에서 수긍하기 어려우며, 대상판결이 이러한 종래의 판결들을 따르지 않은 것은 바람직하다고 본다. 다만, 대상판결이 어떠한 이유로 기존과 다른 입장을 취한 것인지, 대상판결의 입장이 공정거래위원회의 처분에 한정된 것인지에 대해 명확하게 알기 어렵다는 점에서 아쉬움이 없지 않다.

또한, 대상판결에서는 시정조치와 행정제재의 법적 성격을 엄밀히 구별하지는 않았다. 시정조치는 그 내용이 다양하여 법적 성격을 일률적으로 설명하기 어렵지만 대개 위험방지를 위한 경찰작용의 성격을 지니는 경우가 많기 때문에 처벌적 성격의 행정제재와는 구별되며, 하도급법상 반복금지명령도 이러한 경찰작용의 성격을 지니고 있다. 그러나 대금지급명령은 사인 간 채무의 존재를 전제로 공권력을 통해 그 이행을 명하는 시정조치로서 이는 처벌적 성격의 행정제재나 위험방지적 성격의 경찰작용과는 구별되는 특수한 성격의 조치이다. 이러한 법적 성격을 감안하면, 대금지급명령 사유의 승계는 대상판결에서와 같이 명문 규정 없이 함부로 승계될 수 없다고 보는 것이 법률유보원칙과 책임주의의 측면에서 타당하며, 반복금지명령의 경우에는 이론적으로 경찰법상 추상적 행위책임의 포괄승계가 가능하다는 점에서 추가적인 법적 논증이 필요할 수 있다. 그러나 하도급법의 반복금지명령은 구체적 행위에 대한 연관성이 클 뿐만 아니라, 회사분할 전후에 발생하는 법적 혼란을 방지할 필요가 있기 때문에 반복금지명령 사유의 승계에 대해서도 명문 규정을 두는 것이 바람직할 것이다.

이상의 점들을 고려하여 대상판결의 결론에 대체로 찬동한다.

주제어: 회사분할, 시정조치, 제재처분, 시정조치 승계, 하도급법

Abstract

Review on the Succession of Corrective Orders under the Act on Fair Transactions In Subcontracting

Seung－Min Lee*

In the decision 2021Du55159 rendered on June 15th, 2023 (the "Decision"), the Supreme Court held that unless there is an explicit provision, the corrective orders imposed by the Fair Trade Commission (the "FTC") under the Act on Fair Transactions In Subcontracting (the "Act") cannot be transferable in case of spin－offs. The Decision confirmed the Supreme Court's previous decision, which held that the administrative fines imposed by the FTC were not subject to succession in case of spin－offs absent an explicit provision granting such a succession. Additionally, the Supreme Court grounded the Decision in the principle of narrow interpretation for provisions imposing disadvantageous administrative dispositions.

The holdings in the Decision differ from the Supreme Court's another previous decisions that had broadly endorsed the succession of liabilities in administrative sanctions without explicit provisions of succession. Those previous decisions infringe the principle of no responsibility without negligence and can hardly be justifiable. On the contrary, the Decision generally agrees with the need for an explicit provision regarding the succession of corrective orders, and thus it can be praised

* Associate Professor at Sungkyunkwan University(SKKU) Law School; Ph. D. in Law.

as more progressive in the rule of law aspect.

However, in the Decision, the Supreme Court did not carefully review the legal nature of corrective orders, which are evidently different from administrative sanctions with punitive nature. Although there are a variety of different corrective orders in positive law, and it is difficult to uniformly identify their legal nature, most of corrective orders fit into the notion of administrative policing, which is essentially preventive. In the Decision, two kinds of corrective orders, an order against the repetition of the same infringement in the future and a payment order to subcontractor, became at issue. The former can be viewed as a kind of administrative policing while the latter is wholly different from preventive administrative policing as well as punitive administrative sanctions. On the one hand, because an order against the repetition of the same infringement is to prevent the potential infringement in the futre, the succession of such an order can be more theoretically justifiable in case of spin－offs even when there is no explicit provision. On the other hand, given that a payment order has a specific relevance to transactions between private parties, apparently the Supreme Court's finding in the Decision has a justifiable ground. In any case, it would be more desirable to set forth an explicit provision for the succession of corrective orders under the Act in case of spin－offs.

Keywords: spin－off, corrective order, administrative sanction, succession of liability, the Act on Fair Transactions In Subcontracting

투고일 2024. 6. 7.
심사일 2024. 6. 23.
게재확정일 2024. 6. 29.

土地行政法

국토계획법상의 주민제안제도를 둘러싼 법문제 (유진식)
도시계획시설에서의 점유 판단 (김은정)

국토계획법상의 주민제안제도를 둘러싼 법문제

유진식[*]

대구고등법원 2009. 9. 4. 선고 2008누2126 판결을 소재로 하여

Ⅰ. 사건의 개요

환경사업을 영위하는 주식회사인 원고 X는 상주시 소재 공장용지 (20,221㎡)에서 전국의 각급 의료기관에서 배출되는 지정폐기물인 감염성폐기물(현행법상의 '의료폐기물')을 수거하여 하루에 20톤을 처리할 수 있는 감염성폐기물 중간처리업을 하기로 하고, 먼저 폐기물관리법 제26 조 제1항 등의 관련 규정에 따라 대구지방환경청장으로부터 2005. 8.

---

[*] 전북대학교 법학전문대학원 교수

16. 위 사업계획에 관한 적정통보를 받았다. 그 후 X는 당초의 사업예정부지를 이 사건 사업예정지로 변경하는 내용의 감염성폐기물 처리사업 변경계획서를 제출하였고 이에 대해서도 대구지방환경청장은 2006. 3. 22. X에게 적정통보를 하였다.

그러자 X는 2006.10.2. 상주시장 Y(피고)에게 구 국토의 계획 및 이용에 관한 법률(2008.2.29.법률 제8852호로 개정되기 전의 것, 이하 '국토계획법'이라고 한다) 제26조 제1항의 규정에 따라 이 사건 폐기물처리시설에 관하여 도시관리계획시설(폐기물처리시설)결정 입안제안서(이하 '이 사건 제안서'라고 한다)를 제출하였다.

이에 Y는 2006. 10. 17. 상주시 소속 관련 각 부서(도시과, 종합민원처리과, 환경보호과, 재난안전관리과)와 화남면장에게 이 사건 제안서에 기한 도시관리계획시설(폐기물처리시설)결정안에 관한 의견을 조회하였는데, 화남면장은 "사업설치 대상지 인근의 하천은 금강수계로서 상수원 보호구역인 대청댐 상류지역이고 속리산 국립공원으로부터 직선거리 약 1.5km 떨어진 지역으로서, 소각으로 인한 분진 및 다이옥신 대량배출로 인하여 주민건강 영향 및 친환경 농업 장애, 청정지역 자연환경 파괴 등의 이유로 지역 주민들의 여론이 상당히 부정적이며, 향후 폐기물 유입량에 대한 정확한 조사, 보관·처리에 대한 예방대책의 수립, 배출기준치 이하의 다이옥신에 장기간 노출될 경우에 대한 연구의 선행, 농민들의 피해보전방안, 농산물의 유통 및 판매에 미치는 영향 등에 대한 조사, 냉각수 용수 확보를 위한 구체적인 계획 등에 대하여 추가적인 대책이 수립되어야 한다는 등의 이유로 주민들의 집단행동 및 집단민원이 발생할 우려가 매우 높다"고 회신하였다.

또한 Y는 2006.10.27.부터 같은 해 11.14.까지 국토계획법 제28조, 같은 법 시행령 제22조 등의 규정에 따라 주민들의 의견청취를 하였는데 주민들 역시 토양 및 수질 오염이 우려되고, 지역특산물인 곶감과 생오이의 생산과 판매가 어렵게 되며, 이 사건 사업예정지는 친환경 농업지역이므로, 이 사건 제안서에 기한 도시관리계획시설(폐기물처리시설) 결정안에 반대한다는 의견을 제시하였다. 여기에 상주시의회와 도시계획위원회 역시 위에서 언급한 이유로 X의 입안제안에 반대한다는 의견을 제시하였다.

위와 같은 절차를 거쳐 Y는 2006.12.18. X에게 'X 제출의 이 사건 제안서와 관련하여 그 내용에 따른 입안 여부에 대하여 상주시도시계획위원회에 자문을 거친 결과, 이 사건 제안서에 기한 도시관리계획시설(폐기물처리시설)결정안은 상주시도시계획위원회에서 부결되었다'는 내용의 통보(이하 '2006.12.18.자 통보'라 한다)를 하였다. 이에 대하여 X는 Y의 위 2006.12.18.자 통보를 이 사건 제안서에 기한 도시관리계획시설(폐기물처리시설)결정 입안제안에 대한 거부처분으로 보고, Y를 상대로 하여 경상북도행정심판위원회에 위 거부처분의 취소를 구하는 행정심판을 청구하였는데, 동위원회는 2007.4.5. 위 통보가 처분으로서 위법하거나 재량권을 일탈·남용하였다고 볼 수 없다는 이유로 X의 청구를 기각하는 재결을 하였다.

그러자 X는 2007.2.9.대구지방법원에 위 2006.12.18.자 통보가 위법한 처분이라고 주장하며 그 취소를 구하는 행정소송을 제기하였는데, 위 법원에서는 2007.11.7. 위 통보는 처분의 근거와 이유가 제시되지 않아 절차상 하자 있는 위법한 처분이라는 이유로 이를 취소하는 판결(대구지방법원 2007구합421)을 선고하였다. 이에 Y는 2008.2.12.원고에게 다음과 같은 사유로, X의 이 사건 제안서에 기한 도시관리계획시설(폐기물처리시설)결정 입안제안을 반려한다는 내용의 통보(이하 '이 사건 처분'이라 한다)를 하였다.

(1)이 사건 사업예정지는 2020년 목표 상주시 도시기본계획상 화북면 소재 속리산 국립공원과 화남면, 모서면 백화리 자연공원을 연계한 관광개발권역으로 설정된 청정지역으로서 폐기물처리시설을 설치함은 도시기본계획과 부합되지 않는다(제1처분사유).

(2)상주시 도시계획위원회가 청정지역의 보전, 보은군 접경지역으로 지역간 분쟁발생, 소각로 역화현상으로 화재발생, 폐기물로 인한 민원발생 등을 사유로 폐기물처리시설의 건립에 대하여 반대의견을 제시하였다(제2 처분사유).

(3) 상주시는 청정 무공해지역의 이미지로 곶감, 쌀, 오이 등의 특산물을 전국에 판매하고 있으며,특히 화남면 대부분의 주민이 곶감, 오이, 과수 등 특용작물을 재배, 판매하여 자녀의 학비 조달 및 생계를 영위하고 있는데, 폐기물처리시설이 설치되면 지역의 이미지가 손상되어 주민의 삶에 막대한 지장을 초래할 것이다(제3처분사유).

본 건은 X가 Y를 상대로 하여 재량권의 일탈·남용 등을 이유로 '이 사건 처분'에 대한 취소를 구하여 제기한 사건이다.

Ⅱ. 재판의 경과

1. 제1심(대구지방법원 2008. 10. 22 선고 2008구합640 판결 [도시관리계획입안제안거부처분취소])

제1심은 다음과 같은 이유로 X의 청구를 인용하였다.

첫째로 국토계획법 제25조 제1항은 도시관리계획은 광역도시계획 및 도시기본계획에 부합되어야 한다고 규정하고 있으나 도시기본계획은 도시의 장기적 개발방향과 미래상을 제시하는 도시계획 입안의 지침이 되는 장기적·종합적인 개발계획으로서 행정청에 대한 직접적인 구속력은 없고(대법원 2007. 4. 12. 선고 2005두1893 판결 등 참조), 게다가 위 인정사실에 의하면, 피고의 상주시 도시기본계획은 이 사건 처분일 이후인 2008. 7. 31. 경상북도지사로부터 승인을 받았을 뿐만 아니라 이 사건 사업예정지가 속한 일대를 전원주거, 농업, 관광, 휴양지로서 기능을 하도록 계획되었다 하여 원고의 이 사건 제안서와 배치된다고 단정할 수도 없으므로, 원고의 이 사건 제안서가 도시기본계획에 반한다는 사유는 이 사건 처분의 정당한 처분 사유가 될 수 없다.

둘째로 Y가 주민이 제안한 도시관리계획안에 대하여 입안 여부를 결정하는 경우 관계법령에 따라 도시계획위원회의 자문을 받도록 하고 있으나 동위원회의 의견이나 자문에 구속되어야하는 것은 아니다. 이 절차는 Y가 주민의 생활에 큰 영향을 미치는 도시계획을 결정함에 있어 제반요소를 충분히 고려하여 신중하게 이를 처리하도록 유도하기 위한 것에 지나지 않는다. 따라서 상주시 도시관리계획위원회가 X의 이 사건 제안서에 기한 도시관리계획 시설결정안을 부결한다는 의견을 제시하였다는 사유만으로는 이 사건 처분의 정당한사유가 될 수 없다.

셋째로 Y는 X의 폐기물처리시설이 설치됨으로써 상주시의 자연환경을 훼손하여 청정지역으로서의 이미지가 손상되고 그로 인하여 지역주민들이 생계에 미치는 영향, 인근 지역과의 분쟁, 화재발생 우려, 민원의 발생이라는 공익과 이 사건 처분으로 인하여 X가 입게 될 손해 사이에 정당한 비교·교량을 하지 않아 재량권을 일탈·남용하였다. 즉, 이 사건 폐기물처리시설로 인하여 발생할 수 있는 여러 피해는 성능이 뛰어난 대기오염방지시설의 설치와 사후규제를 통하여 배출가스의 오염물질을 규제기준 이하로 통제가 가능하다. 나아가 폐기물처리시설은 폐기물을 적정하게 처리하여 자연환경 및 생활환경을 청결히 함으로써 환경보전과 국민생활의 질적 향상에 이바지하기 위하여 필요불가결한 시설로서 합리적인 이유 없이 자신의 지역에만 폐기물처리시설을 설치하여서는 안 된다는 민원은 그 정당성을 유지할 수 없으며, X의 폐기물처리시설에 화재발생 우려가 있다거나 위 시설의 설치로 인하여 지역간 분쟁이 발생할 수 있음을 인정할 자료가 전혀 없다. 반면에 X는 대구지방환경청장으로부터 사업 적정통보를 받고 이를 신뢰하여 이 사건 사업예정지에 폐기물처리시설을 설치하는데 많은 비용과 노력을 투여하여 공사를 진행하였고, 폐기물처리시설이 설치된 후 이를 가동하는 단계에서 설계 당시 예상과는 달리 유해물질의 배출량이 그 허용기준을 초과하게 되면 그에 따른 행정제재를 통하여 이를 규제할 수 있음에도 그 설치 단계에서 이를 원천적으로 불허하는 것은 X에게만 가혹한 희생을 요구하는 것으로 보이는 점 등을 종합하여 보면, 이 사건 처분은 관련된 이해관계인들의 이익 및 공익을 충분히 비교·형량하였다고 볼 수 없으므로, 이 부분 처분사유도 정당한 처분 사유가 될 수 없다.

따라서 Y의 이 사건 처분 사유는 모두 정당한 처분 사유라 할 수 없으므로 이 사건 처분은 위법하다.

2. 제2심 대상판결
(대구고등법원 2009. 9. 4 선고 2008누2126 판결)

이에 대하여 제2심 대상판결은 제1심 판결을 취소하여 X의 청구를 기각하였다. 그 주된 이유는 다음과 같다.

(1) 도시기본계획의 성격 및 그 부합 여부

이 사건에서, Y는 X의 도시관리계획 입안제안 신청에 대하여 관련 법령에 따라 도시기본계획 및 그로 인하여 달성하려고 하는 공익 목적과의 부합 여부를 비교형량하여 이 사건 폐기물처리시설이 도시기본계획에 반한다고 판단하였는데, 이 사건 사업예정지가 속한 화남면 일대는 1998년에 수립된 2016년 상주시 도시기본계획상으로도 주거·농업 지역으로 분류되어 있을 뿐만 아니라 2020년 상주시 도시기본계획상 전원주거, 농업, 관광, 휴양지로서 기능을 하도록 계획되어 있고, 특히 화남면이 포함된 상주시의 서부지역은 관광개발권역에 속하는 점 등에 비추어 위와 같은 피고의 이익형량이 정당성이나 객관성을 결여한 것으로는 보이지 않는다.

(2) 주민 및 지방의회의 의견, 상주시 도시계획위원회의
   자문 결과의 의미

도시관리계획의 입안권자로서는 무조건적으로 주민 및 지방의회의
의견 또는 도시계획위원회의 자문 결과에 구속되는 것은 아니지만, 위
와 같은 법령의 규정이나 그 입법취지에 비추어 볼 때 그 제출된 의견
은 반드시 존중되어 진지하게 검토되어야 하고, 그 의견이 정당하다고
인정할 경우 입안 여부의 결정에 이를 반영하여야 하는 한편 근거 없거
나 부당한 의견이라는 점이 명백하지 않는 이상 의견을 쉽사리 배척하
여서도 아니 된다. 따라서 주민 및 지방의회의 의견, 도시계획위원회의
자문결과 등을 합리적인 이유나 특별한 사정없이 전혀 고려하지 않거나
이익형량의 비교교량에 있어서 정당성·객관성을 결여한 도시관리계획
입안 결정은 결국 위법하다고 할 것이다.

이 사건에 관하여 보건대, 도시계획시설의 결정·구조 및 설치기준
에 관한 규칙 제156조 및 폐기물관리법 시행규칙 제38조 제1호 등에 의
하면, 일반폐기물 소각장은 1일 처리능력이 100t이상, 감염성폐기물과
같은 지정폐기물은 1일 처리능력이 10t이상의 규모가 되면 그 설치를
위해서 반드시 도시관리계획으로 도시계획시설결정을 하도록 규정하고
있는데, 이는 그와 같은 규모의 폐기물처리시설의 경우 주위 환경이나
지역주민들의 생활에 미치는 영향이 클 수밖에 없어 이를 도시관리계획
으로 결정하도록 규정함으로써 앞서 본 바와 같은 입법 취지를 구현하
기 위함이고, 따라서 이 사건 폐기물처리시설을 도시계획시설로 결정하
는 도시관리계획을 입안할지 여부를 결정함에 있어서도 위와 같은 입법
취지를 충분히 고려해야만 할 것이다.

Y는 관련법령에 따라 주민, 상주시의회의 의견을 청취하고 도시계
획위원회의 자문을 거쳤는데 이들 모두 반대의견을 제시하였다. 이에
따라 Y는 위 각 의견을 존중하여 X가 입안제안서를 통해 Y와 해당 지

역 주민들이 우려하고 있는 각종 부정적 효과에 대한 해결대책을 제시하고 그 해결대책이 모두 실행된다고 가정하여도 그 부정적 효과를 완전히 배제할 수 없고, 폐기물처리시설의 설치를 통해 도모할 수 있는 이익보다는 그로 인해 침해될 이익을 보호해야 할 필요성이 더 크므로, 위와 같은 주민들의 의견은 정당하거나 적어도 근거 없거나 부당함이 명백하지 아니하다고 판단하였고, 그와 같은 이익형량에 기초하여 이 사건 처분을 하기에 이르렀던 것으로 보인다. 그렇다면 Y가 수용한 위 각 의견이 반대의 근거로 삼은 사유들이 명백히 근거 없거나 부당하지 않는 한, Y가 X의 제안을 도시관리계획 입안에 반영할지 여부를 결정함에 있어 위 각 의견을 고려하여 이에 따른 결정을 한 것을 두고, 그것이 이익형량을 전혀 하지 않았다거나 이익형량을 하였으나 정당성·객관성이 결여되었다고는 할 수 없다.

(3) 환경상·생활상 이익의 침해 가능성 등 여부

이 사건 폐기물처리시설이 Y가 추진하고 있는 청정무공해 도시라는 이미지를 훼손시키고 나아가 지역주민들의 친환경 농산물의 생산·판매에 악영향을 미쳐 결국 주민들의 생활이익을 침해하거나 재산상 손해를 가할 가능성이 있는 점 등을 종합적으로 고려하면, 이 사건 사업예정지에 이 사건 폐기물처리시설을 설치·운영할 경우 그로 인하여 인근주민들의 환경상·생활상의 여러 이익이 침해될 뿐만 아니라 친환경 농산물 재배지역으로서의 청정 이미지가 크게 훼손되어 재산상 손해를 입힐 가능성을 배제할 수 없다. 그렇다면 이러한 여러 피해의 가능성을 제기하면서 이 사건 폐기물처리시설에 대한 입안 제안에 대하여 반대의견을 표시한 주민들의 의사 및 시의회의 의결 내용, 시도시계획위원회의 자문결과가 아무런 근거 없는 부당한 것이라고 할 수 없고, 따라서 위 각 의견을 존중하여 원고의 입안제안신청을 거부한 Y의 결정이 이익형량을 전혀 하지 않았거나 정당성·객관성이 결여된 이익형량을 하였다고는 볼 수 없다.

3. 상고심(대법원 2010. 2. 11 선고 2009두16978 판결 [도시관리계획입안제안거부처분취소])

상고심은 제2심의 논지를 그대로 수용하여 원고의 청구를 기각하였다.

Ⅲ. 평석

1. 문제의 소재
   – 주민제안제도는 업자를 위한 제도인가? –

「국토의 계획 및 이용에 관한 법률」(이하, 국토계획법이라 한다) 제26조 제1항은 주민(이해관계자 포함)이 「기반시설의 설치·정비 또는 개량에 관한 사항」등에 대하여 도시·군관리계획을 입안할 수 있는 자에게 도시·군관리계획의 입안을 제안할 수 있는 제도를 두고 있다. 이 제도는 1960년대 이후 성장위주의 무분별한 도시개발정책에 의하여 개성을 상실해가는 도시의 본래 모습을 회복하기 위한 취지에서 구(舊)도시계획법을 개정하여 2000년에 도입되었다. 따라서 이 제도도입의 본래 의도는 해당 마을·도시에 거주하고 있는 주민들이 그 지역의 역사나 문화 그리고 특징 등에 대하여 잘 알고 있기 때문에 우월한 정보력을 활용하기 위함이었다.

그런데 이러한 도입취지와는 달리 실제로는 업자들이 주로 이용하여 사업상의 이익을 확보하는 수단으로 전락하였고 이 과정에서 주민들과의 갈등이 발생하고 이에 대하여 지자체에서 무책임하게 대응함으로써 주민들의 평온한 삶을 깨뜨리고 행정력을 낭비하는 일이 지금도 전국적으로 벌어지고 있다.[1] 위와 같은 혼란이 초래된 배경에는 행정 측 못지않게 판례 역시 위의 주민제안제도에 대한 도입취지를 충분히 이해하고 있지 못하고 있다는 사실이 자리하고 있다. 아울러 이 주제에 대한 학계의 연구도 매우 부족한 실정이다. 대상판례는 국토계획법상의 주민제안제도에 대한 판례 가운데, 비록 심사방식에는 문제가 있지만 다른 판례에 비해 비교적 합리적으로 접근했다고 필자는 보고 있다. 최근의 판례가 아닐뿐더러 대법원의 판례가 아닌 고등법원의 판례를 소재로 삼아 본고를 집필하게 된 동기가 여기에 있다.

이하에서는 국토계획법 제26조 제1항의 주민제안제도의 도입배경과 그 내용에 대하여 살펴보고, 지금까지 법원이 주민제안제도와 관련된 사안에 대하여 어떠한 심사 방법을 채택해 왔는가 하는 점에 대하여 분석을 통하여, 대상판례의 내용과 이에 대한 평가의 순으로 논의를 진행하기로 한다.

2. 주민제안제도의 도입배경과 그 내용

(1) 도입배경

현행 국토계획법 제26조 제1항에 규정되어 있는 주민에 의한 도시·군관리계획 입안제도의 원형(原型)은 2000년 1월 28일에 개정되어 같

---

1) 가장 대표적인 사례가 전북특별자치도 완주군 상관면에 환경사업체인 J사가 전국을 사업지역으로 하여 하루 처리량 48톤 규모의 의료폐기물 소각장을 설치하겠다는 입안제안을 하여 지난(2024년) 5월 29일 완주군수에 의해 거부된 건이다(군수의 거부사유는 군계획위원회의 자문안에 대한 부결과 주민들의 반대였다). 사업예정지로 되어 있던 완주군 상관면도 2035년 완주군 도시기본계획에 따르면 친환경, 전원도시라는 점에서 본 건의 상주시와 아주 흡사한 여건에 있다. 그러나 이처럼 명확한 사례가 있음에도 불구하고 완주군이 미온적인 태도로 일관하자 상관면 주민들은 비상대책위원회를 구성하여 지난 3년 동안 의료소각장 설치안에 대해 격렬한 반대운동을 전개해왔다. 전북일보, 2024년 5월 13일. 전주MBC 2024년 5월 19일 방송. 전북일보, 2024년 5월 30일자 등, 참조.

은 해 7월 1일부터 시행된 「도시계획법」 2) 제20조의 도시계획입안 제
안제도이다. 21세기가 시작되는 2000년은 「뉴밀레니엄시대」의 서막(序
幕)이라고 하여 모든 영역에서 과거의 시간을 뒤돌아보고 새로운 비전
을 제시하기에 많은 노력을 기울이는 시기였다. 도시문제 역시 예외가
아니었다. 이 점에 대하여 당시 한 도시문제 전문가는 다음과 같이 말
하고 있다.

「서기 2000년은 각별한 상징성이 있는 것 같다. 새로운 천년과 새
로운 세기가 함께 시작된다. 더욱이 여기에 세계화, 정보화에 따른 거대
한 변화의 물결(mega–trend)이 겹쳐 있다. 새로운 세계질서, 새로운 교
류방식, 새로운 생활양식 같은 것들이 그것이다. 도시를 보는 새로운 패
러다임도 대두된다. 지속가능한 개발, 지역문화, 주민참여, 공동체 의식,
환경친화와 같은 새로운 규범이 떠오른다.」3)

그렇다면 그 당시 우리나라의 도시계획법제는 위와 같은 비전을
충족시킬 수 있는 내용을 갖추고 있었는가? 유감스럽게도 대답은 「아니
오!」였다. 그 당시 우리나라의 도시계획제도는 무엇보다도 전근대성과
후진성을 극복하지 못하고 있었다. 즉, 우리나라 최초의 도시계획관계
법령이라고 할 수 있는 조선시가지 계획령(1934년)의 주요골자인 ① 도
시계획구역 지정제도, ② 용도지역제, ③ 도시계획시설제도가 뉴밀레니
엄을 눈앞에 둔 1999년 도시계획법의 골격으로 그대로 계승되고 있었
던 것이다.4) 위의 제도는 도로 등 도시기반시설 설치를 위한 도시계획
시설이나 토지구획정리사업 등 신시가지조성을 위한 도시개발사업을

2) 그 당시 우리나라는 공간규제에 관한 주된 법률은 「국토이용관리법」과 「도시계획
   법」이었으나 2002년 현행 「국토의 계획 및 이용에 관한 법률」(=국토계획법)로 통
   합되었다.
3) 김광중, 뉴밀레니엄시대의 한국도시개발의 전망과 과제, 도시문제 제35권 제374호
   (2000.1.), 49쪽.
4) 박재길, 도시계획제도의 문제점과 개선과제, 도시계획법 개정에 관한 공청회, 건설
   교통부·국토연구원(1999. 5. 7.), 22쪽.

사전에 결정하는 역할을 수행해 왔다는 평가를 받기는 했다.[5] 그러나 한편으로는 부족한 주택과 산업활동에 필요한 토지와 건축물의 보급을 위한 공급위주의 도시계획의 운영은 녹지지역의 훼손, 주거지역에서의 고밀도 개발의 허용으로 쾌적한 주거환경의 보장이 어렵게 되고 나아가 환경파괴라는 심각한 문제를 발생시켰다.[6] 따라서 위와 같은 도시계획 법제의 기능부전(機能不全)을 극복하기 위해서는 '지속가능한 개발' 또는 '지속가능한 도시'라는 이념을 토대로 도시계획법을 새롭게 구상할 수밖에 없었다. 2000년 1월의 도시계획법의 개정은 위와 같은 배경 아래에서 이루어진 것이다.[7]

(2) 구(舊)도시계획법(2000년)의 개정내용

위와 같은 배경에서 2000년 도시계획법은 친환경적 도시계획이라는 이념아래 법의 목적을 개정하고 기본이념 조항을 신설하는 것은 물론, 광역도시계획, 지구단위계획, 개발행위허가, 도시계획수립절차 등에 대하여 개정 또는 신설하였다. 다만 이들 각 내용에 대해서는 본고의 편의상 ①법의 목적의 개정과 기본이념 조항의 신설과 ②도시계획수립절차 가운데 주민제안제도에 한하여 살펴보기로 한다.[8]

---

5) 박재길, 위의 글, 22쪽.

6) 박무익, 개정 도시계획법 해설(Ⅴ)-친환경적 도시계획-, 도시문제, 제35권 제379호(2000. 6.), 103쪽.

7) 박무익, 위의 글, 104쪽.

8) 본고에서 다루지 않은 2000년 도시계획법의 개정내용에 대한 구체적인 내용은 다음의 각 글들을 참고하기 바람. ① 박무익, 개정 도시계획법 해설(Ⅰ)-장기미집행시설 해소-, 도시문제, 제35권 제375호(2000. 2.), ② 박무익, 개정 도시계획법 해설(Ⅱ)-광역도시계획 제도-, 도시문제, 제35권 제376호(2000. 3.), ③ 박무익, 개정 도시계획법 해설(Ⅲ)-지구단위계획-, 도시문제, 제35권 제377호(2000. 4.), ④ 박무익, 개정 도시계획법 해설(Ⅳ)-개발행위허가-, 도시문제, 제35권 제378호(2000. 5.), ⑤박무익, 개정 도시계획법 해설(Ⅶ)-용도지구제의 개편-, 도시문제, 제35권 제383호(2000. 10.)

1) 목적규정의 개정과 기본이념조항 신설

2000년 개정 도시계획법은 개발을 중심으로 하는 종전의 그것과는 목표와 지향점이 근본적으로 달랐다. 이 점은 개정법에서의 목표규정과 신설된 기본이념 조항을 살펴보면 명확해진다. 먼저 종전의 도시계획법의 목표규정(제1조)은 도시계획의 기능으로 도시의 건설·정비·개량을 들고 있었으나 개정 도시계획법은 도시의 개발·정비·관리·보전이라고 하여 '관리와 보전'도 중요한 기능임을 천명하였다.9) 그리고 개정 도시계획법은 이러한 도시계획의 궁극적인 목적으로 「공공의 안녕질서와 공공복리의 증진」이외에 「주민의 삶의 질의 향상」을 새롭게 추가하여 막연한 공익의 추구에서 각 시민의 구체적인 삶을 고려의 대상으로 삼게 되었다.

이어서 개정법 제2조에 신설된 「도시계획의 기본이념」(개정법 제2조)은 개정 법률의 조문의 구성과 법집행의 기준으로 삼을 수 있도록 함축적으로 제시되어 있다.10) 먼저 신설된 기본이념은 「도시계획은 도시의 주거기능·상업기능·공업기능 등이 조화」를 이루도록 하였다(동법 제2조 제1항 전단(前段)). 종래의 아파트단지 또는 공단위주의 도시계획에 대한 반성에서 나온 내용이다. 둘째로 도시계획은 「주민이 편안하고 안전하게 생활할 수 있도록 이를 수립·집행」하여야 한다고 선언하고 있다(동법 제2조 제1항 후단(後段)). 이 부분은 도시계획의 새로운 장(章)을 여는 의미를 지니고 있다. 종전의 도시계획은 주민의 삶은 보이지 않는 공익이라는 이름의 개발이 주를 이루고 있었기 때문이다. 이어서 동법 제2조 제2항은, 「국가 및 지방자치단체와 주민은 도시가 환경적으로 건전하고 지속가능하게 발전되도록 함께 노력하여야 한다.」라고 규정하고

---

9) 박무익, 개정 도시계획법 해설(Ⅴ)−친환경적 도시계획−, 도시문제, 제35권 제379호(2000. 6.), 104쪽.
10) 박무익, 위의 글, 104쪽.

있다. 여기서 주목할 만한 것은 그 당시 전(全)세계적으로 파급되고 있던 「지속가능한 발전」개념을 도시계획법이 수용하고 이러한 도시를 만들기 위하여 국가, 지방자치단체 그리고 주민이 함께 노력해야 한다고 선언하고 있다는 점이다.

이상에서 살펴본 것처럼 우리는 개정된 목표규정과 신설된 기본이념을 통하여 2000년 개정 도시계획법이 「주민의 삶」을 전면에 내세우고 있을 뿐만 아니라 친환경적인 도시를 계획하고 실천하는 단계에서도 「주민」 스스로가 들러리가 아닌 국가, 지방자치단체와 동등한 입장에서 역할을 수행하는 존재로 인식하고 있음을 알았다. 그리고 중요한 것은 위와 같은 내용이 선언에 그치지 않고 동법(同法)이 도시계획의 체계를 다시 구축하고 거기에 그 내용을 반영하고 있다는 점이다. 이 새로운 체계의 중심이 되는 사항을 몇 가지만 더 소개하면 다음과 같다. 첫째로 건설교통부장관(이하, 건교부장관이라 한다)이 전국 도시의 균형 있고 지속가능한 발전을 위하여 5년마다 「도시발전종합대책」을 수립하도록 했다는 점이다(동법 제4조). 둘째로 건교부장관이 도시의 경제·사회·문화적인 특성을 살려 개성 있고 지속가능한 발전을 촉진하기 위하여 생태·정보통신·과학·문화·관광과 같은 여러 분야의 시범도시를 지정하고 예산 등을 지원하도록 하였다(동법 제5조). 셋째로 도시기본계획과 광역도시계획에 환경계획을 포함시키도록 하고 있다(동법 제7조, 제13조). 넷째로 지구단위계획(동법 제32조-제35조)과 개발행위허가(동법 제46조-제52조)에 의한 도시환경관리 제도를 도입하였다. 마지막으로 도시계획의 입안과정에서의 주민참여를 확대하기 위하여 주민제안제도를 도입하였다(동법 제20조). 위와 같은 내용은 종전의 도시계획법의 그것과는 차원이 다른 것으로 우리의 관심을 끌기에 충분하지만 이 가운데 '꽃'은 역시 '주민제안제도'라고 할 것이다. 그 이유는 이 '주민제안제도'야 말로 개정된 2000년 도시개획법의 목표와 기본이념을 가장 잘 나타내주는 상징적인 존재이기 때문이다. 항을 바꾸어 '주민제안제도'에 대하여 살펴보기로 한다.

2) 주민제안제도

2000년 개정 이전의 도시계획법에서는 도시계획의 입안은 시장·군수의 고유권한으로 주민이 시장·군수가 계획을 입안하는 과정에 참여하는 통로가 법적으로 마련되어 있지 않았다(2000년 개정이전의 도시계획법 제11조). 즉, 그 당시 주민은 건교부장관이 도시계획을 결정하여 고시한 후에서야 열람을 통하여 그 내용을 접할 수 있을 뿐이었다(2000년 개정이전의 도시계획법 제12조). 이렇게 주민이 도시계획의 입안과 결정과정에서 배제되어서는 개정 도시계획법에서 목표와 이념으로 내세우고 있는 주민이 주인이 되어 「주민이 편안하고 안전하게 생활」할 수 있는 도시를 설계할 수 없다. 주민제안제도는 위와 같은 절차상의 문제점을 보완하는 의미에서 도입되었다고 볼 수 있다.

그러나 주민제안제도를 도입하게 된 실질적인 이유는 따로 있다. 즉, 우리나라 도시들은 1960년대 이래 고도성장기를 거치면서 자기정체성을 상실해가고 있다는 평가를 받고 있었다. 따라서 뉴밀레니엄을 맞아 한국도시들이 제모습 찾는 일이 중요한 도시개발의 과제로 부상하게 되었다.[11] 그리고 도시의 '제모습' 찾기의 방법으로 제시된 것이 각 도시가 갖고 있는 고유의 '정체성'과 '장소성'의 회복이었다. 이 점에 대하여 앞서 언급한 도시문제 전문가는 다음과 같이 말하고 있다.

「다가오는 새로운 시대에는 우리나라의 도시들이 각자 고유의 정체성과 장소성을 가진다면 우리의 국토는 보다 풍요롭고 아름다운 삶터가 될 수 있을 것이다. 서울은 서울답고, 도시는 도시답고, 농촌은 농촌답게 각 도시와 지방이 제모습을 갖추려면 도시개발이 그 장소의 향토지리와 역사를 존중하면서 이루어져야 한다. 각 도시는 독특한 자연지형과 지세를 가지고 있으며, 제각기 다른 향토사와 도시구조를 가지고

---

11) 김광중, 앞의 글, 55쪽.

있다. 이러한 것을 존중하는 개발이 일어날 때 도시마다 정체성을 가질 수 있고, 이것이 있을 때 지역의 사람들은 도시환경을 통해 자기를 확인하고, 공동체 의식을 가진다. 서울을 모델로 하지 않는 자존심 센 지역개발이 풍성히 일어나기를 기대하여 본다.」[12]

위의 견해는 도시계획법상 주민제안제도가 가지는 의미를 더욱 선명히 보여준다. 도시가 제모습을 갖추기 위해서는 개발이 그 지역의 향토지리와 역사, 자연지형과 지세 등에 대하여 충분히 파악된 상태에서 이루어져야 한다는 것이다. 이를 위해서는 자신이 살고 있는 지역에 대하여 많은 정보를 가지고 있는 주민들의 참여가 필수적이라는 것은 더 이상의 설명이 필요 없을 것이다. 주민제안제도는 위와 같은 실질적이고 구체적인 배경에서 도입된 것이다. 여기서, 확인의 차원에서 말하자면, 주민제안제도는 업자들에게 비즈니스의 기회를 부여하여 영업이익을 얻도록 하기 위하여 신설된 제도가 아니라는 점이다.

따라서 도시계획법상 주민제안제도가 있다고 해서 어느 제안이나 다 할 수 있다고 해서는 안 된다고 할 것이다. 즉, 일정한 기준이 필요하다는 것이다. 그리고 그 기준은 앞서 말한 해당 도시의 '정체성'과 '장소성'이 되어야 할 것이다. 그리고 도시의 '정체성'과 '장소성'을 과학적이고 체계적으로 조사·분석하여 작성한 것이 다름 아닌 도시기본계획이다.

3. 현행 국토계획법상 주민제안제도

2000년 개정된 도시계획법은 위의 취지에 따라 제19조 제1항에 도시계획을 입안할 때에 그 계획은 도시기본계획 또는 광역도시계획에 부합되어야 한다고 규정하였다. 그리고 동법은 제20조에 주민에 의한 도

---

12) 김광웅, 앞의 글, 55쪽.

시계획입안 제안제도를 도입하였다. 이들 규정은, '도시계획'이라는 용어가 '도시관리계획'으로 바뀌었을 뿐, 2002. 2. 4.에 새롭게 제정된 국토계획법을 그대로 이어받아 오늘에 이르고 있다(국토계획법 제25조 제1항, 제26조). 즉, 2000년 개정된 도시계획법에서 도입한 주민제안제도의 도입취지는 현행 국토계획법에 그대로 계승되고 있다.

따라서 현행 국토계획법 제26조 제1항의 규정에 따라 주민이 도시·군관리계획의 입안을 제안하여 입안권자가 제안의 수용여부를 결정(=처분)하거나 이 처분에 대하여 행정소송이 제기되어 법원에서 위법성 여부를 심사하는 경우 국토계획법 제25조 제1항의 준수 여부를 제일 먼저 살펴보아야 한다. 그리하여 만약 그 제안된 내용이 해당 시·군의 도시기본계획에서 제시하고 있는 내용과 부합하지 않는 경우에는 입안권자나 법원은 그 다음 단계의 심사를 진행할 필요 없이 그 제안을 거부하거나 기각해야 한다. 즉, 주민의 입안제안에 대한 행정청의 심사 또는 사법심사에서 이 제도의 도입배경과 그 특징을 충분히 고려하지 아니한 채 행정계획에 대한 일반적인 심사방식, 즉 이익형량론에 의한 심사방식에 의해 위법성 여부를 판단해서는 안 된다는 이야기이다. 이익형량론은 원래 사적(私的)인 이해관계의 조정을 목적으로 하는 사법(私法)영역에서의 법해석방법론으로 공법영역에 이를 원용하는 데에는 일정한 한계가 있을 수밖에 없다. 예를 들면, 본 건의 경우 주민제안제도의 도입배경이나 그 특징을 형량요소로 고려하지 않을 가능성이 매우 크기 때문이다.

이하에서는 위와 같은 점을 염두에 두고 본 건에서 법원이 국토계획법상의 주민제안제도에 대하여 어떠한 심사방식을 취하고 있는지 살펴보기로 한다.

4. 본 건에서의 법원의 심사방식

먼저 본 건에서 X의 의료폐기물 소각장 시설설치를 내용으로 하는 시·군관리계획 입안제안이 상주시의 도시기본계획에 부합하는가 하는 점에 대해서 살펴보기로 한다. 상주시 도시기본계획의 내용은 다음과 같았다.

1998년경 수립된 상주시의 2016년 도시기본계획에 의하면, 이 사건 사업예정지가 포함된 화서권에 대하여 생활권별 개발계획으로는 '주거 및 농업기능'이, 산업개발계획으로는 포도, 사과 등의 특화작목 개발 및 전업농 육성이 각각 계획되어 있었다. 그리고 상주시의 2020년 도시기본계획은 관계 법령에 따라 수립을 위한 기초조사를 실시한 다음 2007.2.27.공청회를 거쳐 2007.5.경 수립·확정되었고, 2008.7.31.경상북도지사로부터 위 도시기본계획을 승인받았는데, 위 도시기본계획에 의하면, 이 사건 사업예정지가 속한 화남면 일대는 전원주거, 농업, 관광, 휴양지로서 기능을 하도록 계획되어 있고, 특히 화남면이 포함된 상주시의 서부지역, 즉 화북면, 화남면, 화동면, 모서면, 모동면 등을 잇는 서부벨트는 관광개발축이자 관광개발권역에 속한다.

이상에서 살펴본 것처럼 X의 사업예정지는 상주시의 1998년 수립된 도시기본계획에 따르면 '주거 및 농업기능', 2007년 수립된 도시기본계획에서는 전원주거, 농업, 관광, 휴양지로서의 기능이 계획되어 있었다. 따라서 X의 전국을 사업대상으로 하는 의료폐기물 소각장 설치는 어느 누가 보아도 상주시의 도시기본계획에 부합되지 않는다. 그렇기 때문에 Y가 X의 입안제안 여부를 결정하는 과정에서 실시한 상주시의 회의 의견, 3,108명에 달하는 주민의견, 상주시도시관리계획위원회의 자문, 모두 위의 시설이 도시기본계획에 부합하지 않는다는 결론을 제시하고 있다.

(1) 제1심 판결의 심사방식

그럼에도 불구하고 이 사건에 대한 제1심은 다음과 같은 심사방식을 취하여 Y의 입안제안 거부가 위법하다고 판단하였다. 먼저 제1심은 국토계획법 제25조 제1항과 관련한 심사에서 X가 제안한 의료소각장 설치가 2020년 상주시도시기본계획에 부합되는가에 대하여 이 규정의 도입취지 등에 대하여 구체적인 언급 없이, 도시기본계획은 행정청에 대한 직접적인 구속력이 없으며, 게다가 2020년 상주시도시기본계획은 이 사건 처분일 이후에 경북도지사로부터 승인을 받았기 때문에 X의 이 사건 제안서와 배치된다고 단정할 수도 없으므로 이 사유는 이 사건 처분의 정당한 처분 사유가 될 수 없다고 판단하였다.

이어서 Y가 거부처분의 이유의 하나로 삼은 상주시 도시관리계획 위원회의 X의 제안서에 대한 부결의 법적 효과에 대해서도 다음과 같이 Y가 이에 구속되는 것은 아니라고 하였다. 즉, 국토계획법이 Y가 주민의 제안을 도시관리계획입안에 반영할 것인가의 여부를 결정함에 있어서 지방도시계획위원회의 자문을 거치도록 하고 있는 것은「주민의 생활에 큰 영향을 미치는 도시계획을 결정함에 있어 제반요소를 충분히 고려하여 신중하게 이를 처리하도록 유도하기 위한 것에 그 입법취지가 있는 것이지, Y가 도시계획위원회의 의견이나 자문에 구속되어야하는 것」은 아니라는 것이다.

그리하여 결국 제1심은「도시계획을 입안·결정함에 있어서는 이익형량을 전혀 하지 아니하거나 이익형량의 고려 대상에 마땅히 포함시켜야 할 사항을 누락한 경우 또는 이익형량을 하였으나 정당성·객관성이 결여된 경우에는 그 도시계획결정은 재량권을 일탈·남용한 위법한 처분이라 할 것인데, Y는 이 사건에서 X의 폐기물처리시설이 설치됨으로써 인근주민들의 사익 또는 국가나 사회가 피해를 받는 공익은 거의 없거나 무시할 수 있는 수준인 반면에 장시간 많은 비용을 투입한 X가

입게 될 손해가 훨씬 큼에도 이 사건처분을 하였으므로 재량권을 일탈·남용하였다.」는 X의 주장을 받아들여 Y의 X의 입안제안에 대한 거부처분은 위법하다고 판단하였다.

(2) 대상판결의 심사방식

대상판결은 X가 제안한 폐기물처리시설(=의료소각장) 설치에 관한 도시관리계획은 행정계획이고 따라서 입안 여부의 결정은 행정계획의 일반적인 법리, 즉 행정주체가 광범위한 형성의 자유를 가지지만 형량(衡量)명령13)에 따라 행해져야 한다는 것이다. 따라서 이 사건은 X의 신청에 대하여 Y가 재량권을 행사하여 이를 받아들이지 아니한 것으로써, 결국 이 사건의 쟁점은 Y가 이 사건 처분을 하면서 위의 법리에 따라 객관적이고 정당한 이익형량을 하였는지의 여부에 있다는 것이다. 그리하여 대상판결은 Y가 이 사건 처분의 근거로 내세운 ① 도시기본계획에 대한 부합 여부와 ② 주민 및 지방의회의 의견, 상주시 도시계획위원회의 자문 결과의 의미 그리고 ③ 환경상·생활상 이익의 침해 가능성 등 여부를 중심으로, Y가 이 사건 사업예정지에 이 사건 폐기물처리시설을 설치할 공익상의 필요 및 X의 보호이익, Y가 이 사건 처분으로 인하여 달성하려고 하는 공익상의 목적 등에 관하여 객관적이고 정당한 이익형량을 하였는지에 대하여 판단하는 방식을 취하고 있다. 그 결과 대상판결은, Y가 이 사건에 대한 처분과정에서 도시기본계획이 달성하려는 공익목적이나 주민 및 지방의회의 의견, 상주시 도시계획위원회의 자문 결과에 대하여 합리적인 이유나 특별한 사정없이 전혀 고려하지 않거나 이익형량의 비교교량에 있어서 정당성·객관성을 결여한 바 없다고 판단하였다.

이상에서 살펴본 것처럼 대상판결은 국토계획법 제25조 제1항의

---

13) 대법원 2007.1.11.선고 2006두8365판결 등, 참조.

규정이나 주민 및 지방의회의 의견, 상주시 도시계획위원회의 자문 결과의 법적 효과에 대하여 직접 판단하지 않고 이를 이익형량론으로 환원하여 심사하는 방식을 취하고 있다는 점에 특색이 있다. 그러나 이러한 심사방법은 문제가 있다고 하겠다. 이하에서 살펴보기로 하자.

5. 검토

(1) 국토계획법 제25조 제1항의 「부합」의 의미

국토계획법 제25조 제1항은 도시관리계획은 도시기본계획에 「부합」되어야 한다고 규정하고 있다. 따라서 동법 제26조 제1항에 의한 주민의 입안제안에 대한 거부처분의 위법성 여부의 심사는 해당 제안이 도시기본계획에 「부합」되는가 먼저 살펴보아야 할 것이다. 그리고 제안이 도시기본계획에 「부합」되는 가에 대한 판단기준은 해당 도시의 '정체성'과 '장소성'의 회복」이 되어야 한다. 이것이 국토계획법 제26조 제1항에 규정되어 있는 주민제안제도의 도입취지이다. 그러나 이 점과 관련하여 이 사건에 대한 제1심 판결이나 대상판결은, 서로 결론은 달리하고 있지만, 위의 취지를 알지 못하고 그릇된 심사방식을 취하고 있다.

앞서 살펴본 대로 제1심 판결은 국토계획법 제26조 제1항과 제25조 제1항의 취지를 알지 못한 채 이익형량에 들어가 Y가 폐기물처리시설이 설치됨으로써 인근주민들의 사익 또는 국가나 사회가 피해를 받는 공익은 거의 없거나 무시할 수 있는 수준인 반면에 장시간 많은 비용을 투입한 X가 입게 될 손해가 훨씬 큼에도 이 사건처분을 하였으므로 재량권을 일탈·남용하였다고 판단하고 있다. 즉, 제1심 판결은 국토계획법 제26조 제1항의 주민제안제도에 대한 그릇된 심사방식과 결론을 취하고 있는 전형적인 사례라고 하겠다.

대상판결의 경우에는 이 사건 처분에 대한 위법성 여부의 심사방식으로 행정계획의 법리에 따라 객관적이고 정당한 이익형량을 하였는지의 여부를 쟁점으로 하여 Y의 처분사유, 즉 ①도시기본계획에 대한 부합 여부와 ②주민 및 지방의회의 의견, 상주시 도시계획위원회의 자문 결과의 의미를 중심으로 판단하고 있다. 즉, 처분사유 ①과 ②를 이익형량에 대한 판단의 소재로 삼고 있다. 그러나 이러한 심사방식에는 다음과 같은 의문이 있다.

첫째 국토계획법 제25조 제1항의 규정의 취지는 도시관리계획이 도시기본계획에 「부합」되는가의 여부에 대하여 판단하라는 것이다. 그런데 이것을 단지 이익형량의 소재로 삼는 것으로 족한 것인가 하는 점이다. 「이익형량론」은 원래 미국의 리얼리즘법학의 영향을 받아 사법(私法)영역에서 사적(私的)인 이해관계조정을 목적으로 전개된 해석방법론이다. 그렇기 때문에 사적(私的)인 이해관계의 충돌은 물론 다양한 성격의 공익(公益)이 다층적으로 얽혀 있는 공법영역의 문제를 「이익형량론」만으로 판단하여 만족할만한 결과를 얻어낼 수 있는가 하는 근본적인 의문이 제기된다. 이 점에 대하여 논의의 쟁점 가운데 하나인 도시기본계획을 가지고 좀 더 살펴보기로 하자.

현행 국토계획법에 의하면 도시기본계획은 다음과 같은 사항에 대한 정책방향을 포함하도록 하고 있다(동법 제19조 제1항). 즉, ① 지역적 특성 및 계획의 방향·목표에 관한 사항, ② 공간구조, 생활권의 설정 및 인구의 배분에 관한 사항, ③ 토지의 이용 및 개발에 관한 사항, ④ 토지의 용도별 수요 및 공급에 관한 사항, ⑤ 환경의 보전 및 관리에 관한 사항, ⑥ 기반시설에 관한 사항, ⑦ 공원·녹지에 관한 사항, ⑧ 경관에 관한 사항, ⑨ 기후변화 대응 및 에너지절약에 관한 사항, ⑩ 방재·방범 등 안전에 관한 사항, ⑪ 위 각 항에 규정된 사항의 단계별 추진에 관한 사항, ⑫ 그 밖에 대통령령으로 정하는 사항 등이 그것이다. 위의 사항을 보면 거의 모든 시민들의 일상생활, 경제생활 그리고 지역사회, 국가와 관련성이 있는 것은 물론 ⑨ 항의 기후변화 대응 등은 국경을 넘는 사안이다. 그렇기 때문에 도시기본계획은 공청회, 지방의회의 의견청취, 지방도시계획위원회의 심의 등을 거쳐 수립·확정하도록 되어 있다(국토계획법 제20조－제22조의 2). 이처럼 한 쪽의 사안(事案)이 단순히 이익으로만 환원할 수 없을 정도로 복잡하고 무거운데 다른 한쪽, 즉 업자(業者)의 영업이익과 (약간의) 공익을 형량(衡量)한다는 것이 논리적으로 가능하며 또 그 결과에 무슨 의미를 부여할 수 있겠는가? 따라서 사법심사의 방식은 먼저 주민제안의 내용이 도시기본계획에 부합하는가 살펴보고 나서 이 조건을 충족했을 때 비로소 「이익형량」에 의한 심사를 진행해야 할 것이다. 이러한 심사방식이 국토계획법 제25조 제1항의 규정의 취지에 부합한다.

　　이 점은 이 사건에 적용하여 보면 명확해진다. 2020년 상주시 도시기본계획에 의하면 이 사건 의료소각장 사업예정지가 속한 일대는 전원주거, 농업, 관광, 휴양지로서 기능하도록 계획되어 있다. 여기서 의료소각장이 위 지역의 '정체성'과 '장소성'을 회복하는 것과는 거리가 멀다는 것은 두 말할 필요가 없을 것이다. 따라서 본 건에서의 입안 제안은 국토계획법 제25조 제1항의 요건을 충족시키지 못하기 때문에 다음 단계의 심사내용 여부와 관계없이 이 단계에서 거부처분 사유는 확정된다고 볼 수 있다.

　　대상판결은 이 사건 사업예정지가 속한 지역의 도시기본계획상 전원주거의 기능 등을 들어 Y의 이익형량이 정당성이나 객관성을 결여한 것으로는 보이지 않는다고 판단하였다. 그러나 대상판결은 위의 판단의 근거로 이익형량론을 원용하고 있으나 실질적으로는 입안제안이 상주시 도시기본계획에 「부합」하지 않는다고 말하는 것과 같다. 왜냐 하면 대상판결은 어떠한 이익형량을 하였는가에 대한 언급이 전혀 없이 단지 도시기본계획상의 전원주거의 기능 등을 들어 Y가 행한 이익형량이 정당·객관성을 갖추고 있다고 판단하고 있기 때문이다.

　　Y는 X의 입안제안에 대한 거부처분의 첫 번째 사유로 다음과 같이 명확하게 말하고 있다. 즉,「이 사건 사업예정지는 2020년 목표 상주시

도시기본계획상 화북면 소재 속리산 국립공원과 화남면, 모서면 백화리 자연공원을 연계한 관광개발권역으로 설정된 청정지역으로서 폐기물처리시설을 설치함은 도시기본계획과 부합되지 않는다.」 따라서 법원은 Y의 처분사유로 제시한 내용, 즉 「폐기물처리시설의 설치가 도시기본계획에 부합」되는 가의 여부에 대해서 판단하면 되는 것이다. 그럼에도 불구하고 대상판결은 이 문제를 「이익형량론」으로 환원하여 동어반복(同語反覆)적인 작업을 하고 있다. 이러한 작업은 불필요할 뿐만 아니라 자칫하면 엉뚱한 결과를 가져올 위험성이 있다. 이익형량론에 의한 심사는 원래 법관의 인격이나 경험 그리고 가치관 등에 따라 행해진다는 피할 수 없는 결함을 지니고 있기 때문이다. 대상판결도 판사가 바뀌면 제1심 판결처럼 얼마든지 그 결과가 달라질 수 있는 것이다. 첫 단계에서 이익형량심사를 해서는 안 되는 이유이다. 반복해서 말하지만 입안 사안이 국토계획법 제25조 제1항에 「부합」하는가의 여부에 대한 심사는 이익형량과 관계가 없는 단계이다.

한편, 국토계획법 제25조 제1항의 규정취지에 대한 위와 같은 본고의 설명에 대하여 좀 더 심도 있는 연구가 필요하다는 견해가 있다. 그 이유는 「도시관리계획이 하위계획이기 때문에 상위계획인 도시기본계획이 설정한 도시의 컨셉을 크게 벗어나서는 안 되겠지만 도시기본계획의 장기성, 추상성을 고려하면 도시관리계획은 변화된 현실에 적합한 도시의 모습을 구현하는 보다 구체적인 수단이기 때문에 도시기본계획을 어느 정도의 "수정"하는 것도 허용되어야 한다고 볼 수도 있기 때문」14)이라는 것이다. 필자도 평자(評者)의 위와 같은 견해에 당연히 동의한다. 그러나 문제는 어느 경우에 "수정"이 허용되는가 하는 점이다. 그리고 이에 대한 판단기준은 사안(事案)마다 내용이 너무 달라서 도그마틱으로 정립할 수 없고 각 사안에 따라 개별적으로 판단해야 할 것이다. 결국,

---

14) 본고에 대한 논문심사 총평의 내용임.

"수정"이 허용되는가의 여부는 주민과 지방의회의 의견청취 및 도시계획위원회의 자문 등을 거치면서 발굴되는 이익형량요소를 형량하여 판단하게 될 것이다. 그런데 이러한 과정은 바로 다음에서 설명하는 본고의 입장과 같은 내용이다.

(2) 주민과 지방의회의 의견청취, 도시계획위원회의 자문 결과의 의미

현행 국토계획법에 의하면 시장·군수가 도시·군관리계획을 입안할 때에는 주민과 지방의회의 의견을 청취하도록 규정하고 있다(동법 제28조, 동법 시행령 제22조 제7항 제3호). 또 시장·군수는 국토계획법 제26조 제1항의 규정에 의한 제안을 도시관리계획입안에 반영할 것인지 여부를 결정함에 있어서 필요한 경우에는 해당 지방자치단체에 설치된 지방도시계획위원회의 자문을 거칠 수 있도록 되어 있다(국토계획법 시행령 제20조 제2항). 그리고 이 사건에서 상주시도시계획조례 제6조 제2항은 시장은 주민이 도시관리계획 입안을 제안한 도시관리계획안에 대하여는 시도시계획위원회의 자문을 받아 입안 여부를 결정하여야 하며, 자문결과 보완사항에 대하여는 제안자의 의견을 들어 입안하도록 규정하고 있다. 이들 규정은 입안제안 거부처분에 대한 사법심사를 하는 과정에서 의견청취와 자문에 관한 규정의 의미가 무엇이며 이를 법적으로 어떻게 포섭할 것인가 하는 문제를 제기한다.

먼저 의견청취와 자문제도가 존재하는 의미에 대하여 살펴보기로 하자. 이 사건(상주시)에서처럼 제안의 내용이 의료폐기물 소각장이고 도시기본계획에 따른 사업예정지가 속한 지역이 전원주거, 농업, 관광, 휴양지의 기능으로 되어 있는 경우에는 위의 제도는 큰 의미를 갖지 못할 것이다. 왜냐하면, 위의 사례에서의 의료폐기물 소각장시설의 설치는 국토계획법 제26조 제1항 주민제안제도의 도입취지인 그 지역의 '정체성'과 '장소성'의 회복과는 거리가 너무 멀기 때문이다. 이러한 경우에는 시장·군수는 주민과 지방의회의 의견청취는 거치되 시군도시계획위원회의 자문을 거칠 필요 없이 입안제안을 거부할 수 있다고 하겠다.

따라서 위의 제도가 의미를 갖는 경우는 제안내용이 도입취지에 적합한지 여부에 대한 판단이 ① 애매한 경우와 ② 합치하는 경우가 될 것이다.15) 이 사건을 예로 들자면 ①에 해당하는 사례로 골프장의 설치제안을 들 수 있다. 골프장은 외형적으로는 관광과 휴양지의 기능에 적합하지만 개발과정에서 자연을 훼손할 수 있고 또 개장 후에는 농약의 사용 등으로 환경문제를 일으키는 등 적지 않은 문제점을 지니고 있기 때문이다. 그렇기 때문에 해당 골프장의 설치를 둘러싸고 주민과 이해관계자들은 각자의 입장에서 찬반(贊反)으로 나뉘어 서로 갈등할 수 있다. 이러한 경우에 위의 의견청취제도와 자문제도는 매우 유용하게 활용될 수 있다. 이들 제도를 통해서 문제점이 무엇이고 어떠한 이해관계의 충돌이 있는가 하는 점들이 드러나기 때문이다. 마찬가지로 ② 의 경우에도 위의 제도는 유용하게 작동한다. 입안제안의 내용이 국토계획법 제26조 제1항 주민제안제도의 도입취지에 합치하는 경우에도 거기에는 언제나 다양한 이해충돌 상황이 존재하기 때문이다.

이렇게 볼 때 주민이 제안한 도시관리계획의 입안·결정과정에서의 주민과 지방의회의 의견청취, 도시계획위원회의 자문은 입안결정권자인 시장·군수가 이익형량을 행하기 위한 요소를 발견하는 단계라고 할 수 있다. 다시 말하면, 이 단계 역시 이익형량을 위한 준비단계이지 이익형량을 하는 단계는 아니라고 보아야 한다.

그렇다면 여기에서 주민과 지방의회의 의견청취, 도시계획위원회

---

15) 주민제안내용이 도시기본계획에 부합하는지 여부에 관해서 1) 합치되지 않는 것이 분명한 경우, 2) 애매한 경우, 3) 합치되는 것이 분명한 경우로 나누어서, 1)의 경우에는 이익형량이 불필요하고, 2)와 3)의 경우에는 이익형량이 필요하다는 필자의 견해에 1), 2), 3)을 명확하게 구분할 수 있는 도그마틱을 수립하는 것이 필요하다는 심사평이 있었다. 타당한 지적으로 앞으로의 연구과제이다.

의 자문이 갖는 의미를 법적으로 어떻게 포섭할 것인가에 대해서 살펴
보기로 하자. 이 사건의 제1심판결은「Y가 주민의 생활에 큰 영향을 미
치는 도시계획을 결정함에 있어 제반요소를 충분히 고려하여 신중하게
이를 처리하도록 유도하기 위한 것에 그 입법취지가 있다고 할 것이며
Y가 도시계획위원회의 의견이나 자문에 구속되어야하는 것」은 아니라
고 하였다. 이 견해는 행정법 교과서에서 일반적으로 접할 수 있는 내
용이다. 그러나 주민제안제도의 도입배경부터 입안·결정 등에 이르기
까지의 내용에 대하여 논의를 진행해온 우리로써는 이 견해가 얼마나
고식(姑息)적이고 안이한 사고(思考)인가 쉽게 알 수 있을 것이다. 주민
과 지방의회의 의견청취와 도시계획위원회의 자문이 갖는 법적인 의미
를 파악하기 위해서는 이것들이 어떠한 맥락에서 행해졌는지 개개의 안
건에서 구체적으로 살펴보지 않으면 안 된다. 국토계획법 제26조 제1항
의 주민제안제도의 경우 제안내용이 도입취지에 적합한지 여부에 대한
판단이 ① 애매한 경우와 ② 합치하는 경우에 이익형량이 필요하고, 위
의 의견청취와 자문은 이익형량을 위한 준비작업 즉, 형량에 필요한 요
소를 발굴하기 위하여 행해지는 것이다. 따라서 사법(司法)심사에서는
의견청취와 자문을 통하여 형량요소가 제대로 발굴되었는지 그리고 시
장·군수는 이들 형량요소를 토대로 하여 제대로 형량하였는가에 대한
판단이 이뤄져야 한다. 그리고 의견청취와 자문과정을 통해서 발굴된
형량요소가 부실(不實)한 경우에는 시장·군수가 이에 구속될 필요가 없
지만 그렇지 않은 경우에는 정당한 사유 없이 이를 형량하지 않거나 형
량을 그르친 경우에는 위법하다고 해야 할 것이다.

(3) 대상판결에 대한 평가

앞서 언급한 것처럼 대상판결이 이 사건에서 Y의 세 가지 거부처
분 사유 하나 하나를 이익형량론으로 환원하여 심사하는 방식을 취하고
있다. 이와 같은 심사방식이 갖는 문제점은 앞서의 검토과정을 통하여

충분히 드러났다고 본다. 즉, 이 사건에서는 먼저 X의 제안이 상주시 도시기본계획에「부합」하는지의 여부를 판단하여야 한다(국토계획법 제25조 제1항). 거기서 X의 의료폐기물 소각장 사업예정지는 상주시 도시기본계획에서 예정하고 있는 전원주거, 농업, 관광, 휴양지의 기능으로 되어 있기 때문에「부합」여부의 판단기준인 '정체성'과 '장소성'의 회복과는 거리가 멀기 때문에 이 단계에서 이미 결론은 났다고 볼 수 있다. 이 사건의 결론이 이처럼 명백함에도 불구하고 대상판결처럼 첫 단계에서부터 이익형량론으로 심사하는 것은 법관의 성향에 따라 결론이 얼마든지 뒤바뀔 위험성이 있다. 제1심판결도 그러한 사례 가운데 하나라고 볼 수 있다. 그러나 대상판결은 이익형량론의 심사방식을 취하고 있음에도 불구하고 실질적으로는「부합」하는가의 여부에 중점을 두고 있었기에 올바른 판단을 할 수 있었다고 본다.

이어서 다음 단계인 주민과 지방의회의 의견청취, 도시계획위원회의 자문 결과의 의미에 대한 판단에 있어서도 이들 절차가 형량요소의 발굴단계라는 점은 아직 인식하고 있지 못하다는 지적을 할 수 있다.

6. 대상판결 이후의 판례의 동향

대상판결 이후 내려진 국토계획법 제26조 제1항의 주민제안제도와 관련한 판례로는, ① 대법원 2015. 6. 24 선고 2013두12102 판결 [도시관리계획결정입안제안신청반려처분취소](폐기물처리시설 관련사건), ②대법원 2015. 9. 15 선고 2013두27005 판결[도시관리계획입안제안신청반려처분취소](골프장 관련사건), ③대법원 2020. 7. 23 선고 2020두36007 판결 [폐기물처리사업계획부적합통보처분취소] 등이 있다. 그러나 이들 판례 역시 위의 주민제안제도의 도입배경이나 취지를 알지 못하며 나아가 사법(司法)심사 방식에 있어서도 제안의 내용이 해당 시·군의 도시기본계획과「부합」하는가에 대한 판단을 하지 아니한 채 바로 이익형량

을 하는 방식을 취하고 있다. 또 주민과 지방의회의 의견청취, 도시계획
위원회의 자문 등의 절차가 이익형량을 하기 위한 형량요소를 발견하는
과정이라는 인식에는 미치지 못하고 있다. 결국, 국토계획법 제26조 제1항
의 주민제안제도와 관련한 판례로서 대상판례를 뛰어넘는 사례는 아직 나
타나고 있지 않다.

Ⅳ. 맺음말

이상에서 살펴본 것처럼 현행 국토계획법 제26조 제1항의 주민에
의한 도시·군관리계획 입안제안 제도는 1960년대 이후 개발위주의 도
시계획정책에 의해 자기정체성을 상실해 가고 있던 도시의 '정체성'과
'장소성'을 회복하기 위한 목적으로 2000년 도시계획법의 개정을 통하
여 도입되었다. 즉, 주민은 자신이 살고 있는 지역의 역사와 지리 그리
고 기후 등에 대하여 많은 정보를 가지고 있기 때문에 이 정보를 활용
하기 위하여 주민참가의 차원에서 이 제도가 도입된 것이다. 그런데 이
제도가 도입된 이후 운영되고 있는 실제상황을 보면 본래의 도입배경·
취지와는 달리 주민참가가 아닌 업자들의 영업활동 확보를 위한 제도
로 활용되는 경우가 대부분이다. 문제는 이들의 업종이 그 지역의 '정체
성'과 '장소성'의 회복과 거리 간 먼 혐오시설인 경우가 많아 주민들과
의 갈등을 불러일으키고 있다는 점이다.

국토계획법도 위와 같은 문제점을 예상하여 이를 방지하기 위한
장치를 가지고 있다. 동법 제25조 제1항에서 규정하고 있는 도시·군관
리계획의 입안은 도시기본계획에 「부합」되어야 한다는 규정이 바로 그
것이다. 도시기본계획은 과학적이고 실증적인 분석을 통하여 작성되기
때문에 해당 지역의 '정체성'과 '장소성'을 확인하는 데에 이만한 소재도
없다. 따라서 그 제안내용을 해당 지역에 관한 도시기본계획의 내용에

비추어 「부합」하는가의 여부를 살펴보면 터무니없는 입안제안은 충분히 걸러낼 수 있을 것이다.

그러나 본고의 상주시의 사례에서 볼 수 있듯이 행정 측은 물론 법원도 이 제도의 도입배경·취지를 잘 알지 못하고 있다. 게다가 법원은 입안거부에 대한 위법성 심사에서 모든 쟁점을 이익형량으로 환원하여 심사하는 방식을 취하고 있다. 이익형량론이란 원래 사적(私的)인 이해관계의 조정을 목적으로 사법(私法)영역에서 전개된 법해석방법론으로 이 사건에서처럼 사적(私的)인 이해관계의 충돌은 물론 다양한 성격의 공익(公益)이 다층적으로 얽혀 있는 공법영역의 문제에 그대로 적용하는 데에는 문제가 많다. 그렇기 때문에 이 사건의 제1심 판결처럼 엉뚱한 결론이 도출될 위험성이 크다. 따라서 사법심사의 첫 단계에서는 이익형량론에 의해서가 아니라 입안제안의 내용이 해당 지역의 도시기본계획의 내용에 「부합」하는가에 초점을 두고 심사를 진행하여야 한다. 그 결과 그 내용이 해당 지역의 '정체성'과 '장소성'의 회복과 거리가 있는 경우에는 그 단계에서 결론을 내리는 것이 타당하다.

이익형량론이 필요한 경우는 그 내용의 부합 여부가 애매하거나 적합한 경우이다. 이 경우에 법원은 주민과 지방의회의 의견청취와 도시계획위원회의 자문절차를 통하여 발굴된 형량요소를 토대로 이익형량을 하여 입안거부(또는 수용)의 위법성 여부에 대하여 판단하면 된다. 그리고 법원은 주민과 지방의회의 의견청취와 도시계획위원회의 자문과정에서 형량요소가 제대로 발굴되었는지, 또 시장·군수가 발굴된 형량요소를 제대로 형량하였는 가에 대한 판단도 당연히 해야 할 것이다.

참고문헌

정태용, 도시계획법, 한국법제연구원(2001.5.)

김광중, 뉴밀레니엄시대의 한국도시개발의 전망과 과제, 도시문제 제35권 제374호(2000.1.)

박재길, 도시계획제도의 문제점과 개선과제, 도시계획법 개정에 관한 공청회, 건설교통부·국토연구원(1999. 5. 7.)

박무익, 개정 도시계획법 해설(Ⅰ)－장기미집행시설 해소－, 도시문제, 제35권 제375호(2000. 2.)

＿＿＿, 개정 도시계획법 해설(Ⅱ)－광역도시계획 제도－, 도시문제, 제35권 제376호(2000. 3.)

＿＿＿, 개정 도시계획법 해설(Ⅲ)－지구단위계획－, 도시문제, 제35권 제377호(2000. 4.)

＿＿＿, 개정 도시계획법 해설(Ⅳ)－개발행위허가－, 도시문제, 제35권 제378호(2000. 5.)

＿＿＿, 개정 도시계획법 해설(Ⅴ)－친환경적 도시계획－, 도시문제, 제35권 제379호(2000. 6.)

＿＿＿, 개정 도시계획법 해설(Ⅵ)－도시계획수립절차－, 도시문제, 제35권 제380호(2000. 7.)

＿＿＿, 개정 도시계획법 해설(Ⅶ)－용도지구제의 개편－, 도시문제, 제35권 제383호(2000. 10.)

角松生史「公私協働」の位相と行政法理論への示唆：都市再生関連諸法をめぐって（日本)公法研究 第65号(2003.10.)

전북일보, 2024년 5월 13일자

전주MBC 2024년 5월 19일 방송

전북일보, 2024년 5월 30일자

국문초록

현행 국토계획법 제26조 제1항의 주민에 의한 도시·군관리계획 입안제안 제도는 1960년대 이후 개발위주의 도시계획정책에 의해 자기정체성을 상실해 가고 있던 도시의 '정체성'과 '장소성'을 회복하기 위한 목적으로 2000년 도시계획법의 개정을 통하여 도입되었다. 즉, 주민은 자신이 살고 있는 지역의 역사와 지리 그리고 기후 등에 대하여 많은 정보를 가지고 있기 때문에 이 정보를 활용하기 위하여 주민참가의 차원에서 이 제도는 도입된 것이다. 그런데 이 제도가 도입된 이후 운영되고 있는 실제상황을 보면 본래의 도입 배경·취지와는 달리 주민참가가 아닌 업자들의 영업활동 확보를 위한 제도로 활용되는 경우가 대부분이다. 문제는 이들의 업종이 그 지역의 '정체성'과 '장소성'의 회복과 거리 간 먼 혐오시설인 경우가 많아 주민들과의 갈등을 불러일으키고 있다는 점이다.

국토계획법도 위와 같은 문제점을 예상하여 이를 방지하기 위한 장치를 가지고 있다. 동법 제25조 제1항에서 규정하고 있는 도시·군관리계획의 입안은 도시기본계획에 「부합」되어야 한다는 규정이 바로 그것이다. 도시기본계획은 과학적이고 실증적인 분석을 통하여 작성되기 때문에 해당 지역의 '정체성'과 '장소성'을 확인하는 데에 이만한 소재도 없다. 따라서 그 제안내용을 해당 지역에 관한 도시기본계획의 내용에 비추어 「부합」하는가의 여부를 살펴보면 터무니없는 입안제안은 충분히 걸러낼 수 있을 것이다.

그러나 본고의 상주시의 사례에서 볼 수 있듯이 행정 측은 물론 법원도 이 제도의 도입배경·취지를 잘 알지 못하고 있다. 게다가 법원은 입안거부에 대한 위법성 심사에서 모든 쟁점을 이익형량으로 환원하여 심사하는 방식을 취하고 있다. 이익형량론이란 원래 사적(私的)인 이해관계의 조정을 목적으로 사법(私法)영역에서 전개된 법해석방법론으로 이 사건에서처럼 사적(私的)인 이해관계의 충돌은 물론 다양한 성격의 공익(公益)이 다층적으로 얽혀 있는 공법영역의 문제에 그대로 적용하는 데에는 문제가 많다. 그렇기 때문에 이 사건의 제1심 판결처럼 엉뚱한 결론이 도출될 위험성이 크다. 따라서 사법심사의 첫 단계에서는 이익형량론에 의해서가 아니라 입안제안의 내용이 해당 지역의 도시기본계획의 내용에 「부합」하는가에 초점을 두고 심사를 진행하여야 한다. 그 결과 그 내용이 해당 지역의 '정체성'과 '장소성'의 회복과 거리가 있는 경우에는 그 단계에서 결론을 내려도 좋다.

이익형량론이 필요한 경우는 그 내용의 부합 여부가 애매하거나 적합한 경우이다. 이 경우에 법원은 주민과 지방의회의 의견청취와 도시계획위원회의 자문절차를 통하여 발굴된 형량요소를 토대로 이익형량을 하여 입안거부(또는 수용)의 위법성 여부에 대하여 판단하면 된다. 그리고 법원은 주민과 지방의회의 의견청취와 도시계획위원회의 자문과정에서 제대로 발굴되었는지, 또 시장·군수가 발굴된 형량요소를 제대로 형량하였는가에 대한 판단도 당연히 해야할 것이다.

주제어: 행정계획과 사법심사, 주민제안제도, 행정계획 책정절차, 이익형량론, 도시의 정체성과 장소성

Abstract

Legal Issues surrounding the Resident Proposal System under the National Land Planning and Utilization Act

Yoo, Jin Sik*

The current system for proposing urban and county management plans by residents in Article 26, Paragraph 1 of the National Land Planning and Utilization Act(hereinafter referred to as the National Land Planning Act) was introduced through the revision of the Urban Planning Act in 2000 with the aim of restoring the city's "identity" and "location," which had been losing its self-identity due to development-oriented urban planning policies since the 1960s. Since residents have a lot of information about the history, geography, and climate of their own area, this system was introduced in order to utilize this information. However, when looking at the actual conditions in operation since the introduction of this system, most of them are used as a system to secure business activities of business men, not residents' participation, contrary to the original background and purpose of the introduction. The problem is that their industries are often hate facilities far from the recovery of "identity" and "location" in the area, causing conflicts with residents.

The National Land Planning Act also has a device to prevent the above problems anticipated. It is the provision that the drafting of an urban and county management plan stipulated in Article 25, Paragraph 1

---

* Jeonbuk National University Law School, Professor

of the same Act must be "accorded with" to the basic urban plan. Since urban basic plans are prepared through scientific and empirical analysis, there is no such material for confirming the "identity" and "location" of the area. Therefore, if we look at whether the proposal is "accorded with" in light of the contents of the basic urban plan for the area, we can sufficiently filter out absurd draft proposals.

As seen in the case of Sangju City in this paper, neither the administration nor the court is well aware of the background or purpose of the system. In addition, the court is taking a method of examining all issues by returning them to profit sentence in the examination of the illegality of refusal to draft. The theory of profit sentence is a methodology for legal interpretation originally developed in the judicial field for the purpose of adjusting private interests, and there are many problems in applying it to problems in the public law field in which various public interests are intertwined in multiple layers, as in this case. Therefore, there is a high risk of drawing a wrong conclusion like the first decision in this case. In the first stage of judicial review, the review should be conducted with a focus on whether the content of the proposal is accorded with the content of the local urban master plan, not based on the theory of profit sentence. As a result, if the content is far from the restoration of the region's "identity" and "location", a conclusion may be drawn at that stage.

Where a theory of profit sentence is required, the proposal is ambiguous or appropriate to be accorded with the contents. In this case, the court may determine whether the refusal (or acceptance) of the draft is illegal by profits sentence based on the sentence factors discovered through the hearing of opinions of residents and local councils and the advisory process of the urban planning committee. The court should also naturally judge whether the opinions of residents and local councils were properly discovered in the process of consulting the urban planning committee, and whether the head of the mayor/county governor properly weights with the discovered sentence elements.

Key Words: Administrative planning and Judicial review, the Resident Proposal System, Administrative Planning Procedures, the Theory of Profit Sentence, "identity" and "location" in the city

투고일 2024. 6. 7.
심사일 2024. 6. 23.
게재확정일 2024. 6. 29.

도시계획시설에서의 점유 판단

김은정*

대법원 2022. 4. 28. 선고 2019다272053 판결

Ⅰ. 대상판결의 개요

1. 사실관계

(1) 원고는 지방자치단체이고, 피고는 건설회사이다.

(2) 피고는 원고에게 도로, 주차장, 공원, 공공공지(이하 각 시설을 통틀

---

17) 법학박사, 대법원 재판연구관

어 '이 사건 도시계획시설'이라 한다)를 설치하는 도시계획시설사업(이
하 '이 사건 도시계획시설사업'이라 한다)의 실시계획인가신청을 하면
서, 공사가 완료되면 이 사건 도시계획시설을 기부채납하기로 하는
약정(이하 '이 사건 기부채납'이라 한다)을 체결하였다.

(2) 원고의 실시계획인가 이후 피고는 2010. 7. 21. 이 사건 도시계획시
설 공사를 완료하였고, 원고는 2011. 3. 23. 피고에게 준공검사필증
을 발급하였다.

(3) 피고 건설회사는 이 사건 도시계획시설의 등기부상 소유자이다.[1]

(4) 원고는 2017. 12. 11. 피고를 상대로 이 사건 도시계획시설 중 도로,
공원, 공공공지(이하 '이 사건 도로 등'이라 한다)에 관하여는 2011. 3. 23.
무상귀속을 원인으로 한 소유권이전등기절차의, 주차장(이하 '이 사건 주차
장'이라 한다)에 관하여는 이 사건 기부채납을 원인으로 한 소유권이
전등기절차의 이행을 구하는 소를 제기하였다.

2. 소송의 경과

(1) 이 사건 도로 등에 관하여 제1심과 제2심은 무상귀속을 원인으로 한
소유권이전등기절차의 이행을 구하는 원고의 청구를 인용하였다.

(2) 반면, 이 사건 주차장에 관하여는 제1심과 제2심의 결론이 달랐다.
제1심에서는 이 사건 기부채납에 따라 피고가 소유권이전등기를 해
야 한다고 판단하였으나, 제2심에서는 원고의 소유권이전등기청구
권의 소멸시효가 완성되었다고 보아 이 부분 원고의 주장이 이유 없
다고 보았다. 원고의 소유권이전등기청구권이 상사채권으로서 5년
의 소멸시효가 완성되었다고 주장한 피고의 항변을 인정한 결과였

---

[1] 제1심과 제2심에서는 이 사건 도시계획시설의 일부에 관하여 신탁을 받아 등기부
상 소유자로 되어 있던 주택도시보증공사 또한 공동피고였다. 쟁점에 집중하기 위
해 주택도시보증공사와 관련된 쟁점 및 사실관계는 생략하도록 한다.

다. 이에 원고는 이 사건 주차장이 2011. 3. 9. 이래로 원고의 관리
하에 점유되어왔으므로 시효가 진행되지 않는다고 재항변하였으나
받아들여지지 않았다. 원심이 원고의 점유를 부정한 구체적인 사정
은 다음과 같다.

❶ 이 사건 주차장은 출입구를 통제하는 등 외부에서 알 수 있는
  방법으로 상시 관리하는 주체가 없고 인근 주민이 자유롭게 사
  용하고 있다.

❷ 원고가 이 사건 주차장을 직접 또는 간접적으로 점유하고 있다
  고 추단할만한 객관적 표지가 없다.

❸ 원고가 일반적인 환경 미화 과정에서 일부 쓰레기 수거 등 작
  업을 하였다고 하여 이 사건 주차장의 정비작업을 해 왔다고
  보기 어렵다.

❹ 원고 산하의 도시관리공사(이하 '공사'라 한다)가 원고로부터
  이 사건 주차장을 무상으로 대부받았다는 내용의 내부적인 행
  정적 처리가 있었다는 것만으로 원고가 위 주차장을 사실상 지
  배하고 있다고 보기 부족하다.

(3) 이에 상고심에서 다퉈진 부분은 '이 사건 주차장'에 관한 소유권이전
  등기청구권이 시효로 소멸하였는지 여부이다. 대법원의 판단은 다음
  목차에서 상술하도록 한다.

3. 판결의 요지

대법원은 이 사건 주차장에 관한 소유권이전등기청구권의 시효완
성을 인정한 원심의 판단이 잘못되었음을 이유로 원심판결을 파기 환송
하였다. 우선 이 사안이 상사 소멸시효가 적용되는 사안인지 검토한 후,
시효의 완성을 저지할 원고의 점유를 인정할 수 있는지 여부를 판단하

였다.

(1) 상사 소멸시효의 적용 여부

상사소멸시효가 적용되는 경우인지 판단하기 위한 전제로 해당 청구권의 법적 성질을 명확히 하였다. 대법원은 확고한 판례로, 지방자치단체 외의 자가 부동산 등의 소유권을 무상으로 지방자치단체에 증여하고 지방자치단체가 이를 취득하는 기부채납 약정을 사법상 증여계약 관계로 보고 있다.[2] 이 사건 주차장에 관한 소유권이전등기청구권의 근거인 이 사건 기부채납이 사법상 계약관계이고 건설회사인 피고의 상행위에 해당하므로, 5년의 상사 소멸시효기간이 적용된다는 원심의 판단을 수긍하였다.

(2) 상사 소멸시효의 완성 여부

대법원은 점유로 인해 시효가 진행하지 않았다는 원고의 상고이유를 검토하기 위해 아래와 같은 점유판단 기준을 설시하였다.

> 물건에 대한 점유란 사회관념상 어떤 사람이 사실적으로 지배하고 있는 객관적 상태를 말하는 것으로서, 사실적 지배는 반드시 물건을 물리적, 현실적으로 지배하는 것만을 의미하는 것이 아니고, 그 인정 여부는 물건과 사람 사이의 시간적·공간적 관계와 본권 관계, 타인 지배의 배제 가능성 등을 고려해서 사회관념에 따라 합목적적으로 판단해야 한다(대법원 2013. 7. 11. 선고 2012다201410 판결 등 참조).

이를 토대로 원고가 이 사건 주차장을 점유해왔음을 인정하였는데, 구체적인 근거는 다음과 같다.

---

2) 대법원 2012. 11. 15. 선고 2010다47834 판결 등.

❶ 피고는 이 사건 기부채납 약정을 이행하기 위해 이 사건 주차장을 설치하였고, 이후 원고의 계획대로 주민이 무상으로 주차장을 사용하고 있다. 이와 같은 사용 경위를 살펴보면, 원고가 주민에게 이 사건 주차장을 설치·제공한 것이라고 평가할 수 있다. 원고는 직접 또는 공사를 통해 지속적으로 이 사건 주차장을 관리하였고, 이 사건 주차장이 장기간 공영주차장으로 정상 운영될 수 있었던 것은 이러한 지속적 관리가 있었기 때문이다.

❷ 원고는 이 사건 주차장을 정기적으로 청소를 하는 것 외에 시설점검, 주차블록 교체와 보수, 카스토퍼 교체, 주차면 재도색, 아스콘 포장, 예초, 전지 등 다양한 관리 작업을 실시하였다. 또한, 원고는 공사와 이 사건 주차장에 관한 무상대부 계약을 체결하면서 운영을 위탁하였다. 이와 같이 원고가 직접 또는 관리 위탁을 통해 주민이 이 사건 주차장을 자유롭게 사용할 수 있도록 유지·관리한 사실은 합목적적 관점에서 원고가 이 사건 주차장을 지속적으로 점유해 온 것이라고 평가될 수 있다.

❸ 원고가 지방자치단체라는 사정을 감안하면, 주민으로 하여금 이 사건 주차장을 자유롭게 사용하도록 한 사실이 점유의 판단 기준으로서 '타인 지배의 배제 가능성'을 부정하는 요소라 보기는 어렵다.

Ⅱ. 쟁점의 정리

대상판결은 지방자치단체인 원고가 건설회사인 피고에게 이 사건 주차장에 관하여 소유권이전등기를 구하는 사안이다. 소유권이전등기청구권은 채권적 청구권으로서 소멸시효에 걸리나 매수인이 목적물을 인

도받아 계속 점유하는 경우에는 소멸시효가 진행되지 않는다고 보는 것
이 판례의 입장이다.3) 그에 따라 이 사건 기부채납의 법적 성질과 지방
자치단체인 원고의 점유 여부가 쟁점이 되었다.

　대상판결을 심도 깊게 이해하기 위해 다른 도시계획시설과 달리
이 사건 주차장만 이 사건 기부채납에 근거한 채권적 소유권이전등기청
구권의 대상이 되었는지를 이 사건 도시계획시설사업의 구조를 검토하
며 살펴보고자 한다. 나아가, 도시계획시설로서의 이 사건 주차장의 법
적 성질에 주목하여 원고의 점유 여부를 검토해보고자 한다. 대상판결
은 원고가 이 사건 주차장을 점유하고 있는지 판단하기 위해 지방자치
단체인 원고의 지위를 고려하여 합목적적으로 판단하였다. 그 과정에서
도시계획시설이자 공물인 이 사건 주차장의 특성은 대법원의 설시에서
잘 드러나지 않는다. 도시계획시설의 설치·운영 등을 공물의 성립·관
리·폐지 관점에서 고려하여 지방자치단체인 원고의 이 사건 주차장 점
유 여부를 살펴본다.

Ⅲ. 이 사건 도시계획시설의 법적 성질

　이 사건 도로 등과 이 사건 주차장이 다르게 판단된 배경을 알기
위해서는 공공시설과 도시계획시설의 개념 및 그 제도 전반에 관한 이
해가 필요하다. 그 차이점의 핵심이 각 도시계획시설이 공공시설의 지
위를 겸하였는지 여부이기 때문이다.

---

3) 주석 민법[총칙 3](제5판). 2019, 404면 참조.

1. 공공시설과 도시계획시설의 의의

(1) 공공시설의 개념

공공시설은 개발사업을 전제로 한 개념이다. 여기서 개발사업이란 적극적으로 부지를 확보하고 건축물 등을 건축하여 노후화된 도시를 정비하거나 신도시를 건설하는 사업 일체를 말한다. 이와 같은 개발사업이 작동할 수 있도록 공법적 수단과 절차를 제공하여 적극적으로 도시 공간의 규율에 개입하는 법제를 강학상 '개발사업법'이라 한다.[4] 주택법, 도시개발법, 도시정비법과 같은 여러 개발사업법에서 공공시설 제도를 규정하고 있다.

개발사업은 일정한 면적의 사업부지를 전제로 하는데, 그 부지 내에는 도로와 같은 기존 시설이 있는 경우가 많다. 사업부지의 소유권을 확보하여 개발사업을 시행해야 하는 사업시행자는 도로 등의 부지인 국·공유지의 소유권을 확보할 필요성이 있고, 동시에 지방자치단체는 사업시행자가 개발사업으로 설치하는 새로운 시설의 소유권을 귀속받아 관리할 필요성도 생긴다. 공공성이 높은 시설들의 설치를 확보하고 동시에 합리적으로 양자의 이해관계를 조율하기 위해 공공시설 제도가 탄생하였다. 도로, 공원, 수도와 같이 공공성이 높은 시설들을 '공공시설'이라 규정하고, 신설되는 공공시설은 관리청에 무상으로 귀속하되, 종래의 공공시설에 대하여는 신설 공공시설의 설치비용에 해당하는 범위에서 사업시행자에게 무상으로 양도될 수 있도록 하였다.[5]

다시 말해, 공공시설이란 개발사업이 시행되는 과정에서 이에 부수하여 설치되는 도로, 공원 등으로서 도시에 거주하는 일반 공중의 이용에 제공되어 거주민들이 기본적인 생활을 영위하는 데 필요한 국가 또

---

4) 김종보, 건설법의 이해(제7판), 북포레, 2023, 11면 참조.
5) 허지인, 개발사업법상 공공시설에 관한 공법적 연구, 서울대학교 박사학위논문, 2020, 13면 참조.

표 1 공공시설에 속하는 구체적 시설

법령	시설
국토계획법 제2조 제13호	- 도로 · 공원 · 철도 · 수도, 그 밖에 대통령령으로 정하는 공공용 시설
동법 시행령 제4조	- 항만 · 공항 · 광장 · 녹지 · 공공공지 · 공동구 · 하천 · 유수지 · 방화설비 · 방풍설비 · 방수설비 · 사방설비 · 방조설비 · 하수도 · 구거(도랑) - 행정청이 설치하는 시설로서 주차장, 저수지 및 그 밖에 국토교통부령으로 정하는 시설 - 스마트도시서비스의 제공 등을 위한 스마트도시 통합운영센터 등 스마트도시의 관리 · 운영에 관한 시설로서 대통령령으로 정하는 시설[「스마트도시 조성 및 산업진흥 등에 관한 법률」 제2조 제3호 (다)목]
동법 시행규칙 제2조	- 공공필요성이 인정되는 체육시설 중 운동장 - 장사시설 중 화장장 · 공동묘지 · 봉안시설(자연장지 또는 장례식장에 화장장 · 공동묘지 · 봉안시설 중 한 가지 이상의 시설을 같이 설치하는 경우를 포함한다)

는 지방자치단체 소유의 시설을 말한다.[6] 공공시설은 개발사업에서 사업자에게 무상으로 양도되는 대상시설과 새로 설치되어 행정청에 무상귀속의 대상시설의 범위를 정하기 위한 개념이다.[7]

「국토의 계획 및 이용에 관한 법률」(이하 '국토계획법'이라 한다) 및 동법 시행령, 시행규칙에 규정되어 있는 공공시설을 모두 열거하면 위 [표 1]과 같다.

(2) 도시계획시설의 개념

도시계획시설이란 기반시설 중 도시관리계획으로 결정된 시설을

---

6) 허지인, 위의 박사학위논문, 46면 참조.
7) 허지인, 위의 박사학위논문, 16~17면 참조.

표 2 기반시설의 종류

시설군	개별 시설
교통시설	도로 · 철도 · 항만 · 공항 · 주차장 · 자동차정류장 · 궤도 · 차량 검사 및 면허시설
공간시설	광장 · 공원 · 녹지 · 유원지 · 공공공지
유통 · 공급시설	유통업무설비, 수도 · 전기 · 가스 · 열공급설비, 방송 · 통신시설, 공동구 · 시장, 유류저장 및 송유설비
공공 · 문화체육시설	학교 · 공공청사 · 문화시설 · 공공필요성이 인정되는 체육시설 · 연구시설 · 사회복지시설 · 공공직업훈련시설 · 청소년수련시설
방재시설	하천 · 유수지 · 저수지 · 방화설비 · 방풍설비 · 방수설비 · 사방설비 · 방조설비
보건위생시설	장사시설 · 도축장 · 종합의료시설
환경기초시설	하수도 · 폐기물처리 및 재활용시설 · 빗물저장 및 이용시설 · 수질오염방지시설 · 폐차장

말한다(국토계획법 제2조 제7호). 도시계획시설의 개념을 정의하기 위해 기반시설을 살펴보면, 기반시설이란 도시가 원활하게 기능하기 위해 원칙적으로 행정 주체가 설치의무를 지는 광범위한 시설을 말한다.[8] '도시계획시설'은 이와 같은 기반시설 중 공공성과 영향력이 높아 원칙적으로 행정주체가 도시계획시설결정 및 실시계획의 절차를 거쳐 설치하는 시설이다.[9] 헌법상 공공필요를 충족하여야 도시계획시설부지에 대한 수용권이 부여될 수 있으므로 높은 공공성이 요구되며, 높은 영향력으로 인해 엄격한 도시계획결정절차가 예정되어 있다.[10]

공공시설과는 그 목적에서 구별되지만, 구성하고 있는 개별 시설들

---

8) 김종보, 위의 책, 342~343면 참조.
9) 김종보, 위의 책, 345면 참조.
10) 김종보, 위의 책, 345면 참조.

이 거의 유사하여 실무상 자주 혼동되어 사용된다. 기반시설에 포함되는 광범위한 시설군을 유형별로 열거하면 앞 [표 2]와 같다(국토계획법 시행령 제2조 제1항).

2. 이 사건 도시계획시설의 법적 지위

대상판결의 사실관계에서는 잘 드러나지 않으나 피고는 이 사건 도시계획시설사업의 부지를 포함한 구역에서 주택법상 사업계획승인을 받아 아파트 단지를 건설한 자이다. 주택법에서도 국토계획법상 조문을 준용하여 공공시설 귀속 제도를 규정하고 있다(주택법 제29조, 국토계획법 제99조, 제65조). 주택건설사업 사업주체가 사업계획승인을 받은 사업지구의 토지에 새로 공공시설을 설치하거나 기존의 공공시설에 대체되는 공공시설을 설치하는 경우, 새로 설치한 공공시설은 그 시설을 관리할 관리청에 무상으로 귀속되고, 주택건설로 용도가 폐지되는 공공시설은 새로 설치한 공공시설의 설치비용에 상당하는 범위에서 사업주체에게 무상으로 양도될 수 있다.

그러나 대상판결의 사안은 이 사건 주차장 및 이 사건 도로 등이 주택건설사업에서 공공시설로 설치된 것이 아니라 도시계획시설사업으로 설치되었다. 제한된 기록을 통해 추측하건대, 주택사업계획승인 이전에 이미 이 사건 도시계획시설에 관하여 도시계획시설결정이 있었거나 주택사업계획승인으로 의제된 지구단위계획의 내용에 도시계획시설결정이 포함되었던 것으로 보인다. 피고는 주택계획사업승인으로 국토계획법상 도시계획시설사업의 사업시행자 지정 및 실시계획인가도 의제 받아 도시계획시설사업으로 이 사건 도시계획시설을 설치하였다(주택법 제19조 제1항 제5호, 국토계획법 제86조, 제88조).

도시계획시설을 설치하는 도시계획시설사업 또한 개발사업이므로,

국토계획법은 이 경우에도 공공시설 제도를 마련하고 있다(국토계획법 제99조, 제65조). 도시계획시설사업에 의해 새로 공공시설을 설치하거나 기존 공공시설에 대체되는 공공시설을 설치한 경우, 마찬가지로 신설 공공시설은 관리청에 귀속되고 새로 설치한 공공시설의 설치비용 범위에서 기존 공공시설이 사업시행자에게 무상으로 양도될 수 있다. 이 사건 도시계획시설은 신설되는 공공시설로 설치된 것이므로 국토계획법상 공공시설과 도시계획시설의 지위를 동시에 가진다.

다만, 이 사건 주차장은 예외이다. '주차장'은 열거된 공공시설, 도시계획시설에 모두 속해있지만 구체적 범위에서 양 시설 간 차이가 있다. 도시계획시설인 주차장은 주차장법상 노외주차장(도로의 노면 및 교통광장 외의 장소에 설치된 주차장으로서 일반의 이용에 제공되는 것)을 말한다[「도시·군계획시설의 결정·구조 및 설치기준에 관한 규칙」 제29조, 「주차장법」 제2조 제1호 (나)목]. 반면, 공공시설인 주차장은 "행정청이 설치하는 시설로서 주차장"으로 한정되어 있다. 이 사건 주차장의 경우 행정청이 아닌 민간 사업시행자에 의해 설치된 '도로 노면 및 교통광장 외에 설치된' 주차장이므로 도시계획시설에는 해당하나 공공시설에서는 제외된다. 이 지점에서 이 사건 주차장과 다른 이 사건 도시계획시설 사이에 소유권 변동과 관련하여 차이점이 발생하였다.

3. 이 사건 도시계획시설의 소유권 변동

(1) 공공시설의 무상귀속

국토계획법에 따르면, 행정청이 아닌 도시계획시설사업자가 도시계획시설사업에 의하여 새로이 설치한 공공시설은 그 시설을 관리할 관리청에 무상으로 귀속된다(법 제99조, 제65조). 귀속에 의한 물권변동은 민법 제187조 소정의 "법률의 규정에 의한 물권변동"이고, 그 성질은

원시취득이다.11)

공공시설인 이 사건 도로 등은 준공과 동시에 관리청에 무상으로 귀속되었고, 소유권은 국토계획법상 공공시설의 귀속 조문에 의해 변동되었으므로 제1심과 원심에서 무상양도를 원인으로 한 소유권이전등기청구가 인용되었다. 민법 제187조에 기한 소유권이전등기청구권은 물권 내용의 완전한 실현을 위한 물권적 청구권이므로 소멸시효의 적용을 받지 않는다.

(2) 기부채납에 의한 소유권 변동

반면, 이 사건 주차장은 공공시설에 해당하지 않아 그 소유권이 원고에게 무상귀속되지 않았다. 이 사건 주차장의 소유권 변동의 근거는 도시계획시설 실시계획인가에 부관으로 부가되었던 이 사건 기부채납이다. 기부채납에 관하여는 법령상 정의 규정이 없고, 「국유재산법」 및 「공유재산 및 물품 관리법」에서 국·공유재산의 범위의 재산을 국가나 지방자치단체에 기부하려는 자가 있으면 국가나 지방자치단체는 기부받을 수 있다는 내용을 규정하고 있다(「국유재산법」 제13조 및 「공유재산 및 물품 관리법」 제7조).

기부채납의 법적 성질에 관하여는 견해의 대립이 존재한다. 앞에서 살펴보았듯 판례는, 기부채납이란 기부자가 국가 또는 지방자치단체에 일방적으로 재산을 증여하는 기부의 의사표시를 하고 국가나 지방자치단체는 이를 승낙하는 채납의 의사표시를 함으로써 성립하는 사법상 증여계약으로 본다.12) 이에 반하여 기부채납을 공법상 법률행위로 보는 견해로, '공법상 의무의 이행'에 해당하는 기부채납은 권력행위의 일환으로 이루어진 공법상 특유의 법률행위라고 보는 견해,13) 행정청은 기

---

11) 대법원 1999. 4. 15. 선고 96다24897 전원합의체 판결 참조.
12) 대법원 1992. 12. 8. 선고 92다4031 판결, 대법원 1996. 11. 7. 선고 96다20581 판결.
13) 朴正勳, 기부채납 부담과 의사표시의 착오, 행정법연구 제3호, 1998, 200면 참조.

부채납자에게 기부를 약정하도록 하고 기부채납자가 요구하는 행정행
위를 하여야 하는 의무를 부담하므로 통상 증여와 다르다는 견해,14) 소
유권이 별도의 법률 근거 없이 국가나 지방자치단체에 이전되는 기부채
납을 공법상 계약으로 보면 족하다는 견해,15) 행정절차의 사전단계에서
행정주체가 일방적인 강제를 하지 않고 사인의 임의적인 행동을 유도하
는 비공식 행정작용이라는 견해16) 등이 있다.

　　통상적으로 기부채납 약정이 개발행위허가와 같은 수익적 행정행
위에 부가된다는 점을 보았을 때, 기부채납을 일방적 증여의 의사표시
로 보는 것은 실제 기부채납 약정이 작동되는 법률관계를 도외시한 측
면이 있다고 보인다. 조건부 증여계약으로 본다고 하더라도, 그 조건은
공법 제도 안에서 행정작용에 부가되는 부관(부담)이므로 굳이 사법상
조건부 증여로 파악하는 것이 어색하다. 따라서 기부채납은 공법상 법
률행위로 보는 것이 타당하며, 공법상 법률행위 중에서도 법적 강제력
이 없는 비공식 행정작용보다는 공법상 계약관계로 파악하는 것이 실질
에 부합하는 것으로 보인다. 개발사업 등에서 부여되는 다양한 반대급
부(실시계획의 인가, 용적률 완화 등)가 기부채납 부관과 결부되면서 기부
채납 제도는 점점 다양하고 고도화된 방식으로 활용되고 있다. 기부채
납이 단순한 형태로 이루어지던 2000년대 이전의 판례 법리를 일관되
게 적용하는 것은 실무와 판례 간 괴리를 심화시킬 수 있는 요인이다.

　　어떠한 견해를 취하든 소유권의 변동 근거가 계약에 의한 소유권
이전이라는 점에는 동일하다. 이 사건 도로 등과 달리 이 사건 주차장
은 계약에 근거한 소유권 변동이므로 채권적 청구권의 성질을 가진 소

14) 안신재, 기부채납에 관한 민사법적 고찰, 숭실대학교 법학논총 제26집, 2011, 7면
　　참조.
15) 박재윤, 행정행위의 부관에 관한 분쟁유형별 고찰, 행정법연구 제38호, 2014, 37면;
　　양은영, 기부채납 법제에 관한 연구, 성균관대학교 박사학위논문, 2017, 39면 참조.
16) 류지태, 행정법신론(제12판), 신영사, 2008, 278~279면 참조.

유권이전등기청구권의 대상이 되었고, 그러므로 유일하게 소멸시효의 항변의 대상이 되었다.

(3) 소유권 변동원인으로서 무상귀속과 기부채납의 병존

이 사건 도시계획시설사업의 부관으로 부가된 이 사건 기부채납을 보면, '이 사건 도시계획시설의 전부'가 기부채납의 대상이다. 공공시설이 아닌 이 사건 주차장을 제외하고, 공공시설이자 도시계획시설인 이 사건 도로 등에 한하여 소유권 변동의 원인으로 무상귀속과 기부채납이 중첩적으로 존재한다. 공공시설이나 그 부지를 기부채납하면 상한 용적률 인센티브를 완화시켜주는 규정을 적용받기 위해, 실무상 이와 같이 무상귀속되는 공공시설도 기부채납의 대상으로 포함시키는 경우가 있다.[17] 이러한 경우 이 사건 도로 등의 소유권 변동 근거를 법률 규정에 의한 무상귀속으로 볼지, 기부채납으로 볼지 문제된다.

위에서 살펴본 바와 같이, 무상귀속과 기부채납은 소유권 변동의 근거가 다를 뿐만 아니라 소유권을 원시취득(무상귀속) 또는 승계취득(기부채납)하는 상대방, 소유권이 변동되는 시기도 다르다.[18] 무상귀속은 법률규정에 따라 준공검사를 받음으로써 시설 관리청에 귀속된다(국토계획법 제99조, 제65조).[19] 반면, 기부채납은 대상 행정청에 관한 제한이 존재하지 않으며, 개발사업 완료 후 실제 소유권이전등기가 경료된 때 소유권이 이전한다.

행정청이 두 소유권 변동 근거 중 어떤 것을 선택하느냐에 따라 해당 시설을 둘러싼 법률관계가 위와 같이 달라진다. 특히 용적률·건폐율 등의 완화 정도가 행정청의 개별판단에 따라 달라지므로 다른 사업시행

---

17) 이승민, 공공시설의 무상귀속에 관한 소고, 행정법연구 제34호, 2012, 361면 참조.
18) 허지인, 위의 박사학위논문, 122~123면 참조.
19) 사업시행자가 행정청인 경우에는 준공검사를 마치고 해당 시설의 관리청에 공공시설의 종류와 토지의 세목을 통지한 날 소유권이 귀속된다.

자와 동일한 시설을 설치하여 제공하였음에도 다른 혜택을 받는 공평하지 않은 결과가 초래될 수 있다. 이는 예측가능성을 저해할 뿐만 아니라 "「국유재산법」과 「공유재산 및 물품 관리법」에도 불구하고 새로 설치된 공공시설은 그 시설을 관리할 관리청에 무상으로 귀속되고, 종래의 공공시설은 개발행위허가를 받은 자에게 무상으로 귀속된다"는 국토계획법 조문에도 맞지 않는다.[20]

따라서 두 소유권 변동 원인이 경합하고 있는 사안이라면, 국토계획법 규정을 우선적으로 적용하여 무상귀속 된다고 보는 것이 법리에 부합하는 해석이라 생각한다.[21] 즉, 소유권 변동 원인이 중첩되어 있는 이 사건 도로 등에 대하여 무상귀속에 따른 소유권이전등기절차를 이행하라는 원심판단은 타당해 보인다.

Ⅳ. 도시계획시설의 관리와 점유의 관계

이 사건 도로 등과 달리 이 사건 주차장만이 소멸시효 항변의 대상이 되었는지는 앞에서 살펴보았다. 시효가 진행되었는지 여부에 관하여 점유 판단이 주요 쟁점이었는데, 이하에서는 공물법적 관점에서 도시계획시설의 관리와 점유 판단에 관하여 논하겠다.

1. '사실상 지배'로서의 점유

민법 제192조에 따르면, 물건을 사실상 지배하는 자에게 점유권이 있고, 점유자가 물건에 대한 사실상의 지배를 상실한 때 점유권이 소멸

---

20) 이승민, 위의 논문, 363면 참조.
21) 무상귀속 대상이 기부채납된 경우의 그 처리방안에 관하여는 이승민, 위의 논문, 364~366면 및 허지인, 위의 박사학위논문, 125~126면 참조.

한다. 즉, 법령이 제시하는 점유 판단 기준의 유일한 요소는 사실상 지배의 인정 여부이다. 사실상 지배는 일반적으로 사회관념상 물건이 어떤 사람의 지배 내에 있다고 할 수 있는 객관적 관계라고 설명된다.[22) 대상판결은 "사실적 지배는 반드시 물건을 물리적, 현실적으로 지배하는 것만을 의미하는 것은 아니고, 그 인정 여부는 물건과 사람 사이의 시간적·공간적 관계와 본권 관계, 타인 지배의 배제 가능성 등을 고려해서 사회관념에 따라 합목적적으로 판단해야 한다"는 판단 기준을 제시하였다.

'물건과 사람 사이의 시간적·공간적 관계'라 함은 점유자가 점유물에 대하여 물리적인 영향력을 행사할 수 있도록 일정한 공간적 근접성과 어느 정도 시간의 지속성을 요구할 것을 의미한다.[23) 다시 말해, '점유물과 점유주체 간 시간적·공간적 관계', '타인 지배의 배제 가능성' 등은 기본적으로 물권적 관점에 근거한 '물건에 대한 배타적 지배' 여부를 판단하는 요소이고, '사회관념에 따른 합목적적인 기준'은 이에 구체적 타당성을 기하는 요소로 보인다.

문제는 이 사건 주차장이 행정주체가 일반 공중에 제공하는 공물인 도시계획시설이라는 데 있다. 애초에 설치주체가 설치 물건에 대한 시간적·공간적 배타성을 전혀 예정하지 않는데 위와 같은 점유 기준을 그대로 적용하는 것이 타당한 것인지 의문이 제기된다.

2. 공물의 점유

(1) 공물의 의의

공물이란 강학상 개념으로, 행정주체에 의하여 직접 공적 목적에

---

22) 주석 민법 [물권 1](제5판), 2019, 360면 참조.
23) 위의 책, 같은 면 참조.

제공되어 공법적 규율을 받는 유체물과 무체물 및 물건의 집합체(시설)을 말한다.[24] 공물의 종류는 그 목적에 따라 ❶ 직접 일반 공중의 공동 사용에 제공되는 공공용물(도로·광장·공원 등), ❷ 직접적으로 행정주체 자신의 사용에 제공되는 물건인 공용물(관공서 청사, 교도소 등), ❸ 공공용 또는 공용에 제공된 것은 아니나, 그 공공목적상 그 물건 자체를 보존하기 위한 공적 보존물(문화재 등)로 분류된다.[25] 성립과정에 따라서는 ❶ 하천과 같은 자연공물과 ❷ 도로와 같이 행정주체가 인공적으로 공공용에 제공하는 인공공물로 구분된다.[26] 이 사건 주차장은 인공적으로 일반 공중의 사용에 제공되는 인공 공공용물에 해당한다.[27]

(2) 인공 공공용물의 성립·소멸과 관리

1) 성립과 소멸

인공 공공용물의 경우, ❶ 일반 공중의 이용에 제공될 수 있는 형체적 요건을 갖추고, ❷ 그 물건을 일반 공중의 사용에 제공한다는 의사를 표시하는 공용개시행위를 갖추면 그 성립이 인정된다.[28] 반면, 소멸은 공용폐지행위에 의하여 이루어지는데, 공용폐지란 공물관리주체가 해당 공물을 일반 공중의 사용에 제공되는 것을 폐지하는 의사적 행위를 말한다.[29] 일반 공중의 이용에 공적 목적으로 제공된 공물을 철회하

24) 김동희, 행정법Ⅱ(제26판), 박영사, 2021, 261면; 하명호, 행정법(제5판), 박영사, 2023, 928면 참조.
25) 김동희, 위의 책, 264~265면 참조.
26) 김동희, 위의 책, 265면 참조.
27) 공물과 공공시설은 밀접한 관계이기는 하지만 구별되는 개념이라는 견해로, 송시강, 공물법, 김철용 편, 특별행정법, 박영사, 2022, 1497~1498면 참조. 본 논문에서는 공공영조물에 해당하지 않는 공공시설이 공공용물에 해당한다는 견해(김동희, 위의 책, 264면 참조)에 따라 작성하고, 이와 관련된 견해대립은 추후 연구에서 보완하고자 한다.
28) 박균성, 행정법론(하)(제19판), 박영사, 2021. 362면 참조.
29) 박균성, 위의 책, 370면 참조.

는 행정청의 행위이므로 명시적으로 이루어져야 하며, 그 이전까지는 공물로서 공공목적에 제공되고 있다고 보아야 한다.30)

공공용물의 형체적 요소가 멸실된 경우에도 공용폐지의 의사표시를 요하는지에 대하여는 견해의 대립이 있다. 법령에 명시적 의사표시를 요하는 규정이 있는 경우에는 그에 따라 명시적 의사표시가 요구될 것이다. 문제는 법령상 그와 같은 규정이 없는 경우인데, 이에 대하여 명시적 의사표시를 요한다는 견해와 묵시적 의사표시로 충분하다는 견해가 대립한다.31) 통설은 원칙적으로 명시적 의사표시를 요하되, 주위의 사정으로 보아 객관적으로 공용폐지의 의사의 존재를 추측할 수 있는 때에는 묵시적 의사표시가 있는 것으로 본다.32) 공용폐지가, 공용개시로써 일반 공중의 이용에 제공된 공물을 철회하는 의미라는 점을 고려하면 법률관계를 명확히 할 필요가 있다. 따라서 원칙적으로 명시적 의사표시를 요구하고 예외적으로 객관적 상황 등으로써 이용관계가 명확한 경우엔 묵시적 의사표시로 족하다는 통설의 입장이 타당하다고 사료된다.

판례는 통설과 마찬가지로 행정재산의 묵시적 공용폐지를 인정하고 있기는 하나, 행정주체의 공용폐지의사가 객관적으로 명확하게 추론되는 예외적인 경우에 한하여 인정하고 있다.33) 행정재산이 본래 용도에 사용되지 않고 있다는 사정만으로 공용폐지의 의사를 쉽게 추단하지 않는다.34)

2) 관리

공물의 관리란 행정주체가 공물의 목적을 달성하기 위한 일체의

---

30) 김동희, 위의 책, 271~272면 참조.
31) 김동희, 위의 책, 271~272면 참조.
32) 김동희, 위의 책, 272면 참조.
33) 대법원 1998. 11. 10. 선고 98다42974 판결, 대법원 1999. 7. 23. 선고 99다15924 판결.
34) 대법원 2009. 12. 10. 선고 2006다87538 판결, 1994. 9. 13. 선고 94다12579 판결.

작용을 말하고, 공물관리주체가 공물관리를 위하여 행사할 수 있는 지배권을 공물관리권이라 한다.35) 공물관리권의 법적 성질과 관련하여 ❶ 소유권의 작용으로 보는 소유권설과 ❷ 공법적 권한에 속하는 물권적 지배권으로 보는 공법상 물권적 지배권설이 대립하는데 후자가 일반적 견해이다.36) 물권적 지배 즉, 공물관리권은 공물의 범위를 결정하고, 공물의 유지·보존을 위한 임무를 부과하며, 공물을 공적 사용에 제공하는 것을 그 내용으로 한다.37)

3) 점유의 판단기준

공물에 대하여 점유를 판단할 때 물권적 지배권인 공물관리권의 유무, 범위, 내용 등이 고려된다. 공물의 특성과 사법적 점유가 함께 문제되는 부당이득반환청구 사안에서 점유를 판단하는 기준을 살펴보면, 실제로 관리권한의 여부, 관리하고 있는 시설의 범위 등이 활용되고 있음을 알 수 있다.

예를 들어, 대법원 2009다35903호 판결에서는 지방자치단체가 타인 소유 임야 중 일부 토지 위에 자신의 계획과 비용으로 수도시설, 안내판, 관리소 등을 설치하여 유지·관리해온 데 대하여 임야소유자가 그 차임 상당액을 부당이득으로 반환청구하였는데, 법원은 지방자치단체가 위 시설의 부지가 되는 부분을 점유한다고 보았다. 또한, 대법원 2011다105256호 판결에서도 법원은, 국가나 지방자치단체가 어떠한 토지에 도시계획시설을 구성하는 여러 시설을 설치·관리하여 일반 공중의 이용에 제공하는 등으로 이를 '사실상 지배'하는 것으로 평가될 수 있는 경우에 그 범위 내에서 국가나 지방자치단체의 점유가 인정된다고 판단하였다.

---

35) 홍정선, 행정법원론(하)(제29판), 박영사, 2021, 548면 참조.
36) 김동희, 위의 책, 280면; 홍정선, 위의 책, 548면 참조.
37) 홍정선, 위의 책, 549~550면 참조.

이는 기존 물권적 관점이 '사실상 지배'를 판단할 때 타인의 이용을
배제하는 배타성을 중요한 요인으로 고려하는 것과 구별되는 지점이다.
도시계획시설과 같은 인공 공공용물은 본질적으로 일반 공중의 이용에
제공되는 물건이라는 점에서 배타성과 친하지 않다. 다만 일반 공중에
공물을 제공하기 위해 이용의 제한과 관리가 이루어진다는 측면에서
'사실상 지배'가 인정된다.

3. 이 사건 주차장의 점유

도시가 원활하게 기능하게 하기 위해 일반공중의 이용에 제공되는
도시계획시설은 공물법적 관점에서 공공용물에 해당한다. 이 사건 주차
장은 도시계획시설 설치기준에 맞추어 물리적 시설을 갖추고, 설치절차
에 따라 공사완료가 공고되어 공용개시 되었으므로 공공용물로서의 성
립이 인정된다(국토계획법 제43조, 제98조 및 「도시·군계획시설의 결정·구조
및 설치기준에 관한 규칙」 제29조, 제30조).
성립된 공물의 관리권과 관련하여, 단순히 도시계획시설결정만으
로는 그 성립을 인정할 수 없지만 행정주체가 도시계획사업으로 설치한
시설이라면 공공용물로서 성립하였고, 그 범위에서 관리권을 인정할 수
있다.[38] 이와 같이 성립된 공용공물인 도시계획시설의 점유를 부정하기

---

38) 국유재산법상의 행정재산이란 국가가 소유하는 재산으로서 직접 공용, 공공용, 또
   는 기업용으로 사용하거나 사용하기로 결정한 재산을 말한다. 그 중 도로, 공원과
   같은 인공적 공공용 재산은 법령에 의하여 지정되거나 행정처분으로써 공공용으로
   사용하기로 결정한 경우, 또는 행정재산으로 실제로 사용하는 경우의 어느 하나에
   해당하면 행정재산이 되는 것인데, 1980. 1. 4. 법률 제3256호로 제정된 도시공원법
   이 시행되기 이전에 구 도시계획법(2002. 2. 4. 법률 제6655호 국토의 계획 및 이용
   에 관한 법률 부칙 제2조로 폐지, 이하 같다)상 공원으로 결정·고시된 국유토지라
   는 사정만으로는 행정처분으로써 공공용으로 사용하기로 결정한 것으로 보기는 부
   족하나, 서울특별시장이 구 공원법(1980. 1. 4. 법률 제3243호로 폐지되기 전의 것),
   구 도시계획법에 따라 사업실시계획의 인가내용을 고시함으로써 공원시설의 종류,

위해서는, 즉 물권적 지배권인 관리권한을 부정하기 위해서는 명시적인
공용폐지에 준하는 의사표시가 필요하다. 그러나 이 사안에서는 명시적
인 공용폐지의사가 없었을 뿐더러, 시설의 목적에 맞게 주민들의 이용
이 이루어지고 있다.

　　관리권에 기하여 원고는 이 사건 주차장을 정기적으로 청소를 하
는 것 외에 시설점검, 주차블록 교체와 보수, 카스토퍼 교체, 주차면 재
도색, 아스콘 포장, 예초, 전지 등 다양한 관리 작업을 실시하였다. 나아
가 원고는 공사와 이 사건 주차장에 관한 무상대부 계약을 체결하면서
운영을 위탁하여 일반 공중이 이 사건 주차장을 자유롭게 사용할 수 있
도록 유지·관리하였다. 이와 같은 점이 물권적 관점에서는 타인의 이용
을 배제하지 않아 '사실상 지배'를 부정하는 요소가 될 수 있다. 그러나
공물의 특성상 일반 공중에 공물을 제공하기 위한 관리가 이루어졌다는
측면에서 그 점유를 인정하는 근거로 보는 것이 타당하다.

　　대상판결 또한 이와 같은 관점에서 원심을 파기한 것으로 보인다.
원심에서 점유를 부정한 판단의 근거사실들을 살펴보면, ❶ 출입구를
통제하는 등 통제 여부가 잘 드러나지 않고 주민들의 자유로운 이용에
공하여지고 있다는 점, ❷ 직접 또는 간접 점유가 외부에 드러나는 객
관적인 표지가 없다는 점 등이다. 즉, 원심은 물권적 관점에서 원고의
점유를 인정하기 위해 외부로 드러나는 배타적인 직접 점유가 드러나는
징표가 필요하다고 판단하였다.

　　이에 대법원은 ❶ "원고가 주민에게 이 사건 주차장을 설치·제공
한 것이라고 평가할 수 있다"는 점, ❷ "주민이 이 사건 주차장을 자유
롭게 사용할 수 있도록 유지·관리한 위 사실은 합목적적 관점에서 원
고가 이 사건 주차장을 지속적으로 점유해 온 것이라고 평가할 수 있

위치 및 범위 등이 구체적으로 확정되거나 도시계획사업의 시행으로 도시공원이
실제로 설치된 토지라면 공공용물로서 행정재산에 해당한다(대법원 2014. 11. 27.
선고 2014두10769 판결).

다"는 점, ❸ "타인 지배의 배제 가능성" 요소를 근거로 점유를 부정하는 것은 타당하지 않다는 점을 근거로 원심을 파기하고 원고의 점유를 인정하였다. 대상판결에는 "원고가 지방자치단체라는 사정을 감안하면"이라고만 설시되어 있지만, 위 근거를 보면 이 사건 주차장이 지방자치단체인 원고에 의해 설치된 도시계획시설인 공물이라는 관점을 적극적으로 고려한 것으로 보인다.

4. 소유권이전등기청구권의 소멸시효와 점유

소유권이전등기가 이전되지 않은 상태에서 매수인이 부동산을 인도받은 경우, 매수인의 매도인에 대한 소유권이전등기청구권이 소멸시효에 걸리는지에 관하여 견해대립이 존재한다.[39] 통설과 판례에 따르면, 매수인의 등기청구권은 채권적 청구권에 불과하여 소멸시효에 걸리지만, 매수인이 그 목적물을 인도받아서 이를 사용수익하고 있다면 그 매수인의 등기청구권은 소멸시효에 걸리지 않는다.[40] 부동산 매수인으로서 그 목적물을 인도받아서 사용수익하고 있는 경우에 그 매수인을 권리 위에 잠자는 자로 볼 수 없고, 매도인 명의로 잔존하고 있는 등기를 보호하기 보다는 매수인의 사용수익 상태를 보호해야 한다는 점을 그 근거로 한다.[41]

소멸시효의 진행을 저지시키는 점유의 강력한 법적 효과를 고려해 보았을 때, 대상판결의 이 사건 주차장과 같이 타인의 이용을 배제하지 않고 관리하는 것만으로도 소멸시효의 진행을 막을 수 있을 것인지 생각해볼 수 있다. 생각건대, 이 사건 주차장은 공공성이 높아 엄격한 도

---

39) 주석 민법[총칙 3](제5판), 2019, 806면 참조.
40) 대법원 1976. 11. 6. 선고 76다148 판결 참조.
41) 민법주해[IV](제2판), 박영사, 2022, 404~405면 참조.

시계획시설결정 및 실시계획의 절차를 거쳐 설치된 도시계획시설이라
는 점, 원고가 지속적·정기적으로 청소, 시설점검, 주차블록 교체와 보
수 등 소유자로서의 관리 작업을 수행해 왔던 점 등에 비추어 보면, 원
고가 권리 위에 잠자는 자라고 보기에는 무리가 있다. 또한, 주민들이
이용하는 공적 시설이라는 점에서 이 사건 주차장과 관련된 이용관계도
보호할 필요성이 있어 보인다. 따라서 공물에 대한 물권적 관리권의 행
사만으로도 점유가 인정되어 소멸시효의 진행을 저지시킬 수 있다고 봄
이 타당하다.

Ⅴ. 결론

대상판결은 이 사건 도시계획시설사업의 구조를 살펴보지 않는 이
상 그 실질을 파악하기 어려운 사안이다. 통상 주택건설사업의 일환으
로 제공되는 공공시설이 별개의 도시계획시설사업으로 설치되어, 주차
장을 제외한 이 사건 도시계획시설의 소유권 변동 원인을 불분명하게
만들었다. 이 사건 도로 등이 주택건설사업에서 설치되었다면 공공시설
로서 무상귀속되는 것이 분명했을 것이나, 대상판결 사안과 같이 도시
계획시설사업 실시계획인가의 부관에 따라 기부채납 대상시설이 되면
서 기부채납에 의한 소유권이전도 가능해졌기 때문이다. 원심에서 이
사건 도로 등에 대하여 공공시설로서의 지위를 명확히 밝혀 무상귀속을
인정하는 대신 기부채납의 대상시설로 보았다면, 점유 여부를 다투는
범위는 이 사건 주차장에서 이 사건 도시계획시설 전체로 확대되었을
것이다.

이 사건 주차장과 관련하여 원고의 점유를 인정함에 따라 소멸시
효 완성을 부정한 대법원의 판단도 타당하다. 다만, 이 사건 주차장이
일반 공중의 이용에 제공된 도시계획시설로서 공물이라는 점, 공용폐지

행위가 존재하지 않았고 공물관리권에 기하여 관리행위가 존재했다는 점이 명확했으므로 그 점유 여부가 크게 쟁점이 되었다는 점은 조금 의외이다. 원심과 대법원의 결론이 달라질 만큼 점유 인정이 쟁점이 된 원인은 공공용물의 특수성을 고려하지 않은 점유 판단기준에 있는 것으로 보인다. 물권적 관점에 따라 배타적 사실상 지배를 요구하는 점유 판단기준을 공공용물인지 여부와 관련 없이 일관되게 적용하면, 사안의 본질과 괴리가 있는 판단들이 발생할 수밖에 없다. 대상판결에 잘 드러나지 않았던 공물법적 관점이 명확한 법리로 제시될 수 있다면, 도시계획시설과 같은 공물에 관한 점유 판단에 있어 실무상 혼선을 줄일 수 있을 것이다.

참고문헌

〈단행본〉

김동희, 행정법Ⅱ(제26판), 박영사, 2021.

김종보, 건설법의 이해(제7판), 북포레, 2023.

류지태, 행정법신론(제12판), 신영사, 2008.

민법주해[Ⅳ](제2판), 박영사, 2022.

박균성, 행정법론(하)(제19판), 박영사, 2021.

송시강, 공물법, 김철용 편, 특별행정법, 박영사, 2022.

주석 민법[총칙 3](제5판), 2019.

주석 민법[물권 1](제5판), 2019.

하명호, 행정법(제5판), 박영사, 2023.

홍정선, 행정법원론(하)(제29판), 박영사, 2021.

〈학위논문〉

양은영, 기부채납 법제에 관한 연구, 성균관대학교 박사학위논문, 2017.

허지인, 개발사업법상 공공시설에 관한 공법적 연구, 서울대학교 박사학위논문, 2020.

〈학술논문〉

김남진, 교섭·합의에 의한 부관의 효력 －대법원 1995. 6. 13. 선고, 94다56883 판결－, 판례연구 제7호, 1995.

박재윤, 행정행위의 부관에 관한 분쟁유형별 고찰, 행정법연구 제38호, 2014.

朴正勳, 기부채납 부담과 의사표시의 착오, 행정법연구 제3호, 1998.

안신재, 기부채납에 관한 민사법적 고찰, 숭실대학교 법학논총 제26집,

2011.
이승민, 공공시설의 무상귀속에 관한 소고, 행정법연구 제34호, 2012.

국문초록

대상판결은 이 사건 도시계획시설사업의 구조를 살펴보지 않는 이상 그 실질을 파악하기 어려운 사안이다. 통상적으로 주택건설사업의 일환으로 제공되는 공공시설이 별개의 도시계획시설사업으로 설치되어, 주차장을 제외한 이 사건 도시계획시설의 소유권 변동 원인을 불분명하게 만들었다. 이 사건 도로 등이 주택건설사업에서 설치되었다면 공공시설로서 무상귀속되는 것이 분명했을 것이나, 대상판결 사안과 같이 도시계획시설사업 실시계획인가의 부관에 따라 기부채납 대상시설이 되면서 기부채납에 의한 소유권이전도 가능해졌기 때문이다. 원심에서 이 사건 도로 등에 대하여 공공시설로서의 지위를 명확히 밝혀 무상귀속을 인정하는 대신 기부채납의 대상시설로 보았다면, 점유 여부를 다투는 범위는 이 사건 주차장에서 이 사건 도시계획시설 전체로 확대되었을 것이다.

이 사건 주차장과 관련하여 원고의 점유를 인정함에 따라 소멸시효 완성을 부정한 대법원의 판단도 타당하다. 다만, 이 사건 주차장이 일반 공중의 이용에 제공된 도시계획시설로서 공물이라는 점, 공용폐지행위가 존재하지 않았고 공물관리권에 기하여 관리행위가 존재했다는 점이 명확했으므로 그 점유 여부가 크게 쟁점이 되었다는 점은 조금 의외이다. 원심과 대법원의 결론이 달라질 만큼 점유 인정이 쟁점이 된 원인은 공공용물의 특수성을 고려하지 않은 점유 판단기준에 있는 것으로 보인다. 물권적 관점에 따라 배타적 사실상 지배를 요구하는 점유 판단기준을 공공용물인지 여부와 관련 없이 일관되게 적용하면, 사안의 본질과 괴리가 있는 판단들이 발생할 수밖에 없다. 대상판결에 잘 드러나지 않았던 공물법적 관점이 명확한 법리로 제시될 수 있다면, 도시계획시설과 같은 공물에 관한 점유 판단에 있어 실무상 혼선을 줄일 수 있을 것이다.

주제어: 도시계획시설, 공공시설, 기부채납, 공물, 점유

Abstract

Occupancy judgment in urban planning facilities

Eunjung, Kim*

The essence of this Supreme Court ruling can be understood only by understanding the structure of the urban planning facility project in this case. Typically, public facilities are provided as part of a housing construction project. However, in this case, it was installed as an urban planning facility project separate from the housing construction project, making the cause of the change in ownership of the urban planning facilities in this case, excluding the parking lot, unclear. If it had been installed during a housing construction project, it would have been a gratuitous contribution facility, but transfer of ownership by contributed acceptance became possible according to the conditions of the urban planning facility project implementation plan approval.

The Supreme Court's decision to deny the completion of the statute of limitations by acknowledging the plaintiff's possession of the parking lot in this case is reasonable. However, since it was clear that the parking lot in this case was a public object as an urban planning facility provided for use by the general public, it is somewhat surprising that whether or not it was occupied became a major issue. Presumably, the reason why there was such controversy regarding possession was because of the criteria for determining possession that did not take into account the

---

* Ph.D. in Law, Judicial Researcher

non−exclusive nature of the public objects. If the criteria for determining possession, which requires exclusive de facto control from a property rights perspective, are applied consistently regardless of whether the property is for public use, erroneous rulings are bound to occur. If the public objects perspective, which was not clearly revealed in this Supreme Court ruling, can be presented as a clear legal principle, confusion in practice will be reduced in determining possession of public objects such as urban planning facilities.

Key words: Urban planning facilities, Public facilities, Contributed acceptance, Public objects, Occupation

투고일 2024. 6. 11.
심사일 2024. 6. 23.
게재확정일 2024. 6. 29.

附　　錄

研究倫理委員會 規程
研究論集 刊行 및 編輯規則
「行政判例研究」 原稿作成要領
歷代 任員 名單
月例 集會 記錄

研究倫理委員會 規程

제1장 총 칙

제1조 (목적)

이 규정은 사단법인 한국행정판례연구회(이하 "학회"라 한다) 정관 제26조에 의하여 연구의 진실성을 확보하기 위하여 설치하는 연구윤리위원회(이하 "위원회"라 한다)의 구성 및 운영에 관한 기본적인 사항을 정함을 목적으로 한다.

제2조 (적용대상)

이 규정은 학회의 정회원·준회원 및 특별회원(이하 "회원"이라 한다)에 대하여 적용한다.

제3조 (적용범위)

연구윤리의 확립 및 연구진실성의 검증과 관련하여 다른 특별한 규정이 없는 한 이 규정에 따른다.

제4조 (용어의 정의)

이 규정에서 사용하는 용어의 정의는 다음과 같다.

1. "연구부정행위"는 연구를 제안, 수행, 발표하는 과정에서 연구목적과 무관하게 고의 또는 중대한 과실로 행하여진 위조·변조·표절·부당한 저자표시 등 연구의 진실성을 심각하게 해치는 행위를 말한다.

2. "위조"는 존재하지 않는 자료나 연구결과를 허위로 만들고 이를 기록하거나 보고하는 행위를 말한다.

3. "변조"는 연구와 관련된 자료, 과정, 결과를 사실과 다르게

변경하거나 누락시켜 연구가 진실에 부합하지 않도록 하는 행위를
말한다.

  4. "표절"은 타인의 아이디어, 연구 과정 및 연구결과 등을 정
   당한 승인 또는 적절한 인용표시 없이 연구에 사용하는 행
   위를 말한다.

  5. "부당한 저자 표시"는 연구내용 또는 결과에 대하여 학술적
   공헌 또는 기여를 한 자에게 정당한 이유 없이 저자 자격을
   부여하지 않거나, 학술적 공헌 또는 기여를 하지 않은 자에
   게 감사의 표시 또는 예우 등을 이유로 저자 자격을 부여하
   는 행위를 말한다.

제2장　연구윤리위원회의 구성 및 운영

제5조 (기능)

위원회는 학회 회원의 연구윤리와 관련된 다음 각 호의 사항을 심
의 · 의결한다.

  1. 연구윤리 · 진실성 관련 제도의 수립 및 운영 등 연구윤리확
   립에 관한 사항
  2. 연구윤리 · 진실성 관련 규정의 제·개정에 관한 사항
  3. 연구부정행위의 예방 · 조사에 관한 사항
  4. 제보자 및 피조사자 보호에 관한 사항
  5. 연구진실성의 검증·결과처리 및 후속조치에 관한 사항
  6. 기타 위원장이 부의하는 사항

제6조 (구성)

① 위원회는 위원장과 부위원장 각 1인을 포함하여 7인 이내의 위
원으로 구성한다.

② 위원장은 부회장 중에서, 부위원장은 위원 중에서 회장이 지명

한다.

③ 부위원장은 위원장을 보좌하고 위원장의 유고시에 위원장의 직무를 대행한다.

④ 위원은 정회원 중에서 회장이 위촉한다.

⑤ 위원장과 부위원장 및 위원의 임기는 1년으로 하되 연임할 수 있다.

⑥ 위원회의 제반업무를 처리하기 위해 위원장이 위원 중에서 지명하는 간사 1인을 둘 수 있다.

⑦ 위원장은 위원회의 의견을 들어 전문위원을 위촉할 수 있다.

제 7 조 (회의)

① 위원장은 필요한 경우 위원회의 회의를 소집하고 그 의장이 된다.

② 회의는 재적위원 과반수 출석과 출석위원 과반수 찬성으로 의결한다. 단 위임장은 위원회의 성립에 있어 출석으로 인정하되 의결권은 부여하지 않는다.

③ 회의는 비공개를 원칙으로 하되, 필요한 경우에는 위원이 아닌 자를 참석시켜 의견을 진술하게 할 수 있다.

제 3 장   연구진실성의 검증

제 8 조 (연구부정행위의 조사)

① 위원회는 구체적인 제보가 있거나 상당한 의혹이 있는 경우에는 연구부정행위의 존재 여부를 조사하여야 한다.

② 위원회는 조사과정에서 제보자·피조사자·증인 및 참고인에 대하여 진술을 위한 출석과 자료의 제출을 요구할 수 있다.

③ 위원회는 연구기록이나 증거의 멸실, 파손, 은닉 또는 변조 등을 방지하기 위하여 상당한 조치를 취할 수 있다.

제9조 (제보자와 피조사자의 권리 보호)

① 위원회는 어떠한 경우에도 제보자의 신원을 직·간접적으로 노출시켜서는 안 된다. 다만, 제보 내용이 허위인 줄 알았거나 알 수 있었음에도 불구하고 이를 신고한 경우에는 보호 대상에 포함되지 않는다.

② 위원회는 연구부정행위 여부에 대한 검증과정이 종료될 때까지 피조사자의 명예나 권리가 침해되지 않도록 노력하여야 한다.

제10조 (비밀엄수)

① 위원회의 위원은 연구부정행위의 조사, 판정 및 제재조치의 건의 등과 관련한 일체의 사항을 비밀로 하며, 검증과정에 직·간접적으로 참여한 자는 검증과정에서 취득한 정보를 누설하여서는 아니 된다.

② 위원장은 제1항에 규정된 사항으로서 합당한 공개의 필요성이 있는 때에는 위원회의 의결을 거쳐 공개할 수 있다. 다만, 제보자·조사위원·증인·참고인·자문에 참여한 자의 명단 등 신원과 관련된 정보가 당사자에게 부당한 불이익을 줄 가능성이 있는 때에는 공개하지 아니한다.

제11조 (제척 ·기피·회피)

① 위원은 검증사건과 직접적인 이해관계가 있는 때에는 당해 사건의 조사·심의 및 의결에 관여하지 못한다. ② 제보자 또는 피조사자는 위원에게 공정성을 기대하기 어려운 사정이 있는 때에는 그 이유를 밝혀 당해 위원의 기피를 신청할 수 있다. 위원회에서 기피 신청이 인용된 때에는 기피 신청된 위원은 당해 사건의 조사·심의 및 의결에 관여하지 못한다.

③ 위원은 제1항 또는 제2항의 사유가 있다고 판단하는 때에는 회피하여야 한다.

④ 위원장은 위원이 검증사건과 직접적인 이해관계가 있다고 인정하는 때에는 당해 검증사건과 관련하여 위원의 자격을 정지할 수 있다.

제12조 (의견진술, 이의제기 및 변론기회의 보장)
위원회는 제보자와 피조사자에게 관련 절차를 사전에 알려주어야 하며, 의견진술, 이의제기 및 변론의 기회를 동등하게 보장하여야 한다.

제13조 (판정)
① 위원회는 위원들의 조사와 심의 결과, 제보자와 피조사자의 의견진술, 이의제기 및 변론의 내용을 토대로 검증대상행위의 연구부정행위 해당 여부를 판정한다.
② 위원회가 검증대상행위의 연구부정행위 해당을 확인하는 판정을 하는 경우에는 재적위원 과반수 출석과 출석위원 3분의 2 이상의 찬성으로 한다.

제 4 장 검증에 따른 조치

제14조 (판정에 따른 조치)
① 위원장은 제13조 제1항의 규정에 의한 판정결과를 회장에게 통보하고, 검증대상행위가 연구부정행위에 해당한다고 판정된 경우에는 위원회의 심의를 거쳐 그 판정결과에 따라 필요한 조치를 건의할 수 있다.
② 회장은 제 1 항의 건의가 있는 경우에는 다음 각 호 중 어느 하나의 제재조치를 하거나 이를 병과할 수 있다.
  1. 연구부정논문의 게재취소
  2. 연구부정논문의 게재취소사실의 공지
  3. 회원의 제명절차에의 회부

4. 관계 기관에의 통보

5. 기타 적절한 조치

③ 전항 제 2 호의 공지는 저자명, 논문명, 논문의 수록 권·호수, 취소일자, 취소이유 등이 포함되어야 한다.

④ 회장은 학회의 연구윤리와 관련하여 고의 또는 중대한 과실로 진실과 다른 제보를 하거나 허위의 사실을 유포한 자가 회원인 경우 이를 제명절차에 회부할 수 있다.

제15조 (조사결과 및 제재조치의 통지)

회장은 위원회의 조사결과 및 제재조치에 대하여 제보자 및 피조사자 등에게 지체없이 서면으로 통지한다.

제16조 (재심의)

피조사자 또는 제보자가 판정결과 및 제재조치에 대해 불복할 경우 제15조의 통지를 받은 날부터 20일 이내에 이유를 기재한 서면으로 재심의를 요청할 수 있다.

제17조 (명예회복 등 후속조치)

검증대상행위가 연구부정행위에 해당하지 아니한다고 판정된 경우에는 학회 및 위원회는 피조사자의 명예회복을 위해 노력하여야 하며 적절한 후속조치를 취하여야한다.

제18조 (기록의 보관) ① 학회는 조사와 관련된 기록은 조사 종료 시점을 기준으로 5년간 보관하여야 한다.

부   칙

제 1 조 (시행일) 이 규정은 2007년 11월 29일부터 시행한다.

研究論集 刊行 및 編輯規則

제정: 1999. 08. 20.
제1차 개정: 2003. 08. 22.
제2차 개정: 2004. 04. 16.
제3차 개정: 2005. 03. 18.
전문개정: 2008. 05. 26.
제5차 개정: 2009. 12. 18.
제6차 개정: 2018. 12. 24.
제7차 개정: 2019. 04. 25.

제1장 총 칙

제1조 (目的)

이 규칙은 사단법인 한국행정판례연구회(이하 "학회"라 한다)의 정관 제27조의 규정에 따라 연구논집(이하 '논집'이라 한다)을 간행 및 편집함에 있어서 필요한 사항을 정함을 목적으로 한다.

제2조 (題號)

논집의 제호는 '行政判例硏究'(Studies on Public Administration Cases)라 한다.

제3조 (刊行週期)

① 논집은 연 2회 정기적으로 매년 6월 30일, 12월 31일에 간행함을 원칙으로 한다.

② 전항의 정기간행 이외에 필요한 경우는 특별호를 간행할 수

있다.

제 4 조 (刊行形式)

논집의 간행형식은 다음 각 호의 어느 하나에 의한다.

1. 등록된 출판사와의 출판권 설정의 형식
2. 자비출판의 형식

제 5 조 (收錄對象)

① 논집에 수록할 논문은 다음과 같다.

1. 발표논문: 학회의 연구발표회에서 발표하고 제출한 논문으로 서 편집위원회의 심사절차를 거쳐 게재확정된 논문
2. 제출논문: 회원 또는 비회원이 논집게재를 위하여 따로 제출한 논문으로서 편집위원회의 심사절차를 거쳐 게재확정된 논문
3. 그 밖에 편집위원회의 심사절차와 간행위원회의 의견을 거쳐 수록하기로 한 논문 등

② 논집에는 부록으로서 다음의 문건을 수록할 수 있다.

1. 학회의 정관, 회칙 및 각종 규칙
2. 학회의 역사 또는 활동상황
3. 학회의 각종 통계

③ 논집에는 간행비용의 조달을 위하여 광고를 게재할 수 있다.

제 6 조 (收錄論文要件)

논집에 수록할 논문은 다음 각호의 요건을 갖춘 것이어야 한다.

1. 행정판례의 평석 또는 연구에 관한 논문일 것
2. 다른 학술지 등에 발표한 일이 없는 논문일 것
3. 이 규정 또는 별도의 공고에 의한 원고작성요령 및 심사기준에 부합하는 학술연구로서의 형식과 품격을 갖춘 논문일 것

제 7 조 (著作權)

① 논집의 편자는 학회의 명의로 하고, 논집의 개별 논문에는 집필자(저작자)를 명기한다.

② 학회는 논집의 편집저작권을 보유한다.

③ 집필자는 논문 투고 시 학회에서 정하는 양식에 따라 논문사용권, 편집저작권 및 복제·전송권을 학회에 위임하는 것에 동의하는 내용의 동의서를 제출하여야 한다.

제 2 장　刊行委員會와 編輯委員會

제 8 조 (刊行 및 編輯主管)

① 논집의 간행 및 편집에 관한 업무를 관장하기 위하여 학회에 간행위원회와 편집위원회를 둔다.

② 간행위원회는 논집의 간행에 관한 중요한 사항을 심의·의결한다.

③ 편집위원회는 간행위원회의 결정에 따라 논집의 편집에 관한 업무를 행한다.

제 9 조 (刊行委員會의 構成과 職務 등)

① 간행위원회는 편집위원을 포함하여 회장이 위촉하는 적정한 수의 위원으로 구성하고 임기는 1년으로 하되 연임할 수 있다.

② 간행위원회는 위원장, 부위원장 및 간사 각 1인을 둔다.

③ 간행위원장은 위원 중에서 호선하고, 부위원장은 학회의 출판담당 상임이사로 하고, 간사는 위원 중에서 위원장이 위촉한다.

④ 간행위원회는 다음의 사항을 심의·의결한다.

　　1. 논집의 간행계획에 관한 사항

　　2. 논집의 특별호의 기획 등에 관한 사항

　　3. 이 규칙의 개정에 관한 사항

　　4. 출판권을 설정할 출판사의 선정에 관한 사항

　　5. 그 밖에 논집의 간행과 관련된 중요한 사항
　⑤ 간행위원회는 다음 각 호의 경우에 위원장이 소집하고, 간행위
원회는 위원 과반수의 출석과 출석위원 과반수의 찬성으로 의결
한다.
　　1. 회장 또는 위원장이 필요하다고 판단하는 경우
　　2. 위원 과반수의 요구가 있는 경우

제10조 (編輯委員會의 構成과 職務 등)
　① 편집위원회는 학회의 출판담당 상임이사를 포함하여 회장이 이
사회의 승인을 얻어 선임하는 10인 내외의 위원으로 구성하고 임기
는 3년으로 한다.
　② 편집위원회는 위원장, 부위원장 및 간사 각 1인을 둔다.
　③ 편집위원장은 위원 중에서 호선하고 임기는 3년으로 하며, 부위
원장은 학회의 출판담당 상임이사로 하고, 간사는 위원 중에서 위
원장이 위촉한다.
　④ 편집위원회는 다음의 사항을 행한다.
　　1. 이 규칙에 의하는 외에 논집에 수록할 논문의 원고작성요령
　　　및 심사기준에 관한 세칙의 제정 및 개정
　　2. 논문심사위원의 위촉
　　3. 논문심사의 의뢰 및 취합, 종합판정, 수정요청 및 수정후재심
　　　사, 논집에의 게재확정 또는 거부 등 논문심사절차의 진행
　　4. 논집의 편집 및 교정
　　5. 그 밖에 논집의 편집과 관련된 사항
　⑤ 편집위원회는 다음 각 호의 경우에 위원장이 소집하고, 위원 과
반수의 출석과 출석위원 과반수의 찬성으로 의결한다.
　　1. 회장 또는 위원장이 필요하다고 판단하는 경우
　　2. 위원 과반수의 요구가 있는 경우

제3장 論文의 提出과 審査節次 등

제11조 (論文提出의 基準)

① 논문원고의 분량은 A4용지 20매(200자 원고지 150매) 내외로 한다.

② 논문의 원고는 (주)한글과 컴퓨터의 "문서파일(HWP)"로 작성하고 한글사용을 원칙으로 하되, 필요한 경우 국한문혼용 또는 외국어를 사용할 수 있다.

③ 논문원고의 구성은 다음 각 호의 순서에 의한다.

    1. 제목

    2. 목차

    3. 본문

    4. 한글초록·주제어

    5. 외국어초록·주제어

    6. 참고문헌

    7. 부록(필요한 경우)

④ 논문은 제1항 내지 제3항 이외에 편집위원회가 따로 정하는 원고작성요령 또는 심사기준에 관한 세칙을 준수하고, 원고는 편집위원회가 정하여 공고하는 기한 내에 출판간사를 통하여 출판담당 상임이사에게 제출하여야 한다.

제12조 (論文審査節次의 開始)

① 논문접수가 완료되면 출판담당 상임이사는 심사절차에 필요한 서류를 작성하여 편집위원장에게 보고하여야 한다.

② 편집위원장은 전항의 보고를 받으면 편집위원회를 소집하여 논문심사절차를 진행하여야 한다.

제13조 (論文審査委員의 委囑과 審査 依賴 등)

① 편집위원회는 간행위원, 편집위원 기타 해당 분야의 전문가 중에서 심사대상 논문 한 편당 3인의 논문심사위원을 위촉하여 심사를 의뢰한다.

② 제 1 항의 규정에 의하여 위촉되어 심사를 의뢰받는 논문심사위원이 심사대상 논문 또는 그 제출자와 특별한 관계가 명백하게 있어 논문심사의 공정성을 해할 우려가 있는 사람이어서는 안 된다.

제14조 (秘密維持) ① 편집위원장은 논문심사위원의 선정 및 심사의 진행에 관한 사항이 외부로 누설되지 않도록 필요한 조치를 취하여야 한다.

② 편집위원 및 논문심사위원은 논문심사에 관한 사항을 외부로 누설해서는 안 된다.

제15조 (論文審査의 基準) 논문심사위원이 논집에 수록할 논문을 심사함에 있어서는 다음 각 호의 기준을 종합적으로 고려하여 심사의견을 제출하여야 한다.

　　1. 제 6 조에 정한 수록요건

　　2. 제11조에 정한 논문제출기준

　　3. 연구내용의 전문성과 창의성 및 논리적 체계성

　　4. 연구내용의 근거제시의 적절성 및 객관성

제16조 (論文審査委員別 論文審査의 判定) ① 논문심사위원은 제15조의 논문심사기준에 따라 [별표 1]의 [논문심사서](서식)에 심사의견을 기술하여 제출하여야 한다.

② 논문심사위원은 심사대상 논문에 대하여 다음 각호에 따라 '판정의견'을 제출한다.

　　1. '게재적합': 논집에의 게재가 적합하다고 판단하는 경우

　　2. '게재부적합': 논집에의 게재가 부적합하다고 판단하는 경우

    3. '수정후게재': 논문내용의 수정·보완 후 논집에의 게재가 적
      합하다고 판단하는 경우
③ 전항 제1호에 의한 '게재적합' 판정의 경우에도 논문심사위원은
수정·보완이 필요한 경미한 사항을 기술할 수 있다.
④ 제2항 제2호에 의한 '게재부적합' 판정 및 제3호에 의한 '수
정후게재' 판정의 경우에는 각각 부적합사유와 논문내용의 수정·보
완할 점을 구체적으로 명기하여야 한다.

제17조 (編輯委員會의 綜合判定 및 再審査)　편집위원회는 논문심사
    위원 3인의 논문심사서가 접수되면 [별표 2]의 종합판정기준에 의
    하여 '게재확정', '수정후게재', '수정후재심사' 또는 '불게재'로 종합
    판정을 하고, 그 결과 및 논문심사위원의 심사의견을 논문제출자에
    게 통보한다.

제18조 (修正要請 등)
① 편집위원장은 제17조의 규정에 의해 '수정후게재' 판정을 받은
논문에 대하여 수정을 요청하여야 한다.
② 편집위원장은 제17조의 규정에 의해 '게재확정'으로 판정된 논
문에 대하여도 편집위원회의 판단에 따라 수정이 필요하다고 인정
하는 때에는 내용상 수정을 요청할 수 있다.
③ 편집위원회는 집필자가 전항의 수정요청에 따르지 않거나 재심
사를 위해 고지된 기한 내에 수정된 논문을 제출하지 않을 때에는
처음 제출된 논문을 '불게재'로 최종 판정한다.

제4장 기　타

제19조 (審査謝禮費의 支給) 논문심사위원에게 논집의 간행·편집을
    위한 예산의 범위 안에서 심사사례비를 지급할 수 있다.

제20조(輔助要員) 학회는 논집의 간행·편집을 위하여 필요하다고 인정하는 때에는 원고의 편집, 인쇄본의 교정, 부록의 작성 등에 관한 보조요원을 고용할 수 있다.

제21조 (刊行·編輯財源) ① 논집의 간행·편집에 필요한 재원은 다음 각호에 의한다.

    1. 출판수입

    2. 광고수입

    3. 판매수입

    4. 논문게재료

    5. 외부 지원금

    6. 기타 학회의 재원

② 논문 집필자에 대한 원고료는 따로 지급하지 아니한다.

제22조 (論集의 配布) ① 간행된 논집은 회원에게 배포한다.

② 논문의 집필자에게는 전항의 배포본 외에 일정한 부수의 증정본을 교부할 수 있다.

附　　則 (1999. 8. 20. 제정)

이 규칙은 1999년 8월 20일부터 시행한다.

附　　則

이 규칙은 2003년 8월 22일부터 시행한다.

附　　則

이 규칙은 2004년 4월 17일부터 시행한다.

附　　則

이 규칙은 2005년 3월 19일부터 시행한다.

附　　則

이 규칙은 2008년 5월 26일부터 시행한다.

附　　則

이 규칙은 2009년 12월 18일부터 시행한다.

附　　則

이 규칙은 2018년 12월 24일부터 시행한다.

附　　則

이 규칙은 2019년 4월 25일부터 시행한다.

[별표 1 : 논문심사서(서식)]

「行政判例研究」게재신청논문 심사서

社團法人 韓國行政判例研究會

게재논집	行政判例研究 제15-2집	심사일	2010. . .
심사위원	소속	직위	
		성명	(인)
게재신청논문 [심사대상논문]			
판정의견	1. 게재적합 ( ): 논집의 게재가 가능하다고 판단하는 경우 2. 게재부적합 ( ): 논집의 게재가 불가능하다고 판단하는 경우 3. 수정후게재 ( ): 논문내용의 수정·보완 후 논집의 게재가 가능하다고 판단하는 경우		
심사의견			
심사기준	• 행정판례의 평석 또는 연구에 관한 논문일 것 • 다른 학술지 등에 발표한 일이 없는 논문일 것 • 연구내용의 전문성과 창의성 및 논리적 체계성이 인정되는 논문일 것 • 연구내용의 근거제시가 적절성과 객관성을 갖춘 논문일 것		

※ 심사의견 작성시 유의사항 ※

▷ '게재적합' 판정의 경우에도 수정·보완이 필요한 사항을 기술할 수
  있습니다.

▷ '게재부적합' 및 '수정후게재' 판정의 경우에는 각각 부적합사유와
  논문내용의 수정·보완할 점을 구체적으로 명기하여 주십시오.

▷ 표 안의 공간이 부족하면 별지를 이용해 주십시오.

[별표 2: 종합판정기준]

	심사위원의 판정			편집위원회 종합판정
1	○	○	○	게재확정
2	○	○	△	
3	○	△	△	수정후게재
4	△	△	△	
5	○	○	×	
6	○	△	×	
7	△	△	×	
8	○	×	×	불게재
9	△	×	×	
10	×	×	×	

○ ="게재적합" △ ="수정후게재" × ="게재부적합"

「行政判例硏究」 原稿作成要領

I. 원고작성기준

1. 원고는 워드프로세서 프로그램인 [한글]로 작성하여 전자우편을 통해 출판간사에게 제출한다.
2. 원고분량은 도표, 사진, 참고문헌 포함하여 200자 원고지 150매 내외로 한다.
3. 원고는 「원고표지 - 제목 - 저자 - 목차(로마자표시와 아라비아숫자까지) - 본문 - 참고문헌 - 국문 초록 - 국문 주제어(5개 내외) - 외국문 초록 - 외국문 주제어(5개 내외)」의 순으로 작성한다.
4. 원고의 표지에는 논문제목, 저자명, 소속기관과 직책, 주소, 전화번호(사무실, 핸드폰)와 e-mail주소를 기재하여야 한다.
5. 외국문 초록(논문제목, 저자명, 소속 및 직위 포함)은 영어를 사용하는 것이 원칙이지만, 논문의 내용에 따라서 독일어, 프랑스어, 중국어, 일본어를 사용할 수도 있다.
6. 논문의 저자가 2인 이상인 경우 주저자(First Author)와 공동저자(Corresponding Author)를 구분하고, 주저자·공동저자의 순서로 표기하여야 한다. 특별한 표시가 없는 경우에는 제일 앞에 기재된 자를 주저자로 본다.
7. 목차는 로마숫자(보기 : I, II), 아라비아숫자(보기 : 1, 2), 괄호숫자(보기: (1), (2)), 반괄호숫자(보기 : 1), 2), 원숫자(보기 : ①, ②)의 순으로 한다. 그 이후의 목차번호는 논문제출자가 임의로 정하여 사용할 수 있다.

II. 각주작성기준

1. 기본원칙
   (1) 본문과 관련한 저술을 소개하거나 부연이 필요한 경우 각주로 처리한다. 각주는 일련번호를 사용하여 작성한다.
   (2) 각주의 인명, 서명, 논문명 등은 원어대로 씀을 원칙으로 한다.
   (3) 외국 잡지의 경우 처음 인용시 잡지명을 전부 기재하고 그 이후 각 주에서는 약어로 표시한다.

2. 처음 인용할 경우의 각주 표기 방법
   (1) 저서: 저자명, 서명, 출판사, 출판년도, 면수.
   번역서의 경우 저자명은 본래의 이름으로 표기하고, 저자명과 서명 사이에 옮긴이의 이름을 쓰고 "옮김"을 덧붙인다.
   엮은 책의 경우 저자명과 서명 사이에 엮은이의 이름을 쓰고 "엮음"을 덧붙인다. 저자와 엮은이가 같은 경우 엮은이를 생략할 수 있다.
   (2) 정기간행물: 저자명, "논문제목", 「잡지명」, 제00권 제00호, 출판연도, 면수.
   번역문헌의 경우 저자명과 논문제목 사이에 역자명을 쓰고 "옮김"을 덧붙인다.
   (3) 기념논문집: 저자명, "논문제목", 기념논문집명(000선생00기념논문집), 출판사, 출판년도, 면수.
   (4) 판결 인용: 다음과 같이 대법원과 헌법재판소의 양식에 준하여 작성한다.
   판결 : 대법원 2000. 00. 00. 선고 00두0000 판결.
   결정 : 대법원 2000. 00. 00.자 00아0000 결정.
   헌법재판소 결정 : 헌법재판소 2000. 00. 00. 선고 00헌가00

결정.

(5) 외국문헌 : 그 나라의 표준표기방식에 의한다.

(6) 외국판결 : 그 나라의 표준표기방식에 의한다.

(7) 신문기사는 기사면수를 따로 밝히지 않는다(신문명 0000. 00. 00.자). 다만, 필요한 경우 글쓴이와 글제목을 밝힐 수 있다.

(8) 인터넷에서의 자료인용은 원칙적으로 다음과 같이 표기한다.
저자 혹은 서버관리주체, 자료명, 해당 URL(검색일자)

(9) 국문 또는 한자로 표기되는 저서나 논문을 인용할 때는 면으로(120면, 120면-122면), 로마자로 표기되는 저서나 논문을 인용할 때는 p.(p. 120, pp. 121-135) 또는 S.(S. 120, S. 121 ff.)로 인용면수를 표기한다.

3. 앞의 각주 혹은 각주에서 제시된 문헌을 다시 인용할 경우 다음과 같이 표기한다. 국내문헌, 외국문헌 모두 같다. 다만, 저자나 문헌 혹은 양자 모두가 여럿인 경우 이에 따르지 않고 각각 필요한 저자명, 문헌명 등을 덧붙여 표기함으로써 구별한다.

(1) 바로 위의 각주가 아닌 앞의 각주의 문헌을 다시 인용할 경우

1) 저서인용: 저자명, 앞의 책, 면수

2) 논문인용: 저자명, 앞의 글, 면수

3) 논문 이외의 글 인용: 저자명, 앞의 글, 면수

(2) 바로 위의 각주에 인용된 문헌을 다시 인용할 경우에는 "위의 책, 면수", "위의 글, 면수"로 표시한다.

(3) 하나의 각주에서 앞서 인용한 문헌을 다시 인용할 경우에는 "같은 책, 면수", "같은 글, 면수"로 표시한다.

4. 기타

(1) 3인 공저까지는 저자명을 모두 표기하되, 저자간의 표시는 "/"

로 구분하고 "/" 이후에는 한 칸을 띄어 쓴다. 4인 이상의 경우 성을 온전히 표기하되, 중간이름은 첫글자만을 표기한다.

⑵ 부제의 표기가 필요한 경우 원래 문헌의 표기양식과 관계없이 원칙적으로 콜론으로 연결한다.

⑶ 글의 성격상 전거만을 밝히는 각주가 너무 많을 경우 약자를 사용하여 본문에서 그 전거를 밝힐 수 있다.

⑷ 여러 문헌의 소개는 세미콜론(;)으로 하고, 재인용의 경우 원전과 재인용출처 사이를 콜론(:)으로 연결한다.

III. 참고문헌작성기준

1. 순서
국문, 외국문헌 순으로 정리하되, 단행본, 논문, 자료의 순으로 정리한다.

2. 국내문헌
⑴ 단행본: 저자, 서명, 출판사, 출판연도.
⑵ 논문: 저자명, "논문제목", 잡지명 제00권 제00호, 출판연도.

3. 외국문헌
그 나라의 표준적인 인용방법과 순서에 따라 정리한다.

歷代 任員 名單

■ 초대(1984. 10. 29.)

회　　장　金道昶
부 회 장　徐元宇·崔光律(1987. 11. 27.부터)

■ 제2대(1988. 12. 9.)

회　　장　金道昶
부 회 장　徐元宇·崔光律
감　　사　李尙圭
상임이사　李鴻薰(총무), 金南辰(연구), 朴鈗炘(출판), 梁承斗(섭외)
이　　사　金東熙, 金斗千, 金英勳, 金元主, 金伊烈, 金鐵容, 石琮顯,
　　　　　芮鍾德, 李康爀, 李升煥, 趙慶根, 崔松和, 韓昌奎, 黃祐呂

■ 제3대(1990. 2. 23.)

회　　장　金道昶
부 회 장　徐元宇·崔光律
감　　사　金鐵容
상임이사　李鴻薰(총무), 黃祐呂(총무), 金南辰(연구), 朴鈗炘(출판),
　　　　　梁承斗(섭외)
이　　사　金東熙, 金斗千, 金英勳, 金元主, 金伊烈, 石琮顯, 芮鍾德,
　　　　　李康爀, 李升煥, 李鴻薰
(1991. 1. 25.부터) 趙慶根, 崔松和, 韓昌奎, 黃祐呂

■ 제 4 대 (1993. 2. 23.)

회　　장　金道昶
부 회 장　徐元宇·崔光律
감　　사　金鐵容
상임이사　李鴻薰(총무), 金南辰(연구), 朴鈗炘(출판), 梁承斗(섭외)
이　　사　金東熙, 金英勳, 金元主, 朴松圭, 卞在玉, 石琮顯, 孫智烈,
　　　　　芮鍾德, 李康國, 李康爀, 李京運, 李淳容, 李重光, 李鴻薰,
　　　　　趙慶根, 趙憲銖, 千柄泰, 崔松和, 韓昌奎, 黃祐呂

■ 제 5 대 (1996. 2. 23.)

명예회장　金道昶
고　　문　徐元宇·金鐵容
회　　장　崔光律
부 회 장　金南辰·徐廷友
감　　사　韓昌奎
상임이사　金東熙(총무), 金元主(연구), 李康國(출판), 梁承斗(섭외)
이　　사　金英勳, 朴松圭, 朴鈗炘, 卞在玉, 石琮顯, 李康爀, 李京運,
　　　　　李淳容, 李升煥, 李重光, 李鴻薰, 趙慶根, 趙憲銖, 千柄泰,
　　　　　崔松和, 黃祐呂

■ 제 6 대 (1999. 2. 19.)

명예회장　金道昶
고　　문　徐元宇, 金鐵容, 金南辰, 徐廷友, 韓昌奎
회　　장　崔光律
부 회 장　梁承斗, 李康國
감　　사　金元主
상임이사　李鴻薰(총무), 金東熙(연구), 崔松和(출판), 金善旭(섭외)

이　　　사　金東建, 金英勳, 南勝吉, 朴松圭, 朴鈗炘, 白潤基, 卜海喆,
　　　　　　石琮顯, 李京運, 李光潤, 李升煥, 李重光, 鄭然彧, 趙憲銖,
　　　　　　洪準亨, 黃祐呂

■ 제 7 대(2002. 2. 15.)

명예회장　金道昶
고　　　문　金南辰, 金元主, 徐元宇, 徐廷友, 梁承斗, 李康國, 崔光律,
　　　　　　韓昌奎
회　　　장　金鐵容
부 회 장　金東建, 崔松和
감　　　사　金東熙
상임이사　金善旭(총무), 朴正勳(연구), 李光潤(출판), 李京運(섭외)
이　　　사　金英勳, 金海龍, 南勝吉, 朴均省, 朴鈗炘, 白潤基, 卜海喆,
　　　　　　石琮顯, 李東洽, 李範柱, 李重光, 李鴻薰, 鄭夏重, 趙憲銖,
　　　　　　洪準亨, 黃祐呂

■ 제 8 대(2005. 2. 21. / 2008. 2. 20.) *

명예회장　金道昶(2005. 7. 17. 별세)
고　　　문　金南辰, 金元主, 徐元宇(2005. 10. 16. 별세), 徐廷友, 梁承斗,
　　　　　　李康國, 崔光律, 韓昌奎, 金鐵容, 金英勳, 朴鈗炘, 金東熙
회　　　장　崔松和
부 회 장　李鴻薰, 鄭夏重
감　　　사　金東建, 李京運,
상임이사　李光潤(총무), 安哲相(기획), 洪準亨/吳峻根(연구),
　　　　　　金性洙(출판), 徐基錫(섭외)
이　　　사　金善旭, 金海龍, 南勝吉, 朴均省, 朴秀赫, 朴正勳, 白潤基,
　　　　　　卜海喆, 石琮顯, 石鎬哲, 蘇淳茂, 柳至泰, 尹炯漢, 李東洽,
　　　　　　李範柱, 李殷祈, 李重光, 趙龍鎬, 趙憲銖, 崔正一, 黃祐呂,

　　　　金香基, 裵柄皓, 劉南碩
간　　사　李元雨 / 金鐘甫(총무), 李賢修(연구), 金重權(재무),
　　　　　　宣正源 / 李熙貞(출판), 권은민(섭외)
* 위 '회장', '부회장', '상임이사', '이사'는 2007. 4. 20. 제정된 사단법인 한국행정
판례연구회 정관 제13조, 제14조, 제15조의 '이사장 겸 회장', '이사 겸 부회장',
'이사 겸 상임이사', '운영이사'임.

■제 9 대(2008. 2. 15. / 2011. 2. 14.)

고　　문　金南辰, 金東熙, 金英勳, 金元主, 金鐵容, 朴銳炘, 徐廷友,
　　　　　梁承斗, 李康國, 李鴻薰, 鄭夏重, 崔光律, 韓昌奎
회　　장　崔松和
부 회 장　李京運, 徐基錫
감　　사　金東建, 金善旭
이사 겸 상임이사　慶　健(총무), 安哲相(기획), 朴均省(연구), 韓堅愚
　　　　　　　　　(출판), 權純一(섭외/연구)
운영이사　具旭書, 권은민, 金光洙, 金性洙, 金連泰, 金容燮, 金容贊,
　　　　　金裕煥, 金義煥, 金重權, 金敞祚, 金海龍, 金香基, 金鉉峻,
　　　　　朴正勳, 朴海植, 裵柄皓, 白潤基, 卞海喆, 石琮顯, 石鎬哲,
　　　　　成百玹, 蘇淳茂, 申東昇, 辛奉起, 吳峻根, 劉南碩, 俞珍式,
　　　　　尹炯漢, 李光潤, 李承寧, 李元雨, 李殷祈, 李重光, 鄭鍾錧,
　　　　　鄭準鉉, 趙龍鎬, 曺海鉉, 趙憲銖, 崔正一, 洪準亨
간　　사　張暻源·李殷相·安東寅(총무), 鄭亨植·장상균(기획), 金泰昊
　　　　　(기획/연구), 金聖泰·崔善雄鄭南哲(연구), 李熙貞·河明鎬·崔
　　　　　桂暎(출판), 林聖勳(섭외), 박재윤(총무)

■제 10 대(2011. 2. 15. / 2014. 2. 14)

명예회장　金鐵容, 崔光律

金南撤,　金炳圻,　金性洙,　金聖泰,　金秀珍,　金連泰,　金容燮,
金容贊,　金裕煥,　金重權,　金鐘甫,　金敞祚,　金致煥,　金海龍,
金香基,　金鉉峻,　文尙德,　朴均省,　朴海植,　裵柄皓,　卞海喆,
石鎬哲,　宣正源,　宋鎭賢,　成百玹,　申東昇,　辛奉起,　呂相薰,
吳峻根,　俞珍式,　柳哲馨,　尹炯漢,　李東植,　李元雨,　李殷祈,
李重光,　李賢修,　林永浩,　張曍源,　藏尙均,　田聖銖,　田　勳,
鄭鍾錧,　鄭準鉉,　鄭亨植,　趙成奎,　趙龍鎬,　曺海鉉,　趙憲銖,
趙弘植,　朱한길,　崔峰碩,　崔善雄,　崔正一,　洪準亨,　韓堅愚,
河明鎬,　河宗大,　黃彰根

간　　　사　房東熙,　崔允寧(총무),　崔桂暎,　張承爀(연구),　洪先基(기획)
　　　　　　桂仁國,　李惠診(출판)

■제12 대(2017. 2. 17. /2020. 2. 16.)

명예회장　金鐵容,　崔光律

고　　　문　金南辰,　金東熙,　金英勳,　朴鈗炘,　徐基錫,　徐廷友,　蘇淳茂,
　　　　　　李康國,　李京運,　李光潤,　李鴻薰,　鄭夏重,　崔松和,　韓昌奎

회　　　장　金東建

부 회 장　朴正勳,　李承寧,　金重權

감　　　사　李殷祈,　孫台浩

상임이사　金敞祚/李鎭萬(기획),　俞珍式/徐圭永(섭외),
　　　　　　李熙貞/張曍源(총무),　李賢修/河明鎬(연구),　崔瑠修(출판)

운영이사　姜基弘,　姜錫勳,　康鉉浩,　慶　健,　具旭書,　權肕旼,　琴泰煥,
　　　　　　金光洙,　金國鉉,　金南撤,　金炳圻,　金聲培,　金性洙,　金聖泰,
　　　　　　金秀珍,　金連泰,　金容燮,　金容贊,　金裕煥,　金義煥,　金鐘甫,
　　　　　　金致煥,　金海龍,　金香基,　金鉉峻,　文尙德,　朴均省,　朴海植,
　　　　　　房東熙,　裵柄皓,　白潤基,　石鎬哲,　宣正源,　成百玹,　成重卓,
　　　　　　宋鎭賢,　申東昇,　辛奉起,　安東寅,　呂相薰,　吳峻根,　柳哲馨,

　　　　　尹炯漢, 李東植, 李元雨, 李重光, 林永浩, 張曙源, 藏尙均,
　　　　　田聖鉄, 田　勳, 鄭南哲, 鄭鍾錧, 鄭準鉉, 鄭夏明, 鄭亨植,
　　　　　鄭鎬庚, 趙成奎, 趙龍鎬, 曺海鉉, 趙憲銖, 朱한길, 崔桂暎,
　　　　　崔峰碩, 崔善雄, 崔允寧, 崔正一, 河宗大, 韓堅愚, 洪準亨
간　　　사 禹美亨/朴祐慶/金讚喜/金厚信(총무), 金判基(연구),
　　　　　李眞洙/桂仁國/李在勳/李采鍈(출판)

■제13 대(2020. 3. 20. /2022. 3. 19.)

명예회장 金鐵容, 崔光律
고　　　문 金南辰, 金東建, 金東熙, 金英勳, 朴鈗炘, 徐基錫, 徐廷友,
　　　　　蘇淳茂, 李康國, 李京運, 李光潤, 李鴻薰, 鄭夏重, 韓昌奎
회　　　장 金善旭
부 회 장 朴正勳, 金國鉉, 金秀珍
감　　　사 金重權, 金義煥
특임이사 金敞祚/俞珍式
상임이사 金大仁(총무), 李眞洙/桂仁國(출판), 林　賢/朴玄廷(연구),
　　　　　徐輔國/朴修貞/金亨洙(기획), 房東熙/李相悳(섭외)
운영이사 姜基弘, 姜錫勳, 康鉉浩, 慶　健, 具旭書, 權殷玟, 琴泰煥,
　　　　　金光洙, 金南撤, 金炳圻, 金聲培, 金性洙, 金聖泰, 金連泰,
　　　　　金容燮, 金容贊, 金裕煥, 金義煥, 金鐘甫, 金致煥, 金海龍,
　　　　　金香基, 金鉉峻, 文尙德, 朴均省, 朴海植, 裵柄皓, 白潤基,
　　　　　徐圭永, 石鎬哲, 宣正源, 成百玹, 成重卓, 孫台浩, 宋鎭賢,
　　　　　申東昇, 辛奉起, 安東寅, 呂相薰, 吳峻根, 柳哲馨, 尹炯漢,
　　　　　李東植, 李承寧, 李元雨, 李殷祈, 李重光, 李鎭萬, 李賢修,
　　　　　李熙貞, 林永浩, 張曙源, 藏尙均, 田聖鉄, 田　勳, 鄭南哲,
　　　　　鄭鍾錧, 鄭準鉉, 鄭夏明, 鄭亨植, 鄭鎬庚, 趙成奎, 趙龍鎬,
　　　　　曺海鉉, 趙憲銖, 朱한길, 崔桂暎, 崔峰碩, 崔善雄, 崔允寧,

崔正一, 崔瑢修, 河明鎬, 河宗大, 韓堅愚, 洪準亨

간사 　　朴祐慶/朴乾嶋/河敏貞(총무), 李在勳/李采鍱/姜相宇(출판),
　　　　張允瑛/金在仙(연구)

■제14 대(2022. 2. 21./2024. 2. 20.)
명예회장 金鐵容, 崔光律
고　　문 金南辰, 金東建, 金東熙, 金英勳, 朴鈗炘, 徐基錫, 徐廷友,
　　　　蘇淳茂, 李康國, 李京運, 李光潤, 李鴻薰, 鄭夏重, 韓昌奎
회　　장 朴正勳
부 회 장 康鉉浩, 崔瑢修, 金國鉉, 李熙貞, 河明鎬
감　　사 趙椿, 金秀珍
특임이사 金義煥, 鄭夏明
총무이사 徐輔國, 李殷相
연구이사 林賢, 成重卓, 崔桂映, 宋時康, 洪康熏, 朴玄廷
출판이사 桂仁國, 李承玟
기획이사 朴在胤, 安東寅, 金志訓
대외이사 丁相奎, 李相憙, 金炯秀
재무이사 李眞洙, 姜知恩, 朴祐慶
간사 　　禹美亨/李在勳/朴乾嶋/金厚信(총무), 金在仙/金慧眞/崔名芝/
　　　　文光珍(연구), 姜相宇/黃善勳/石浩榮/張允瑛(출판), 金讚喜(재무)

月例 集會 記錄

〈2024.6. 현재〉

순번	연월일	발표자	발 표 제 목
1-1	84.12.11.	金南辰	聽問을 결한 行政處分의 違法性
-2		李鴻薰	都市計劃과 行政拒否處分
2-1	85.2.22.	崔世英	行政規則의 法規性 認定 與否
-2		崔光律	實地讓渡價額을 넘는 讓渡差益의 인정여부
3-1	3.29.	石琮顯	都市計劃決定의 法的 性質
-2		金東建	違法한 旅館建物의 건축과 營業許可의 취소
4-1	4.26.	徐元宇	當然無效의 行政訴訟과 事情判決
-2		黃祐呂	아파트地區내의 土地와 空閑地稅
5-1	5.31.	朴鈗炘	林産物團束에관한法律 제7조에 대한 違法性 認定의 與否
-2		姜求哲	行政訴訟에 있어서의 立證責任의 문제
6-1	6.28.	金鐵容	酒類販賣業 免許處分 撤回의 근거와 撤回權 留保의 한계
-2		盧壟保	國稅基本法 제42조 소정의 讓渡擔保財産의 의미
7-1	9.27.	金道昶	信賴保護에 관한 行政判例의 최근 동향
-2		金東熙	自動車運輸事業法 제31조 등에 관한 處分要

순번	연월일	발표자	발 표 제 목
			領의 성질
8-1	10.25.	李尙圭	入札參加資格 制限行爲의 법적 성질
-2		李相敦	公有水面埋立에 따른 不動産所有權 國家歸屬의 무효확인
9-1	11.22.	梁承斗	抗告訴訟의 提起要件
-2		韓昌奎	地目變更 拒否의 성질
10	86.1.31.	李相赫	行政訴訟에 있어서의 訴의 利益의 문제
11	2.28	崔松和	運轉免許 缺格者에 대한 면허의 효력
12	3.28	金道昶	憲法上의 違憲審査權의 所在
13	4.25.	趙慶根	美聯邦情報公開法에 대한 약간의 고찰
14	5.30.	張台柱	西獨에 있어서 隣人保護에 관한 判例의 최근 동향
15	6.27.	金斗千	僞裝事業者와 買入稅額 控除
外1	9.30.	藤田宙靖	日本의 最近行政判例 동향
16	10.31.	金英勳	注油所 許可와 瑕疵의 承繼
17	11.28.	芮鍾德	漁業免許의 취소와 裁量權의 濫用
外2	87.3.21.	鹽野宏	日本 行政法學界의 現況
		園部逸夫	새 行政訴訟法 시행 1년을 보고
18	4.25.	金道昶	知的財産權의 문제들
19-1	4.22.	李升煥	商標法에 관한 최근판례의 동향
-2			工場登錄 拒否處分과 소의 이익
20	5.29.	金南辰	執行停止의 요건과 本案理由와의 관계
21	9.25.	崔光律	日本公法學會 總會參觀 등에 관한 보고
22-1	10.30.	金道昶	地方自治權의 강화와 行政權限의 위임에 관한 문제
-2			
23	11.27.	金鐵容	不作爲를 구하는 訴의 가부

순번	연월일	발표자	발 표 제 목
24	88.2.26.	金時秀	租稅賦課處分에 있어서의 當初處分과 更正拒否處分의 법률관계
25-1	3.25.	徐元宇	최근 日本公法學界의 동향
-2		朴鈗炘	平澤港 漁業補償 문제
外3	4.29.	成田賴明	日本 行政法學과 行政判例의 최근 동향
26	5.27.	李尙圭	防衛稅 過誤納 還給拒否處分의 취소
27	6.24.	徐元宇	運輸事業計劃 변경인가처분의 취소
28	8.26.	金完燮	처분후의 事情變更과 소의 이익
29	10.7.	石琮顯	行政處分(訓令)의 법적 성질
30	10.28.	李鴻薰	土地收用裁決處分의 취소
31	11.17.	朴鈗炘	行政計劃의 법적 성질
32	89.1.27.	金東熙	載量行爲에 대한 司法的統制의 한계
33	2.24.	李碩祐	國稅還給申請權의 인정 여부
34	3.24.	林松圭	國産新技術製品 保護決定處分의 일부취소
35-1	4.28.	金鐵容	독일 行政法學界의 최근동향
-2		千柄泰	제3자의 行政審判前置節次 이행 여부
36	5.26.	金善旭	公務員의 團體行動의 違法性
37	6.30.	金元主	租稅行政과 信義誠實의 원칙
38	8.25.	趙憲銖	國稅還給拒否處分의 법적 성질
39	9.29.	鄭準鉉	刑事訴追와 行政處分의 효력
40	10.27.	韓堅愚	行政規則(訓令)의 성질
41	11.24.	金斗千	相續稅法 제32조의2의 違憲 여부
外4	12.27.	小早川光朗	日本 行政法學界의 최근 동향
42	90.1.19.	金鐵容	豫防的 不作爲訴訟의 許容 여부
43	2.23.	李光潤	營造物行爲의 법적 성질
44	3.30.	南勝吉	行政刑罰의 범위

순번	연월일	발표자	발 표 제 목
45	4.27.	黃祐呂	法律의 遡及效
46	5.25.	朴均省	行政訴訟과 訴의 이익
47	6.29.	卞在玉	軍檢察官의 公訴權行使에 관한 憲法訴願
48	8.31.	成樂寅	結社의 自由의 事前制限
49	9.28.	辛奉起	憲法訴願과 辯護士 强制主義
50	10.26.	朴圭河	行政官廳의 權限의 委任·再委任
51	11.30.	朴國洙	行政行爲의 公定力과 國家賠償責任
52	91.1.25.	梁承斗	土地去來許可의 법적 성질
53	2.22.	徐元宇	建築許可 保留의 위법성 문제
外5-1	3.29.	南博方	處分取消訴訟과 裁決取消訴訟
-2		藤田宙靖	日本 土地法制의 현황과 課題
54	4.26.	吳峻根	遺傳子工學的 施設 設置許可와 法律留保
55	5.31.	金南辰	拒否行爲의 行政處分性과 "법률상 이익 있는 자"의 의미
56	6.28.	鄭然彧	無效確認訴訟과 訴의 이익
57	8.30.	金性洙	主觀的公權과 基本權
58	9.27.	金英勳	運轉免許 取消處分의 취소
59	10.25.	石琮顯	基準地價告示地域 내의 收用補償額 算定基準에 관한 판례동향
60	11.29.	朴鈗炘	工事中止處分의 취소
61	92.1.31.	卞海喆	公物에 대한 强制執行
62	2.28.	李康國	違憲法律의 효력-그 遡及效의 범위와 관련하여
63	3.27	金善旭	公勤務에 관한 女性支援指針과 憲法上의 平等原則
64	4.24.	全光錫	不合致決定의 허용 여부
65	5.29.	崔正一	行政規則의 법적성질 및 효력

순번	연월일	발표자	발 표 제 목
66	6.26.	李琦雨	獨逸 Münster 高等行政裁判所 1964.1.8. 판결
67	8.28.	朴鈗炘	地方自治團體의 자주적인 條例制定權과 規律 문제
68	9.18.	金元主	讓渡所得稅 등 賦課處分의 취소
69	10.16.	洪準亨	結果除去請求權과 行政介入請求權
70	11.20.	金時秀	土地收用裁決處分의 취소
71	93.1.15.	金海龍	環境技術관계 行政決定에 대한 司法的 統制 의 범위
72	2.19.	李重光	租稅法上 不當利得 返還請求權
73	3.19.	高永訓	行政規則에 의한 行政府의 立法行爲外
外6	4.16.	J.Anouil	EC法의 現在와 將來
74	5.21.	柳至泰	行政訴訟에서의 行政行爲 根據變更에 관한 판례분석
75	6.18.	徐元宇	原處分主義와 被告適格
76	8.20.	朴均省	國家의 公務員에 대한 求償權
77	9.17.	金東熙	敎員任用義務不履行 違法確認訴訟
78	10.15.	盧永錄	建設業免許 取消處分의 취소
79	94.1.21.	徐廷友	無效確認을 구하는 의미의 租稅取消訴訟과 租稅還給金 消滅時效의 起算點
80	2.18.	洪準亨	判斷餘地의 한계
81	3.18.	裵輔允	憲法訴願 審判請求 却下決定에 대한 헌법소원
82	4.15.	金善旭	舊東獨判事의 獨逸判事任用에 관한 決定과 그 不服에 대한 管轄權
83	5.20.	李京運	學則의 법적 성질
84	6.17.	朴松圭	任用行爲取消處分의 취소
85	8.19.	金鐵容	公務員 個人의 不法行爲責任

순번	연월일	발표자	발 표 제 목
86	9. 30.	卞在玉	日本 家永教科書檢定 第一次訴訟 上告審 判決의 評釋
87	10. 21.	金香基	無名抗告訴訟의 可否
88	11. 18.	李康國	行政行爲의 瑕疵의 治癒
89	95. 1. 20.	趙憲銖	取消判決의 遡及效
90	2. 17.	朴秀赫	獨逸 統一條約과 補償法上의 原狀回復 排除 規定의 合憲 여부
外7	3. 17.	小高剛	損失補償에 관한 日本 最高裁判所 判決의 분석
91	4. 21.	崔松和	行政處分의 理由明示義務에 관한 판례
92	5. 19.	崔正一	石油販賣業의 양도와 歸責事由의 승계
93	6. 16.	鄭夏重	國家賠償法 제5조에 의한 배상책임의 성격
94	8. 18.	吳振煥	無效인 條例에 근거한 行政處分의 효력
95	9. 15.	金敞祚	日本 長良川 安八水害 賠償判決
96	10. 20.	黃祐呂	非常高等軍法會議 判決의 破棄와 還送法院
97	11. 17.	白潤基	地方自治法 제98조 및 제159조에 의한 訴訟
98	96. 1. 19.	徐元宇	營業停止期間徒過後의 取消訴訟과 訴의 이익
99	2. 23.	金海龍	計劃變更 내지 保障請求權의 성립요건
外8	3. 19.	鹽野宏	日本 行政法 判例의 近年動向 - 行政訴訟을 중심으로
100	4. 19.	金東熙	國家賠償과 公務員에 대한 求償
101	5. 17.	梁承斗	敎員懲戒와 그 救濟制度
102	6. 28.	金容燮	運轉免許取消·停止處分의 法的 性質 및 그 한계
103	8. 16.	李京運	轉補發令의 處分性
104	9. 20.	盧永錄	申告納稅方式의 租稅와 그 瑕疵의 판단기준
105	10. 18.	金敞祚	道路公害와 道路設置·管理者의 賠償責任

순번	연월일	발표자	발 표 제 목
106	11.15.	金裕煥	形式的 拒否處分에 대한 取消訴訟의 審理범위
107	97.1.17.	裵柄皓	北韓國籍住民에 대한 强制退去命令의 적법성
108	2.21.	趙龍鎬	公衆保健醫師 採用契約解止에 대한 爭訟
109	3.21.	金鐵容	行政節次法의 내용
110	4.18.	趙憲銖	建築物臺帳 職權訂正行爲의 처분성
111	5.16.	鄭夏重	交通標識板의 법적성격
112	6.20.	裵輔允	違憲決定과 行政處分의 효력
113	8.22.	吳峻根	聽聞의 실시요건
114	9.19.	金善旭	옴부즈만條例案 再議決 無效確認判決의 문제점
115	10.17.	李光潤	機關訴訟의 성질
116	11.21.	朴正勳	敎授再任用拒否의 처분성
117	98.1.16.	白潤基	當事者訴訟의 대상
118	2.20.	辛奉起	機關訴訟 주문의 형식
119	3.20.	洪準亨	行政法院 出帆의 意義와 행정법원의 課題
120	4.17.	宣正源	오스트리아와 독일의 不作爲訴訟에 관한 고찰
121	5.16.	李東洽	刑事記錄 열람·등사 거부처분
122	6.19.	金東建	環境行政訴訟과 地域住民의 原告適格
123	8.21.	金南辰	法規命令과 行政規則의 구별
124	9.18.	金敏祚	河川 管理 責任
125	10.16.	金容燮	行政審判의 裁決에 대한 取消訴訟
126	11.20.	徐廷友	垈地造成事業計劃 승인처분의 재량행위
127	99.1.15.	南勝吉	處分의 기준을 규정한 施行規則(部令)의 성격
128	2.19.	金裕煥	違憲法律에 根據한 行政處分의 效力
129	3.19.	鄭夏重	多段階行政節次에 있어서 事前決定과 部分許可의 意味

순번	연월일	발표자	발 표 제 목
130	4.16.	裵輔允	南北交流協力 등 統一에 관한 법적 문제
131	5.21.	康鉉浩	計劃承認과 司法的 統制
132	6.18.	俞珍式	行政指導와 違法性阻却事由
133	8.20.	朴正勳	侵益的 行政行爲의 公定力과 刑事裁判
134	9.17.	金東熙	建築許可신청서 返戻처분취소
		金南澈	行政審判法 제37조 제2항에 의한 自治權侵害의 가능성
135	10.15.	金炳圻	條例에 대한 再議要求事由와 大法院提訴
		權殷玟	公賣決定・通知의 처분성 및 소송상 문제점
136	11.19.	石鎬哲	覊束力의 범위로서의 처분사유의 동일
		金珉昊	직무와 관련된 不法行爲에 있어 공무원 개인의 책임
137	00.1.21.	尹炯漢	任用缺格과 退職給與
		裵柄皓	還買權소송의 管轄문제
138	2.18.	趙憲銖	個人事業의 法人轉換과 租稅減免
		金連泰	조세행정에 있어서 경정처분의 효력
139	3.17.	俞珍式	自動車運輸事業 면허처분에 있어서 競業, 競願의 범위
		慶 健	情報公開請求權의 憲法的 根據와 그 制限
140	4.21.	朴正勳	拒否處分 取消訴訟에 있어 違法判斷의 基準時와 訴의 利益
		金柄圻	行政訴訟上 執行停止의 要件으로서의 '回復하기 어려운 損害'와 그 立證責任
141	5.19.	洪準亨	不可變力, 信賴保護, 그리고 行政上 二重危險의 禁止
		康鉉浩	建築變更許可와 附款

순번	연월일	발표자	발 표 제 목
142	6.16.	趙龍鎬	寄附金品募集許可의 法的性質
		金容燮	行政上 公表
143	8.18.	朴松圭	盜難당한 自動車에 대한 自動車稅와 免許稅
		權殷玟	廢棄物處理業 許可權者가 한 '不適正通報'의 法的性質
144	9.22.	石鎬哲	公法的 側面에서 본 日照權 保護
145	10.20.	蘇淳茂	後發的 事由에 의한 更正請求權을 條理上 인정할 수 있는지 與否
		金光洙	土地形質變更許可와 信賴保護原則
146	11.17.	朴鈗炘	慣行漁業權
		宣正源	複合民願과 認·許可擬制
147	01.1.19.	崔松和	판례에 있어서 공익
		李光潤	도로가 행정재산이 되기 위한 요건 및 잡종재산에 대한 시효취득
148	2.16.	金鐵容	개발제한 구역의 시정과 손실 보상
		鄭夏重	부관에 대한 행정소송
149	3. 8.	金性洙	독일연방헌재의 폐기물법에 대한 결정과 환경법상 협력의 원칙
		李東植	중소기업에 대한 조세 특례와 종업원의 전출.파견
150	4.20.	李京運	주택건설사업계획 사전결정의 구속력
		裵輔允	2000년 미국대통령 선거 소송 사건
151	5. 9.	李東洽	위헌법률에 근거한 처분에 대한 집행력 허용 여부
		金琨昊	상속세 및 증여세법상 증여의 의미
152	6.15.	李元雨	정부투자기관의 부정당업자 제재조치의 법적

순번	연월일	발표자	발 표 제 목
			성질
		朴榮萬	군사시설보호법상의 협의와 항고소송
153	8.17.	崔正一	법규명령형식의 재량준칙의 법적성질 및 효력
		趙憲銖	유적발굴허가와 행정청의 재량
154	9.21.	金東熙	국가배상법 제5조상의 영조물의 설치·관리상 하자의 관념
		金東建	대법원 판례상의 재량행위
155	10.10.	吳峻根	행정절차법 시행이후의 행정절차 관련 주요 행정판례 동향분석
		柳至泰	공물법의 체계에 관한 판례 검토
156	11. 7.	白潤基	행정소송에 있어서 건축주와 인근주민의 이익의 충돌과 그 조화
		徐廷範	국가배상에 있어서 위법성과 과실의 일원화에 관하여
157	02.1.18.	金善旭	독일헌법상의 직업공무원제도와 시간제공무원
		朴正勳	처분사유의 추가·변경–제재철회와 공익상 철회
158	2.15.	辛奉起	일본의 기관소송 법제와 판례
		權殷玟	원천징수행위의 처분성과 원천징수의무자의 불복방법
159	3.15.	朴均省	환경영향평가의 하자와 사업계획승인처분의 효력
		金鐘甫	관리처분계획의 처분성과 그 공정력의 범위
160	4.19.	崔光律	농지전용에 관한 위임명령의 한계
		俞珍式	건축법상 일조보호규정의 私法上의 의미
161	5.17.	朴鈗炘	국가배상법 제2조 제1항 단서에 대한 헌법재

순번	연월일	발표자	발 표 제 목
			판소의 한정위헌결정 및 관련 대법원판례에 대한 평석
		宣正源	행정의 공증에 대한 사법적 통제의 의미와 기능의 명확화
162	6.21.	金元主	도로배연에 의한 대기오염과 인과관계
		康鉉浩	재량준칙의 법적 성격
163	7.19.	裵柄皓	회의록과 정보공개법상 비공개대상정보
		慶 健	공문서관리의 잘못과 국가배상책임
164	8.16.	金容燮	거부처분취소판결의 기속력
		金炳圻	보완요구의 '부작위'성과 재결의 기속력
165	9.13.	尹炯漢	기납부 택지초과소유부담금 환급청구권의 성질과 환급가산금의 이자율
		鄭夏明	미국연방대법원의 이른바 임시규제적 수용에 관한 새로운 판결례
166	10.18.	李鴻薰	공용지하사용과 간접손실보상
		金光洙	국가배상소송과 헌법소원심판의 관계
167	11.15.	徐元宇	행정법규위반행위의 사법적 효력
		李康國	조세채무의 성립과 확정
168	12.20.	蘇淳茂	인텔리전트빌딩에 대한 재산세중과시행규칙의 유효성 여부
169	03.1.17.	金敞祚	정보공개제도상의 비공개사유와 본인개시청구
		金聖泰	운전면허수시적성검사와 개인 정보보호
170	2.21.	金東熙	기속재량행위와 관련된 몇 가지 논점 또는 의문점
		曺海鉉	행정처분의 근거 및 이유제시의 정도
171	3.21.	白潤基	불합격처분에 대한 효력정지결정에 대한 고찰

순번	연월일	발표자	발 표 제 목
		宣正源	행정입법에 대한 부수적 통제
172	5.16.	李元雨	한국증권업협회의 협회등록최소결정의 법적 성질
		金容贊	정보공개청구사건에서의 몇 가지 쟁점
173	6.20.	金重權	이른바 "수리를 요하는 신고"의 문제점에 관한 소고
		洪準亨	평생교육시설 설치자 지위승계와 설치자 변경 신청서 반려처분의 적법 여부
174	7.18.	金鐵容	학교법인임원취임승인취소처분과 행정절차법
		金秀珍	성별에 따른 상이한 창업지원금신청기간설정과 국가의 평등보장의무
175	8.22.	鄭夏重	법관의 재판작용에 대한 국가배상책임
		金鐘甫	정비조합(재건축, 재개발조합) 인가의 법적 성격
176	9.19.	金炳圻	수익적 행정행위의 철회의 법적 성질과 철회사유
		朴榮萬	군사시설보호구역설정행위의 법적 성격
177	10. 9	朴正勳	취소판결의 기판력과 기속력
		李東植	구 소득세법 제101조 제2항에 따른 양도소득세부과와 이중과세 문제
178	11.21.	李東洽	최근 행정소송의 주요사례
		慶 健	하천구역으로 편입된 토지에 대한 손실보상
179	12.19.	朴均省	거부처분취소판결의 기속력과 간접강제
180	04.1.16.	李光潤	광역지방자치단체와 기초지방자치단체의 성격
		朴海植	행정소송법상 간접강제결정에 기한 배상금의 성질
181	2.20.	金海龍	행정계획에 대한 사법심사에 있어서 법원의

순번	연월일	발표자	발 표 제 목
			석명권행사 한계와 입증책임
		李賢修	영업양도와 공법상 지위의 승계
182	3.19.	俞珍式	기부채납부관을 둘러싼 법률문제
		鄭泰學	매입세액의 공제와 세금계산서의 작성·교부 시기
183	4.16.	柳至泰	행정행위의 취소의 취소
		金致煥	통지의 법적 성질
184	5.21.	鄭準鉉	단순하자 있는 행정명령을 위반한 행위의 가벌성
		權殷玟	압류처분취소소송에서 부과처분의 근거법률이 위헌이라는 주장이 허용되는지 여부
185	6.18.	趙憲銖	사업양도와 제2차 납세의무
		金連泰	과징금 부과처분에 대한 집행정지결정의 효력
186	7.16.	金容燮	보조금 교부결정을 둘러싼 법적 문제
		林聖勳	영내 구타·가혹 행위로 인한 자살에 대한 배상과 보상
187	8.20.	李京運	교수재임용거부처분취소
		曹媛卿	국가공무원법 제69조 위헌제청
188	9.17.	鄭成太	법규명령의 처분성
		金敞祚	원자로 설치허가 무효확인소송
189	04.10.15.	崔正一	법령보충적행정규칙의 법적 성질 및 효력
		李湖暎	독점규제법상 특수관계인에 대한 부당지원행위의 규제
190	11.19.	金香基	재결에 대한 취소소송
		劉南碩	집행정지의 요건으로서 "회복하기 어려운 손해를 예방하기 위한 긴급한 필요"와 그 고려

순번	연월일	발표자	발 표 제 목
			사항으로서의 '승소가능성'
191	12.17.	尹炯漢	사전통지의 대상과 흠결의 효과
192	05.1.31.	鄭鎬慶	행정소송의 협의의 소의 이익과 헌법소원의 보충성
		金重權	국토이용계획변경신청권의 예외적 인정의 문제점에 관한 소고
193	2.18.	宣正源	하자승계론에 몇 가지 쟁점에 관한 검토
		李熙貞	공법상 계약의 해지와 의견청취절차
194	3.18.	安哲相	취소소송 사이의 소의 변경과 새로운 소의 제소기간
		康鉉浩	민간투자법제에 따른 우선협상대상자지정의 법적 제문제
195	4.15.	吳峻根	재량행위의 판단기준과 재량행위 투명화를 위한 법제정비
		李根壽	대집행의 법적 성격
196	5.20.	河宗大	금산법에 기한 계약이전결정 등의 처분과 주주의 원고적격
		金鐘甫	토지형질변경의 법적 성격
197	6.17.	朴海植	제재적 행정처분의 효력기간 경과와 법률상 이익
		李桂洙	공무원의 정치적 자유와 정치운동금지의무
198	8.19.	金容燮	재결의 기속력의 주관적 범위를 둘러싼 논의
		徐正旭	공시지가와 하자의 승계
199	9.16.	金鉉峻	용도지역 지정ㆍ변경행위의 법적 성질과 그에 대한 사법심사
		趙成奎	직접민주주의와 조례제정권의 한계

순번	연월일	발표자	발 표 제 목
200	10.21.	金光洙	공직선거법과 행정형벌
		崔桂暎	용도폐지된 공공시설에 대한 무상양도신청거부의 처분성
201	11.12.	鄭夏重	행정판례의 발전과 전망
		朴正勳	행정판례의 발전과 전망
		尹炯漢	행정재판제도의 발전과 행정판례
		朴海植	행정재판제도의 발전과 행정판례
202	12.16.	鄭泰容	행정심판청구인적격에 관한 몇 가지 사례
203	06. 1.20	朴均省	행정상 즉시강제의 통제 — 비례원칙, 영장주의, 적법절차의 원칙과 관련하여 —
		權殷玟	기본행위인 영업권 양도계약이 무효라고 주장하는 경우에 행정청이 한 변경신고수리처분에 대한 불복방법 등
204	2.17.	曹海鉉	민주화운동관련자명예회복및보상등에관한법률에 기한 행정소송의 형태
		金重權	사권형성적 행정행위와 그 폐지의 문제점에 관한 소고
205	3.17.	朴正勳	불확정개념과 재량 — 법규의 적용에 관한 행정의 우선권
		李相悳	한국지역난방공사 공급규정 변경신고를 산업자원부장관이 수리한 행위의 법적 성질
206	4.21.	俞珍式	공유수면매립법상 사정변경에 의한 매립면허의 취소신청
		林永浩	채석허가기간의 만료와 채석허가취소처분에 대한 소의 이익
207	5.19	嚴基變	공정거래법상 사업자단체의 부당제한행위의

순번	연월일	발표자	발 표 제 목
			성립요건
		李賢修	납입고지에 의한 변상금부과처분의 취소와 소멸시효의 중단
208	6.16.	金鐘甫	재건축 창립총회의 이중기능
		鄭夏明	미국 연방대법원의 행정입법재량통제
209	8.17.	裵柄晧	개정 하천법 부칙 제2조의 손실보상과 당사자 소송
		金裕煥	공공갈등의 사법적 해결 — 의미와 한계
210	9.15.	金容燮	텔레비전 수신료와 관련된 행정법적 쟁점
		崔桂暎	행정처분과 형벌
211	10.20.	金海龍	처분기간이 경과된 행정처분을 다툴 법률상 이익(행정소송법 제12조 후문 관련)과 제재적
		石鎬哲	처분기준을 정한 부령의 법규성 인정 문제
212	11.17.	宣正源	입헌주의적 지방자치와 조직고권
		李熙貞	주민투표권 침해에 대한 사법심사
213	12.8.-		법제처 · 한국행정판례연구회 공동주관 관학 협동워크샵
	9.	朴 仁	법령보충적 성격의 행정규칙의 현황과 문제점
		林永浩	법령보충적 성격의 행정규칙에 대한 판례분석
		鄭南哲	법령보충적 성격의 행정규칙의 정비방향과 위임사항의 한계
		金重權	민주적 법치국가에서 의회와 행정의 공관적 법정립에 따른 법제처의 역할에 관한 소고
		金海龍	국토계획 관련법제의 문제점과 개선방안
214	07.1.19.	張暻源	독일 맥주순수령 판결을 통해 본 유럽과 독일의 경제행정법

순번	연월일	발표자	발 표 제 목
		權純一	재정경제부령에 의한 덤핑방지관세부과조치의 처분성 재론-기능적 관점에서-
215	2.23.	鄭準鉉	소위 '공익사업법'상 협의취득의 법적 성질
		裵輔允	구 농어촌정비법 제93조 제1항의 국공유지 양증여의 창설환지 등의 문제점
216	3.16.	朴榮萬	법령의 개정과 신뢰보호의 원칙
		金重權	행정입법적 고시의 처분성인정과 관련한 문제점에 관한 소고
217	4.20.	金容贊	국가지정문화재현상변경허가처분의 재량행위성
		李湖暎	합의추정된 가격담합의 과징금산정
218	5.18	金敞祚	공인중개사시험불합격처분 취소소송
		李宣憙	행정청의 고시와 원고적격
219	6.15.	李光潤	제재적 처분기준의 성격과 제재기간 경과후의 소익
		金暎賢	행정소송의 피고적격
220	.8.17.	金義煥	정보공개법상의 공공기관 및 정보공개청구와 권리남용
		金秀珍	행정서류의 외국으로의 송달
221	9.21.	蘇淳茂	명의신탁 주식에 대한 증여의제에 있어서 조세회피목적의 해석
		慶 健	관계기관과의 협의를 거치지 아니한 조례의 효력
222	10.19.	成百玹	공특법상 '이주대책'과 공급규칙상 '특별공급'과의 관계
		金南澈	건축허가의 법적 성질에 대한 판례의 검토
223	11.16.	金性洙	민간투자사업의 성격과 사업자 선정의 법적

순번	연월일	발표자	발 표 제 목
			과제
224	12.21.	趙憲銖	병역의무 이행과 불이익 처우 금지의 관계
225	08.1.18.	金南辰	국가의 경찰법, 질서법상의 책임
		李殷祈	폐기물관리법제와 폐기물처리조치명령취소처분
		鄭成太	대형국책사업에 대한 사법심사(일명 새만금사건을 중심으로)
226	2.15.	辛奉起	한국 행정판례에 있어서 형량하자론의 도입과 평가
		鄭鍾舘	하천법상의 손실보상
227	3.21.	鄭夏重	사립학교법상의 임시이사의 이사선임권한
		林聖勳	행정입법 부작위에 관한 몇가지 문제점
228	4.18.	金光洙	자치사무에 대한 국가감독의 한계
		金熙喆	토지수용으로 인한 손실보상금 산정
229	5.16.	申東昇	행정행위 하자승계와 선결문제
		趙成奎	과징금의 법적 성질과 부과기준
230	6.20.	姜錫勳	위임입법의 방식 및 해석론에 관한 고찰
		鄭南哲	명확성원칙의 판단기준과 사법심사의 한계
231	8.22.	鄭泰學	조세통칙과 신의성실의 원칙
		李京運	부관으로서의 기한
232	9.19.	朴尙勳	시간강사의 근로자성
		金善旭	지방자치단체장의 소속공무원에 대한 징계권과 직무유기
233	10.17.	趙允熙	정보통신부 장관의 위성망국제등록신청과 항고소송의 대상
		金鉉峻	환경사법 액세스권 보장을 위한 "법률상 이익"의 해석

순번	연월일	발표자	발 표 제 목
234	11.21.	裵輔允	권한쟁의심판의 제3자 소송담당
		李賢修	공물의 성립요건
235	12.19.	金鐵容	행정청의 처분근거·이유제시의무와 처분근거·이유제시의 정도
236	09.1.16.	金炳圻	행정법상 신뢰보호원칙
		劉慶才	원인자부담금
237	2.20.	金聖泰	도로교통법 제58조 위헌확인
		林永浩	공매 통지의 법적 성격
238	3.20.	崔桂暎	위헌결정의 효력과 취소소송의 제소기간
		金尙煥	법규명령에 대한 헌법소원의 적법요건
239	4.17.	朴均省	직무상 의무위반으로 인한 국가배상책임
		金國鉉	사망자의 법규위반으로 인한 제재사유의 승계
240	5.15.	金容燮	택지개발업무처리지침 위반과 영업소 폐쇄
		金炅蘭	개발제한구역의 해제와 원고적격
241	6.19.	朴正勳	무효확인소송의 보충성
		曺海鉉	민주화운동관련자 명예회복 및 보상 등에 관한 법률에 의한 보상금의 지급을 구하는 소송의 형태
242	8.21.	鄭泰容	행정심판 재결 확정력의 의미
		安哲相	지방계약직 공무원의 징계
243	9.18.	金鐘甫	「도시 및 주거환경정비법」상 정비기반시설의 귀속 관계
		徐基錫	국회의 입법행위 또는 입법부작위로 인한 국가배상책임
244	10.16.	河明鎬	법인에 대한 양벌규정의 위헌여부
		趙龍鎬	표준지공시지가 하자의 승계

순번	연월일	발표자	발표 제 목
245	11.20.	金連泰	한국마사회의 조교사 및 기수의 면허부여 또는 취소의 처분성
		金義煥	행정상 법률관계에 있어서의 소멸시효의 원용과 신의성실의 원칙
246	12.18.	朴鈗炘	주거이전비 보상의 법적 절차, 성격 및 소송법적 쟁점
247	10.1.15	林宰洪	출입국관리법상 난민인정행위의 법적 성격과 난민인정요건
		金泰昊	하자있는 수익적 행정처분의 직권취소
248	2.19	金南澈	국가기관의 지방자치단체에 대한 감독·감사권한
		權殷玟	미국산 쇠고기 수입 고시의 법적 문제
249	3.19	金聲培	수용재결과 헌법상 정교분리원칙
		姜相旭	건축물대장 용도변경신청 거부의 처분성
250	4.16	李宣憙	공정거래법상 시정조치로서 정보교환 금지명령
		金鍾泌	이주대책대상자제외처분 취소소송의 쟁점
251	5.14	鄭夏重	공법상 부당이득반환청구권의 독자성
		魯坰泌	관리처분계획안에 대한 총회결의 무효확인을 다투는 소송방법
252	6.18	金秀珍	합의제 행정기관의 설치에 관한 조례 제정의 허용 여부
253	8.20	白濟欽	과세처분에 대한 증액경정처분과 행정소송
		崔正一	경원자 소송에서의 원고적격과 사정판결제도의 위헌 여부
254	9.17	蔣尙均	승진임용신청에 대한 부작위위법확인소송
		金敞祚	강의전담교원제와 해직처분
		河宗大	행정처분으로서의 통보 및 신고의 수리

순번	연월일	발표자	발 표 제 목
255	10.15	최진수	징발매수재산의 환매권
		朴海植	주민등록전입신고 수리 여부에 대한 심사범위와 대상
256	11.12	金容燮	부당결부금지원칙과 부관
		朴尚勳	공무원에 대한 불이익한 전보인사 조치와 손해배상
257	12.10	金東熙	제재적 재량처분의 기준을 정한 부령
258	11.1.14	成智鏞	위임입법의 한계와 행정입법에 대한 사법심사
		安東寅	법령의 개정과 신뢰보호원칙 — 신뢰보호원칙의 적극적 활용에 대한 관견 —
259	2.18	崔桂暎	민간기업에 의한 수용
		金泰昊	사전환경성검토와 사법심사
260	3.18	金鉉峻	규제권한 불행사에 의한 국가배상책임의 구조와 위법성 판단기준
		朴在胤	지방자치단체 자치감사의 범위와 한계
261	4.15	金重權	민간투자사업의 법적 절차와 처분하자
		徐輔國	행정입법의 부작위에 대한 헌법소원과 행정소송
262	5.20	李熙貞	귀화허가의 법적 성질
		尹仁聖	독점규제 및 공정거래에 관한 법률 제3조의2 제1항 제5호 후단에 규정된 "부당하게 소비자의 이익을 현저히 저해할 우려가 있는 행위"에 관한 소고
263	6.17	朴均省	납골당설치신고 수리거부의 법적 성질 및 적법성 판단
		姜錫勳	재조사결정의 법적 성격과 제소기간의 기산점
264	8.19	金光洙	임시이사의법적 지원

순번	연월일	발표자	발 표 제 목
265	9.16	趙允熙	불복절차 도중의 과세처분 취소와 재처분금지
		鄭準鉉	개인택시사업면허 양도시 하자의 승계
266	10.21	김용하	잔여지 수용청구권의 행사방법 및 불복수단
		崔峰碩	과징금 부과처분의 재량권 일탈·남용
267	11.11	朴榮萬	군인공무원관계와 기본권 보장
		俞珍式	정보공개법상 비공개사유
268	12.16	주한길	행정소송법상 집행정지의 요건
		琴泰煥	최근 외국 행정판례의 동향 및 분석
		金致煥	미국, 일본, 프랑스, 독일
		田勳	
		李殷相	
269	12.1.27	李鴻薰	사회발전과 행정판결
		裵炳晧	재개발조합설립인가 등에 관한 소송의 방법
270	2.17	河明鎬	사회보장행정에서 권리의 체계와 구제
		朴玄廷	건축법 위반과 이행강제금
271	3.16	金善娥	출퇴근 재해의 인정범위
		金重權	국가배상법상 중과실의 의미
272	4.20	徐泰煥	행정소송법상 직권심리주의의 의미와 범위
		李湖暎	시장지배적사업자의 기술적 보호조치와 공정거래법
273	5.18	李玩憙	공정거래법상 신고자 감면제도
		李東植	세무조사 결정통지의 처분성
274	6.15	鄭基相	조세소송에서 실의성실원칙
		許康茂	생활대책대상자선정거부의 처분성과 신청권의 존부
		朴貞枇	기대권의 법리와 교원재임용거부 및 부당한 근로계약 갱신 거절의 효력
275	8.17	金敏昨	정보공개법상 비공개사유로서 법인 등의 경

순번	연월일	발표자	발 표 제 목
276	9.21	成承桓 金宣希 李相憙	영·영업상 비밀에 관한 사항 경찰권 발동의 한계와 기본권 도시정비법상 조합설립인가처분과 변경인가처분 국가와 지방자치단체의 보조금 지원과 지원거부의 처분성
277	10.19	康鈜浩	건축법상 인허가의제의 효과를 수반하는 신고
278	11.16	尹景雅 金容燮	결손처분과 그 취소 및 공매통지의 처분성 원격평생교육시설 신고 및 그 수리거부
279	12.21	李義俊 琴泰煥	사업시행자의 생활기본시설 설치 의무 미국, 일본, 프랑스, 독일의 최근 행정판례동향
280	13.1.18	金致煥 田 勳 李殷相 崔松和 崔桂暎 金泰昊	행정판례의 회고와 전망 행정처분의 위법성과 국가배상책임 정보공개법상 비공개사유로서 '진행 중인 재판에 관련된 정보'
281	2.15	金致煥 朴在胤	주민소송의 대상 체육시설을 위한 수용
282	3.15	金聲培 金東國	국가유공자요건비해당결정처분 해임처분무효
283	4.19	徐輔國 崔柄律	압류등처분무효확인 자동차운전면허취소처분취소
284	5.24	裵柄浩 朴海植	국가배상청구권의 소멸시효 감면불인정처분등취소
285	6.21	朴均省	국방·군사시설사업실시계획승인처분무효확인 등

순번	연월일	발표자	발 표 제 목
		金慧眞	형의 집행 및 수용자의 처우에 관한 법률 제45조 제1항 위헌확인
286	8.16	俞珍式	여객자동차운수사업법 제14조 등 위헌확인 등
		김필용	증여세부과처분취소
287	9.27	慶建	정보공개청구거부처분취소
		이산해	과징금부과처분취소·부당이득환수처분취소
288	10.18	金裕煥	직권면직취소
		許盛旭	관리처분계획무효확인
289	11.15	金炳圻	완충녹지지정의 해제신청거부처분의 취소
		成重卓	조합설립인가처분무효확인
290	12.20	金聲培	미국, 일본, 프랑스, 독일의 최근 행정판례 동향
		金致煥	
		吳丞奎	
		桂仁國	
		鄭夏重	행정판례에 있어서 몇 가지 쟁점에 관한 소고
291	14. 1. 17	金相贊	국가공무원 복무규정 제3조 제2항 등 위헌확인
		金容河	사업시행승인처분취소
292	2.21	姜知恩	주택건설사업승인불허가처분 취소 등
		金世鉉	소득금액변동통지와 하자의 승계 판례변경에 따른 신뢰성 보호 문제
293	3.21	金重權	지방자치단체의 구역관할결정의 제 문제에 관한 소고
		李相憲	체납자 출국금지처분의 요건과 재량통제
294	4.18	俞珍式	정보공개거부처분취소
		金惠眞	백두대간보호에관한법률 제7조 제1항 제6호 위헌소원

순번	연월일	발표자	발 표 제 목
295	5.16	安東寅	토지대장의 직권말소 및 기재사항 변경거부의 처분성
		河泰興	증액경정처분의 취소를 구하는 항고소송에서 납세의무자가 다툴 수 있는 불복사유의 범위
296	6.20	金容燮	독립유공자법적용배제결정 - 처분취소소송에 있어 선행처분의 위법성승계
		李承勳	조합설립추진위원회 설립승인 무효 확인
297	8.22	鄭鎬庚	不利益處分原狀回復 등 要求處分取消
		이병희	解任處分取消決定取消
298	9.19	崔峰碩	職務履行命令取消
		文俊弼	還買代金增減
299	10.17	朴均省	行政判例 30年의 回顧와 展望: 행정법총론 I
		金重權	行政判例의 回顧와 展望-행정절차, 정보공개, 행정조사, 행정의 실효성확보의 분야
		洪準亨	行政判例 30年의 回顧와 展望-행정구제법: 한국행정판례의 정체성을 찾아서
300	11.21	康鉉浩	不正當業者制裁處分取消
		李承寧	讓受金
301	12.19	金聲培	美國의 最近 行政判例動向
		吳丞奎	프랑스의 最近 行政判例動向
		桂仁國	獨逸의 最近 行政判例動向
		咸仁善	日本의 最近 行政判例動向
		朴鈗炘	온실가스 배출거래권 제도 도입에 즈음하여
302	15. 1.23	金泰昊	수정명령 취소
		李義俊	손해배상(기)
303	2.27	朴玄廷	정비사업조합설립과 토지 또는 건축물을 소유

순번	연월일	발표자	발 표 제 목
			한 국가·지방자치단체의 지위
		李羲俊	건축허가처분취소
304	3.20	俞珍式	공공감사법의 재심의신청과 행정심판에 관한 제소기간의 특례
		金世鉉	명의신탁과 양도소득세의 납세의무자
305	4.17	朴均省	노동조합설립신고반려처분취소
		金海磨中	국세부과취소
306	5.15	崔峰碩	직무이행명령취소청구
		박준희	지역균형개발 및 지방중소기업 육성에 관한 법률 제16조 제1항 제4호 등 위헌소원
307	6.19	裵柄皓	인신보호법 제2조 제1항 위헌확인
		金東柱	생태자연도등급조정처분무효확인
		裵柄皓	인신보호법 제2조 제1항 위헌확인
		김동주	생태자연도등급조정처분무효확인
308	8.29		牧村 金道昶 박사 10주기 기념 학술대회
309	9.18	崔桂暎	정보비공개결정처분취소
		정지영	부당이득금반환
310	10.16	鄭夏明	예방접종으로 인한 장애인정거부처분취소
		郭相鉉	급여제한및 환수처분취소
311		鄭鎬庚	독립유공자서훈취소결정무효확인등
		김혜성	직위해제처분취소
312		金聲培	최근(2014/2015) 미국 행정판례의 동향 및 분석 연구
		咸仁善	일본의 최근(2014) 행정판례의 동향 및 분석
		吳丞奎	2014년 프랑스 행정판례의 동향 연구
		桂仁國	국가의 종교적·윤리적 중립성과 윤리과목

순번	연월일	발표자	발 표 제 목
			편성 요구권
		金海龍	행정재판과 법치주의 확립
313	16. 1.22	金泰昊	주민소송(부당이득 반환)
		朴淵昱	건축협의취소처분취소
314	2.26	李熙貞	보상금환수처분취소
		李羲俊	변상금부과처분취소
315	3.18	成重卓	영업시간제한등처분취소
		임지영	조정반지정거부처분
316	4.15	裵柄晧	하천공사시행계획취소청구
		李用雨	세무조사결정행정처분취소
317	5.20	金南澈	과징금납부명령등취소청구의소
		李煌熙	홍▽군과 태△군 등 간의 권한쟁의
318	6.11	金重權	환경기술개발사업중단처분취소
		崔瑨修	관리처분계획안에대한총회결의효력정지가처분
		강주영	시설개수명령처분취소
		角松生史	일본 행정소송법개정의 성과와 한계
319	8.19	咸仁善	조례안의결무효확인 <학생인권조례안 사건>
		金世鉉	교육세경정거부처분취소
320	9.23	金容燮	독립유공자서훈취소처분의 취소
		李殷相	주유소운영사업자불선정처분취소
321	10.21	李光潤	부당이득금등
		이승민	형식적 불법과 실질적 불법
322	11.25	俞珍式	학칙개정처분무효확인
		윤진규	부당이득금
			채무부존재확인
323	12.15	李京運	교육판례의 회고와 전망

순번	연월일	발표자	발 표 제 목
		朴均省	사법의 기능과 행정판례
		咸仁善	일본의 최근 행정판례
		金聲培	미국의 최근 행정판례
		桂仁國	독일의 최근 행정판례
		吳丞奎	프랑스의 최근 행정판례
324	17. 1.20.	成奉根	취급거부명령처분취소
		尹焌碩	취득세등부과처분취소
325	2.17.	鄭永哲	도시계획시설결정폐지신청거부처분취소
		이희준	손해배상(기)
326	3.17.	朴在胤	직무이행명령취소
		정은영	습지보전법 제20조의2 제1항 위헌소원
327	4.21.	金容燮	시정명령처분취소
		장승혁	산재법 제37조 위헌소원
328	5.19.	박정훈	감차명령처분취소
		金世鉉	법인세등부과처분취소
329	6.16.	裵柄皓	조례안재의결무효확인
		송시강	개발부담금환급거부취소
330	8.8.	함인선	부당이득금반환
		김형수	개발부담금환급거부취소
331	9.15.	성중탁	출입국관리법 제63조 제1항 위헌소원
		이은상	보험료채무부존재확인
332	10.20.	유진식	정보공개청구기각처분취소
		김상찬	영업정지처분취소
333	11.24.	안동인	치과의사 안면보톡스시술사건
		김선욱	부가가치세경정거부처분취소
334	12.14.	김동희	행정판례를 둘러싼 학계와 법조계의 대화에

순번	연월일	발표자	발 표 제 목
			관한 몇 가지 생각
		정태용	행정부 공무원의 시각에서 본 행정판례
		함인선	일본의 최근 행정판례
		김성배	미국의 최근 행정판례
		계인국	독일의 최근 행정판례
		김혜진	프랑스의 최근 행정판례
335	18. 1.19.	성봉근	민사사건에 있어 공법적 영향
		박호경	조례무효확인
336	3.16.	김치환	산재보험적용사업장변경불승인처분취소
		신철순	폐업처분무효확인등
337	4.20.	박정훈	입찰참가자격제한처분취소
		신상민	건축허가철회신청거부처분취소의소
338	5.18.	최봉석	직권취소처분취소청구의소
		윤준석	증여세부과처분취소
339	6.15.	김대인	직권취소처분취소청구의소
		문중흠	증여세부과처분취소
340	8.17.	이혜진	정직처분취소
		김형수	이동통신단말장치 유통구조 개선에 관한 법률 제4조 제1항 등 위헌확인
341	9.28.	김현준	재직기간합산불승인처분취소
		김세현	양도소득세부과처분취소
342	10.19.	김창조	주민등록번호변경신청거부처분취소
		장현철	청산금
343	11.16	강현호	손해배상
		임성훈	부당이득반환등
344	12.21	김재선	미국의 최근 행정판례

순번	연월일	발표자	발 표 제 목
		계인국	독일의 최근 행정판례
		박현정	프랑스의 최근 행정판례
345	19. 2.15	박재윤	숙박업영업신고증교부의무부작위위법확인
		이은상	사업시행계획인가처분취소
346	3.15	정영철	입찰참가자격제한처분취소청구의소
		이승훈	부작위위법확인
347	4.19	박균성	사업계획승인취소처분취소등
		김혜성	종합쇼핑몰거래정지처분취소
348	5.17	김중권	전역처분등취소
		고소영	임용제청거부처분취소등
349	6.21	김판기	생활폐기물수집운반및가로청소대행용역비반납처분취소
		윤준석	증여세부과처분취소
350	8.23	배병호	지방자치단체를 당사자로 하는 계약에 관한 법률 시행령 제30조 제5항 등 위헌확인
		신상민	퇴교처분취소
351	9.20	김성배	사증발급거부처분취소
		박건우	보상금증액
352	10.18	김병기	교원소청심사위원회결정취소
		오에스데	징계처분등
353	11.15	강현호	의료기관개설신고불수리처분취소
		이수안	손실보상금증액등
354	12.19	신원일	일본의 최근 행정판례
		김재선	미국의 최근 행정판례
		계인국	독일의 최근 행정판례
		박우경	프랑스의 최근 행정판례

순번	연월일	발표자	발 표 제 목
355	20.2.21.	성중탁	변호인 접견 불허처분 등 위헌확인
		김근호	입찰참가자격제한처분취소청구
356	5.22	김태호	학원설립운영등록신청 반려처분취소
		이희준	수용재결취소등
357	6.19	김유환	도로점용허가처분무효확인등
		황용남	기타이행강제금부과처분취소
358	8.21	박재윤	제재조치명령의 취소
		주동진	급수공사비등부과처분취소청구의 소
359	9.18	김치환	도로점용료부과처분취소·도로점용료부과 처분취소
		김후신	장해등급결정처분취소
360	10.16	정호경	고용노동부 고시 제2017-42호 위헌확인
		이용우	건축신고반려처분취소
361	11.20	김창조	사업대상자선정처분취소
		정은영	부당이득금부과처분취소등
362	12.17	손호영	일본의 최근 행정판례
		김재선	미국의 최근 행정판례
		계인국	독일의 최근 행정판례
363	21.2.19.	박우경	프랑스의 최근 행정판례
		이현수	대법원 2019. 7. 11. 선고 2017두38874 판결
		이산해	대법원 2019. 2. 28. 선고 2017두71031 판결
364	3.19.	이은상	대법원 2019. 10. 31. 선고 2016두50907 판결
		김근호	대법원 2019. 6. 27. 선고 2018두49130 판결
365	4.16.	하명호	대법원 2020. 12. 24. 선고 2018두45633 판결
		박호경	대법원 2020. 6. 25. 선고 2018두34732 판결
366	5.21.	김중권	대법원 2020. 6. 25. 선고 2019두52980 판결

순번	연월일	발표자	발 표 제 목
367	6.18.	맹주한	대법원 2020. 7. 9. 선고 2017두39785 판결
		김대인	대법원 2020. 7. 29. 선고 2017두63467 판결
		박정훈	대법원 2020. 9. 3. 선고 2020두34070 판결
368	8.20.	이윤정	부당해고구제재심판정취소
		이국현	물이용부담금과 재정책임
369	9.17.	서보국	종합소득세경정거부처분취소
		윤진규	관세등부과처분취소
370	10.15.	김유환	공급자등록취소무효확인등청구
		최명지	업무정지처분 취소청구
371	11.19.	김현준	이사회결의무효확인의소
		황정현	세무대리업무등록취소처분취소등
372	12.16.	이혜진	일본의 최근 행정판례
		김재선	미국의 최근 행정판례
		계인국	독일의 최근 행정판례
		박우경	프랑스의 최근 행정판례
373	22.2.18	최계영	사업종류변경처분등취소청구의소
		이용우	건축허가취소처분취소
374	3.18	이은상	국가배상법 제2조 제1항 위헌소원
		최미연	도선사업면허변경처분취소
375	4.15	강현호	건축허가신청반려처분취소
		이희준	전부금
376	5.20	이기춘	공무집행방해 · 일반교통방해 · 집회및시위에 관한법률위반/손해배상(기)
		김형수	시정명령등처분취소청구의소
377	6.17	박현정	채무부존재확인
		박가림	과징금부과처분취소

순번	연월일	발표자	발 표 제 목
378	8.26	하명호	행정소송법 개정의 필요성
		유진식	정부의 가상통화 관련 긴급대책 등 위헌확인
		윤진규	법인세등부과처분취소
379	9.23	송시강	민간특례사업제안수용결정취소처분등취소 및 중소기업창업사업계획승인불허가처분취소
		신철순	유족급여및장의비부지급처분취소
380	10.21	정훈	평택당진항매립지일부구간귀속지방자치단체 결정취소
		임재남	이주대택대상자제외처분취소
381	11.18	성중탁	구 토지구획정리사업법 제63조 위헌소원
		이수안	건축신고불수리처분취소
382	12.16	이재훈	육아휴직급여부지급등처분취소
		최승훈	요양급여비용환수처분취소
383	23.2.17	김혜진	도로교통법위반(무면허운전)
		이아영	시정명령등취소청구의소
384	3.17	박원규	조업정지처분취소
		정은영	손실보상금
385	4.21	김재선	업무정지처분취소
		신수빈	소유권이전등기
386	5.19	박종준	악취배출시설설치신고반려처분등취소
		허이훈	상수도시설분담금부과처분무효확인
387	6.16	이윤정	정부출연금전액환수등 처분취소청구
		이진형	제재처분의 집행정지
388	8.18	박재윤	긴급조치국가배상청구
	6.30	이용우	부당전직 구제 재심판정 취소청구
389	9.15	정호경	헌법재판소 2023. 3. 23. 선고 2019헌마1399

순번	연월일	발표자	발 표 제 목
			결정
	3.15	이희준	입찰참가자격제한처분취소
390	10.20	계인국	선거무효의 소
		문중흠	재산세부과처분취소
391	11.17	장윤실	손해배상
		이지은	조례안의결무효확인
392	12.15	안철상	최근 행정판례의 변화와 발전
		방정미	미국의 최근 행정판례
		김혜진	독일의 최근 행정판례
		황헌순	일본의 최근 행정판례
		박우경	프랑스의 최근 행정판례
393	2.16	이은상	구상금
		김은정	소유권이전등기
394	3.15	이상덕	의료법위반
		이상덕	한의사면허자격정치저분취소
		우미형	건축허가신청불허가처분취소
395	4.19	이승민	시정명령등취소
		박대규	입법부작위위헌확인
396	5.17	송시강	광구감소처분신청 거부처분취소
		곽신재	덤핑방지과세부과처분취소
397	6.21	박건우	도시계획시설결정해제신청거부처분취소청구
		임민희	건축신고수리처분취소

行政判例研究 I～XXIX-1 總目次

行政判例研究 I～XXIX-1 總目次
主題別 總目次
研究判例 總目次

行政判例研究 Ⅰ ∼ XXIX-1 總目次

[第 IV 卷]

VIII. 文化行政法

IX. 外國行政法判例研究

[第 VIII 卷]

I. 行政立法

II. 行政行爲

III. 情報公開

[第 IX 卷]

[第 Ⅹ 卷]

[第XI 卷]

[第XV−2卷]

[第XVI-1卷]

I. 行政法의 基本原理

II. 行政立法

III. 行政行爲

IV. 損害塡補

V. 地方自治法

Ⅵ. 勞動行政法

Ⅶ. 外國判例 및 外國法制 研究

[第 XVIII -1卷]

Ⅰ. 行政行爲의 瑕疵

Ⅱ. 行政節次 및 情報公開

Ⅲ. 取消訴訟의 對象

[第XX-2卷]

[第XXII-2卷](第2卷)

Ⅳ. 外國判例 및 外國法制 研究

[第XXⅦ-2卷]

Ⅰ. 行政立法

Ⅱ. 行政行爲의 槪念과 種類

Ⅲ. 行政計劃

Ⅳ. 行政爭訟一般

Ⅴ. 損害塡補

[第 XXIX-1 卷]

行政立法

主題別 總目次(行政判例研究 Ⅰ ~ ⅩⅩⅨ-1)

行政行爲의 槪念과 種類

行政行爲의 附款

行政行爲의 類型

行政行爲의 效力

行政行爲의 瑕疵

行政行爲의 職權取消·撤回

行政計劃

行政節次 및 情報公開

行政의 實效性確保手段

行政爭訟一般

取消訴訟의 對象

行政訴訟에 있어서의 訴의 利益

行政訴訟의 審理

行政訴訟과 假救濟

行政訴訟의 類型

損害塡補

行政組織法

公務員法

秩序行政法

建築行政法

土地行政法

敎育行政法

文化行政法

勞動行政法

憲法裁判

外國判例 및 外國法制 研究

行政訴訟判決의 主要動向

紀念論文

[特別寄稿] 行政法研究資料

研究判例 總目次
(行政判例研究 Ⅰ ~ ⅩⅩⅨ- 1)

〔대 법 원〕

1995. 9.15. 선고 95누6113 XXV-2-236

1995. 9.29. 선고 95누7529 판결 V-373

1995.10.17. 선고 94누14148 판결 IV-209, XXVI-2-147

1995.11.16. 선고 95누8850 판결 IV-55

1995.12. 5. 선고 95누12347 XXVI-2-121

1996. 2.15. 선고 94다31235 판결 VII-317

1996. 2.15. 선고 95다38677 판결 IV-443

1996. 5.16. 선고 95누4810 전원합의체 XXVI-2-88, 92

1996. 5.31. 선고 95누10617 판결 IV-338

1996. 6.14. 선고 95누17823 판결 VIII-3

1996. 7.30. 선고 95누12897 판결 IV-303

1996. 9.10. 선고 95누18437 XXVI-2-85

1996. 9.20. 선고 96누6882 XXV-2-126

1996.10.11. 선고 95다56552 XXV-2-304

1996.11. 8. 선고 96다21331 XXV-2-378

1996.11.12. 선고 96누1221 판결 IV-505

1996.11.22. 선고 96다31703 XXVI-2-107

1997. 2.14. 선고 96누5926 XXVI-2-123

1997. 2.28. 선고 96누14883 XXVI-2-178

1997. 4.11. 선고 96추138 판결 IV-481

1997. 4.25. 선고 96추251 판결 IV-323

1997. 5. 7. 선고 96누2330 판결 VI-327

1997. 5.30. 선고 95다28960 판결 IV-350

1997. 2.11. 선고 95다5110 판결 V-309

1997. 6.13. 선고 96누12269 XXV-2-236

1997. 6.13. 선고 96도1703 XXVI-2-315

1997. 7.11. 선고 97다36835 판결 V-290

1997. 8.29. 선고 96누15213 판결 VI-98

1997. 9.12. 선고 97누1228 XXV-2-236

1997. 9.30. 선고 97다26210 XXV-2-431

1997. 10.14. 선고 96누9829 XXV-2-79

1998. 1. 7. 자 97두22 결정 V-258

1998. 4.23. 선고 95다36466 전원합의체 XXV-2-227

1998. 4.24. 선고 97누3286 판결 V-183

1998. 4.28. 선고 97누21086 판결 VI-127

1998. 6. 9. 선고 97누19915 판결 V-3

1998. 6. 9. 선고 97누19915 판결 VI-3

1998. 6.12. 선고 98두5118 XXV-2-266, 277

1998. 6.26. 선고 96누12030 판결 V-226

1998. 9. 4. 선고 97누19588 판결 V-135

1998. 9. 8. 선고 98두9653 XXV-2- 268, 273

1998. 9.24. 선고 987두7503 XXV-2-236

1998. 9.25. 선고 97누19564 XXV-2-236

1998.11.24. 선고 97누6216 판결 V-502

1999. 1.26. 선고 98다23850 판결 VI-238

1999. 2.23. 선고 98두14471 XXVI-2-220

1999. 5.11. 선고 98두9233 XXVI-2-132

1999. 5.25. 선고 98다53134 판결 XI-383

1999. 5.25. 선고 99두1052 판결 VI-75

1999. 5.28. 선고 97누16329 판결 V-469

1999. 8.19. 선고 98두1857 판결 V-17

〔서울고등법원〕

2018. 8.24. 선고 2016누64533 XXVII-2-10   201
2018.10.26. 선고 2018누49477 XXVI-2-215   (춘천) 2020. 6.15. 선고 2019누1680 XXVII
2019. 4. 3. 선고 2018누70501 XXV-2-258   -2-109
2019. 9. 4 선고 2019누30487 XXVI-2-120   2020. 7.16. 선고 2019누63814 XXV-2-246
2020. 1.21. 선고 2019누59259 XXVI-2-216   2021. 3.17. 선고 2020누47092 XXVI-2-169
2020. 4.23. 선고 2019누54810 XXVI-2-200, 2021. 5.27. 선고 2020누53837 XXVI-2-217

〔부산고등법원〕

2012. 5. 8. 선고 2011나9457, 201나9464   2017. 3.31. 선고 2016누24236 XXV-2-352
(병합) XXV-2-303

〔대전고등법원〕

2015. 12.16. 선고 2015가합102815 XXVII   2020. 2.13. 선고 2019구합106469 XXVII
-2-55   -2-116
2017. 4. 6. 선고 2016누12934 XXV-2-113   2021. 1.21. 선고 2020누10775 XXVII
2017. 9.13. 선고 2016나10597 XXVII-2-55   -2-118

〔광주고등법원〕

1997.12.26. 선고 96구3080 판결 X-308   2016. 7.21. 선고 2015누7509 XXV-2-407
2010.12.24. 선고 2010나5624 XXV-2-311   2019. 9. 5. 선고 2018누6187 XXVI-2-4

〔대구고등법원〕

2009. 9. 4. 선고 2008누2126 XXIX-1-217

2018. 5.31. 선고 2014헌마346결정 XXV-1-337   XXVII-1-143
2018. 5.31. 선고 2015헌마853결정 XXIV-2-447   2020. 4.23. 선고 2018헌마551 XXV-1-271
2018. 6.28. 선고 2012헌마538 XXIV-1-415   2020. 7.16. 선고 2015헌라3 XXVI-1-165, 193
2019. 2.28. 선고 2017헌마432 XXIV-1-317   2021. 1.28. 선고 2020헌마264·681(병합)
2019. 2.28. 선고 2017헌바196 XXVI-2-287   XXVI-2-263
2019. 9. 26. 2017헌바397 등 XXVIII-1-133   2021.11.25. 선고 2017헌마1384, 2018헌마
2020. 3.26. 선고 2016헌바55 등(병합)   90, 145, 391(병합) XXVII-2-419

〔EU판례〕
유럽법원, 1987. 3.12. 판결(사건번호 178/84) XII-298
EuGH, Rs. C-286/14, ECLI:EU:C:2016:183 XXIV-2-545
CJEU, Judgement of the Court, 24 septembre 2019, C-136/17 XXV-2-523
CJEU, Judgement of the Court, 25 July 2018, C-528/16 XXV-2-529

〔독일판례〕
연방헌법재판소(Bundesverfassungsgericht) 1975.10.28. 판결(BVerfGE 40, 237) III-57
연방헌법재판소 1998. 5. 7. 판결(BVerfGE 98, 83: 98, 106) VI-355
연방행정법원(Bundesverwaltungsgericht) 1979.12.13. 판결(BVerwGE 59, 221) IV-3
연방행정법원 1980.12. 3. 판결(BVerwGE 73, 97) I-219
연방행정법원 1982.12. 1. 판결(BVerwGE 66, 307) II-7
연방행정법원 1985.12.19. 판결(BVerwGE 72, 300) II-83, II-193
연방행정법원 2000. 3. 2. 판결 - 2C1.99- VII-407
연방행정법원 2006. 4.26. 판결 - 6C19/05 XIV-479
연방행정법원 2006.10.17. 판결 - 1C18/05 XIV-458
연방행정법원 2006.12.21. 결정 - 1C29/03 XIV-465
연방행정법원 2007. 7.25. 판결 - 6C27/06 XIV-469

연방행정법원 2010. 11.24. 판결 - 9 A 13/09 und 14/09　XVI-2-326

연방행정법원 2010. 11.24. 판결 - 8 C 13/09, 14/09 und 15/09　XVI-2-330

BVerwG, Urteile vom 13. Oktober 2011-4 A 4000.10 und 4001.10 XVII-2-593

BVerwG, Urteil vom 28. Juli 2011-7 C 7.10　XVII-2-595

BVerwG, Urteil vom 22. Juli 2011-4 CN 4.10　XVII-2-598

BVerwG, Urteil vom 23. Februar 2011-8 C 50.09 und 51.09　XVII-2-600

BVerwG, Urteile vom 17. August 2011-6 C 9.10　XVII-2-602

BVerwG, Urteile vom 31. August 2011-8 C 8.10 und 9.10　XVII-2-604

BVerwG, Urteile vom 25. August 2011-3 C 25.10, 28.10 und 9.11　XVII-2-606

BVerwG, Urteile vom 26. Mai 2011-3 C 21.10 und 22.10　XVII-2-608

BVerwG, Urteil vom 30. November 2011-6 C 20.10　XVII-2-610

BVerwG, Urteil vom 24. November 2011-7 C 12.10　XVII-2-611

BVerwG, Urteile vom 3. November 2011-7 C 3.11 und 4.11　XVII-2-613

BVerwG, Urteile vom 19. April 2011-1 C 2.10 und 16.10　XVII-2-615

BVerwG, Urteil vom 25. Oktober 2011-1 C 13.10　XVII-2-617

BVerwG, Urteil vom 1. September 2011-5 C 27.10　XVII-2-619

BVerwG, Urteile vom 3. Maz 2011-5 C 15.10 ung 16.10　XVII-2-621

BVerwG, Urteil vom 30. Juni 2011-2 C 19.10　XVII-2-622

연방행정법원 2012.1.25. 판결(BVerwG 6 C 9.11)　XVIII-2-455

연방행정법원 2012.2.2. 판결(BVerwG 4 C 14. 10)　XVIII-2-444

연방행정법원 2012.2.29. 판결(BVerwG 7 C 8. 11)　XVIII-2-448

연방행정법원 2012.3.22. 판결(BVerwG 3 C 16. 11)　XVIII-2-450

연방행정법원 2012.3.22. 판결(BVerwG 7 C 1. 11)　XVIII-2-462

연방행정법원 2012.4.4. 판결(BVerwG 4 C 8.09 und 9. 09, 1. 10 - 6. 10)
　XVIII-2-464

연방행정법원 2012.5.23. 판결(BVerwG 6 C 8.11)　XVIII-2-442

연방행정법원 2012.7.19. 판결(BVerwG 5 C 1. 12)　XVIII-2-453

BVerwG 3 C 16.15 − Urteil vom 8. Sep. 2016 XXIII−1−454/439

BVerwG 4 C 6.15 und 2.16 − Urteile vom 22.Sep. 2016 XXIII−1−455/439

BVerwG 6 C 65.14 und 66.14 − Urteile vom 16. März. 2016 XXIII−1−457/439

BverwG 7 C 4.15 − Urteil vom 30. Jun. 2016 XXIII−1−458/439

BVerwG 6 A 7.14 − Urteil vom 15. Jun. 2016 XXIII−1−459/439

BVerwG 2 C 59. 16 - Urteil vom 19. April 2018 XXIV-2-581

BVerwG 9 C 2.17 - Urteil vom 21. Juni 2018 XXIV-2-581

BVerwG 9 C 5.17 - Urteil vom 6. September 2018 XXIV-2-581

BVerwG 8 CN 1.17 - Urteil vom 12. Dezember 2018 XXIV-2-581

BVerwG 5 C 9.16 - Urteil vom 9. August 2018 XXIV-2-581

BVerwG 3 C 25.16 - Urteil vom 24. Mai 2018 XXIV-2-581

BVerwG 2 WD 10. 18 - Urteil vom 5. Juni 2018 XXIV-2-581

BVerwG 3 C 19.15 - Urteil vom 2. März 2017 XXIV-2-581

BVerwG 6.C 3.16 - Urteil vom 21. Juni 2017 XXIV-2-581

BVerwG 3 C 24.15 - Urteil vom 6. April 2017 XXIV-2-581

BVerwG 6 C 45.16 und 46.16 - Urteile vom 25 Oktober 2017 XXIV-2-581

BVerfGE 35, 263(276) = NJW 1973, 1491 XXV-2-421

BVerfGE 104, 1(11) = NVwZ 2001, 1024 XXV-2-421

BVerwG, Urteil vom 6. 6. 1975 -IV C 15/73, NJW 1976, 340 XXV-2-421

BVerwG, Urteil vom 23. 3. 1973 -IV C 49/71, NJW 1973, 1518 XXV-2-423

BVerwG 3 C 24.17 - Urteil vom 4. Juli 2019 XXV-2-449

BVerfG 1 BvR 3237/13 - Beschluss vom 8. Nov. 2016 XXV-2-451

BVerwG, 11 C 48.92 - Urteile vom 16. März 1994 XXV-2-452

BVerfGE 40, 371 (377) XXV-2-452

BVerfGE 59, 275 (278) XXV-2-452

BVerwG, 3 B 12.16 - Beschluss vom 8. Februar 2017 XXV-2-452

BGH, VI ZR 92/81 - Urteil vom 25. Januar 1983 XXV-2-452

BVerwG, 6 C 65.14 - Urteil vom 16. März 2016 XXV-2-465

BVerwG, 6 A 1.17 - Urteil vom 30. Januar 2019 XXV-2-465

BVerwG, 6 C 50.15 - Urteil vom 17. August 2016 XXV-2-465

BVerfGE 146, 1, Rn. 94 f., 109, 112 ff XXV-2-465

BVerwGE 47, 247 (253 f.) XXV-2-466

BVerwG, 7 C 22.08 - Urteil vom 29. Oktober 2009 XXV-2-467

BVerwG 6 C 18.18 - Urteil vom 30. Oktober 2019 XXV-2-467

VG Köln vom 2. September 2016 (Az: VG 19 K 3287/15) XXV-2-468

OVG Münster vom 16. Mai 2018 (Az: OVG 19 A 2001/16) XXV-2-469

BVerfGE 58, 1 (40) XXV-2-469

BVerfGE 51, 268 (284) XXV-2-470

BVerfGE 103, 142 (156 f.) XXV-2-470

BVerfGE 129, 1 (20 ff.) XXV-2-470

BVerwGE 138, 186 Rn. 42 XXV-2-470

BVerwGE 156, 75 Rn. 32 XXV-2-470

BVerwG, 6 C 17.14 - Urteile vom 14. Oktober 2015; 6 C 50.15 - Urteil vom 17. August 2016 XXV-2-470

BVerfGE 84, 34 (49 f.) XXV-2-70

BVerfGE 129, 1 (22 ff.) XXV-2-470

BVerwGE 156, 75 Rn. 32 XXV-2-470

BVerfGE 84, 34 (49 f.) XXV-2-471

BVerwGE 91, 211 (215 ff.) XXV-2-471

BVerwG 6 C 9.18 - Urteil vom 19. Juni 2019 XXV-2-472

VG Dresden vom 23. Juni 2016 (Az: VG 4 K 286/16) XXV-2-474

BVerfGE 144, 20 XXV-2- 474

OVG Bautzen vom 16. März 2018 (Az: OVG 3 A 556/17) XXV-2-474

BVerwG 3 C 13.17, 14.17, 25.17, 2. 18, 7.18 - 9.18 - Urteile vom 11. Apr 2019

LG Heilbronn, Urteil vom 29.4.2020(Az.: I 4 O 82/20) XXVII-1- 342

LG Berlin, Urteil vom 13.10.2020 (Az.: 2 O 247/20) XXVII-1- 343

LG Hannover, Urteil vom 9.7.2020 (Az.: 8 O 2/20) XXVII-1- 343

LG München I Urteil vom 1.10.2020(Az.: 12 O 5895/20) XXVII-1- 344

LG Hamburg, Urteil vom 4. 11. 2020(Az.: 412 HKO 83/20) XXVII-1- 344

LG Oldenburg, Urteil vom 14.10.2020,(Az.:13 O 2068/20) XXVII-1- 345

Urteil vom 26. April 2021 - BVerwG 10 C 2.20 XXVIII-1-342

Urteil vom 28. Oktober 2021 - BVerwG 10 C 3.20 XXVIII-1-348

Urteil vom 1. September 2022 - BVerwG 10 C 5.21 XXVIII-1-352

Urteil vom 23. Juni 2022 - BVerwG 10 C 3.21 XXVIII-1-359

Urteil vom 15. März 2022 - BVerwG 1 A 1.21 XXVIII-1-364

Urteil vom 24. Mai 2022 - BVerwG 6 C 9.20 XXVIII-1-370

〔프랑스판례〕

국참사원(Conseil d'État) 1951. 7.28. 판결(Laruelle et Delville, Rec. 464) II-243

국참사원 1957. 3.22. 판결(Jeannier, Rec. 196) II-243

국참사원 1954. 1.29. 판결(노트르담 뒤 크레스커 학교 사건)(Institution Norte Dame du Kreisker, Rec. 64) I-23

헌법위원회(Conseil constitutionnel) 1971. 7.16. 결정(J. O., 1971. 7. 18., p. 7114; Recueil des decisions du Conseil constitutionnel 1971, p. 29) I-305

관할재판소(Tribunal de conflits) 1984.11.12. 판결(Interfrost회사 對 F.I.O.M 사건) I-239

파훼원(Cour de cassation) 1987.12.21. 판결(지질 및 광물연구소 對 로이드콘티넨탈회사 사건)(Bureau des Recherches Geologiques et Minie res(B.R.G.M.)C/S.A. Lloyd Continental) II-55

국참사원 2005. 3.16. 판결(Ministre de l'Outre-mer c/ Gouvernement de la Polynésie française, n°265560, 10ème et 9ème sous-section réunies) XIV-505

국참사원 2006. 3.24. 판결(Société KPMG et autres, n°288460, 288465, 288474 et 28885)

꽁세이데타 CE, 27 mars 2015, Commission nationale des comptes de campagnes et des financements politiques c/Mme C. et sociéééitrice de Méiapart, n° 382083. XXI-2-394

꽁세이데타 CE, 13 mai 2015, Association de déense et d'assistance juridique des intééets des supporters et autres, nos 389816, 389861, 389866, 389899. XXI-2-393

꽁세이데타 CE, 5 octobre 2015, Association des amis des intermittents et precaires et autres, nos 383956, 383957, 383958. XXI-2-391

꽁세이데타 CE, 9 novembre 2015, SAS Constructions metalliques de Normandie, n° 342468. XXI-2-388

꽁세이데타 CE, 9 novembre 2015, MAIF et association Centre lyrique d'Auvergne, n° 359548. XXI-2-388

꽁세이데타 CE, section, 11 decembre 2015, n° 395002. XXI-2-383

꽁세유데타, CE 5 mai 2017, req. n 388902 XXIII-1-469/467

꽁세유데타, CE 30 juin 2017, req. n 398445 XXIII-1-471/467

꽁세유데타, CE Ass. 19 juillet 2017, req. n 370321 XXIII-1-474/467

꽁세유데타, CE 31 juillet 2017, req. n 412125 XXIII-1-477/467

꽁세유데타, CE 16 octobre 2017, req. nos 408374, 408344 XXIII-1-479/467

꽁세유데타, CE 25 octobre 2017, req. n 392578 XXIII-1-482/467

꽁세유데타, CE 6 décembre 2017, UNAFTC, req. n°403944 XXIV-1-357

꽁세유데타, CE, avis, 26 juillet 2018, M. B..., req. n°419204 XXIV-1-367

꽁세유데타, CE, ass., 18 mai 2018, CFDT Finances req. n°414583 XXIV-1-377

Cons. Const., décision n° 2018-5581 AN du 18 mai 2018 XXV-2-499

CE, 28 février 2020, n° 429646, 431499 XXV-2-501

CE, 28 février 2020, n° 433886 XXV-2-501

Conseil d'État, "Le Conseil d'État annule partiellement les lignes directrices de la CNIL relatives aux cookies et autres traceurs de connexion", Actualités, 19 juin 2020 XXV-2-503

CE, réf., 26 juin 2020, n° 441065 XXVII-1- 283

CE, réf., 22 mai 2020, nos 440216 440317 XXVII-1- 286

CE, réf., 22 mars 2020, n° 439674 XXVII-1- 287

CE, réf., 15 mai 2020, n° 440211 XXVII-1- 292

CE, réf., 15 oct. 2020, nos 444425 444916 444919 445029 445030 XXVII-1- 294

CE, réf., 12 févr. 2021, n° 448972 XXVII-1- 300

CE, réf., 30 avr. 2021, n° 440179 XXVII-1- 301

CE, réf., 21 janv. 2021, nos 447878 447893 XXVII-1- 302

CE, 28 janvier 2022, n°449209 XXVIII-1-432

CE, 29 décembre 2022, n° 444887 XXVIII-1-435

CE, 9 décembre 2022, n°458440 XXVIII-1-436

CE, 3 juin 2022, n° 452798, 452806, 454716- XXVIII-1-436

CE, 22 juin 2022, n° 446917 XXVIII-1-438

CE, 22 juin 2022, n° 446944 XXVIII-1-438

CE, 22 juin 2022, n° 447003 XXVIII-1-438

CE, 7 juin 2022, n° 441056 XXVIII-1-440

CE, 26 avril 2022, n° 453347 XXVIII-1-442

CE, 7 octobre 2022, n° 443826 XXVIII-1-442

CE, 30 décembre 2022, n° 465304 XXVIII-1-442

CE, 27 juillet 2022, n°456131 XXVIII-1-442

CE, 28 décembre 2022, n° 444845 XXVIII-1-443

CE, 28 décembre 2022, n° 447330 XXVIII-1-442

CE, 27 juillet 2022, n°457398 XXVIII-1-445

CE, 9 mai 2023, n° 451710 XXVIII - 2 - 426

CE, ass., 11 octobre 2023, n° 454836 XXVIII-2-426

CE, 20 mars 2023, n° 449788 XXVIII-2-443

CE, 19 novembre 2020, n° 427301 XXVIII-2-447

연방대법원 Michigan v. Fisher, 130 S. Ct. 546(2009) XV-2-391
연방대법원 Kucana v. Holder, 130 S. Ct. 827(2010) XV-2-391
연방대법원 Hui v. Castaneda, 130 S.Ct. 1845(2010) XV-2-391
연방대법원 Stop the Beach Renourishment, Inc. v. Florida Dept. of Environmental
  Protection, 130 S.Ct. 2592(2010) XV-2-391
연방대법원 Free Enterprise Fund v. Public Company Accounting Oversight Bd., 130
  S. Ct. 3138(2010) XV-2-391
연방대법원 Mayo Foundation for Medical Education and Research v. U.S., 131 S.
  Ct. 704(2011) XVI -2-237
연방대법원 Talk America v. Michigan Bell Telephone Co., 131 S. Ct. 2254(2011)
  XVI -2-241
연방대법원 Holder v, Martinez Guitierrez, 132 S.Ct. 2011 XVII-2-423, 567
연방대법원 Judulang v, Holder, 132 S.Ct. 476 2011 XVII-2-423
연방대법원 Arizona Christian School Tuition Organization v. Winn, 131 S, Ct,
  1436(2011) XVII-2-557
연방대법원 Thompson v, North American Stainless. LP, 131 S. Ct. 863(2011)
  XVII-2-562
연방대법원 United States v, Home Concrete & Supply, LLC, 132 S. Ct. 1836(2012)
  XVII-2-571
연방대법원 Christopher v, Smithkline Beecham Corporation, 132 S. Ct. 2156(2012)
  XVII-2-574
연방대법원 Kloeckner v. Solis, 133 S. Ct. 596, 600-01 (Dec. 10, 2012) XVIII-2-373
연방대법원 United States v. Bormes, 2012 WL 5475774 (Nov.13, 2012) XVIII-2-358
연방대법원 Lefemine v. Wideman, 133 S.Ct. 9 (November 05, 2012) XVIII-2-362
연방대법원 Arkansas Game & Fish Comm'n v. United States, 133 S. Ct. 511
  (Dec. 4, 2012) XVIII-2-367
연방대법원 Sebelius v. Auburn Regional Medical Center, 2013 WL 215485

VI-395

오하이오州대법원City of Norwood v. Horney 853 N.E.2d 1115(Ohio 2006)　XIV-391

연방대법원 Scialabba v. Cuellar de Osorio, 134 S. Ct. 2191 (2014) XIX-2-229

연방대법원 U.S. v. Apel, 134 S. Ct. 1144, 186 L. Ed. 2d 75 (2014) XIX-2-229

연방대법원 Plumhoff v. Rickard, 134 S. Ct. 2012 (2014)　XIX-2-229

연방대법원 lmbrook School Dist. v. Doe, 134 S. Ct. 2283 (2014)　XIX-2-229

연방대법원 Utility Air Regulatory Group v. E.P.A., 134 S. Ct. 2427 (2014)
　XIX-2-229

연방대법원 E.P.A. v. EME Homer City Generation, L.P., 134 S. Ct. 1584, 78 Env't.
　Rep. Cas. (BNA) 1225 (2014)　XIX-2-229

연방대법원 Marvin M. Brandt Revocable Trust v. U.S., 134 S. Ct. 1257, 188 L. Ed. 2d
　272 (2014)　XIX-2-229

연방대법원 Town of Greece, N.Y. v. Galloway, 134 S. Ct. 1811 (2014)　XIX-2-229

연방대법원 U.S. v. Apel, 134 S.Ct. 1144, 1149 - 1154 (2014)　XIX-2-229

연방대법원 Wood v. Moss, 134 S.Ct. 2056 (2014)　XIX-2-229

연방대법원 N.L.R.B. v. Noel Canning, 134 S.Ct. 2550 (2014)　XIX-2-229

연방대법원 King v. Burwell, 2015 WL 2473448 (U.S. 2015)　XX-2-257

연방대법원 Perez v. Mortgage Bankers Ass'n, 135 S. Ct. 1199　XX-2-257

연방대법원 Michigan v. E.P.A., 135 S. Ct. 2699, 192 L. Ed. 2d 674 (2015)
　XX-2-257

연방대법원 Kerry v. Din, 135 S.Ct. 2128 (2015) XXI-1-211

연방대법원 Campbell-Ewald Co. v. Gomez, 136 S.Ct. 663 (2016)　XXI-2-273

연방대법원 F.E.R.C. v. Electric Power Supply Ass'n, 136 S.Ct. 760 (2016)
　XXI-2-313

연방대법원 Sturgeon v. Frost, 136 S.Ct. 1061 (2016)　XXI-2-307

연방대법원 Heffernan v. City of Paterson, N.J., 136 S.Ct. 1412 (2016) XXI-2-285

연방대법원 Sheriff v. Gillie, 136 S.Ct. 1594 (2016)　XXI-2-268

〔일본판례〕

최고재판소 2011. 6. 7. 판결(平21 (行ヒ) 91号) XVII-2-500

최고재판소 2011. 6.14. 판결(平22 (行ヒ) 124号) XVII-2-516

최고재판소 2011. 7.27. 결정(平23 (行フ) 1号) XVII-2-525

최고재판소 2011.10.14 판결(平20 (行ヒ) 67号) XVII-2-508

최고재판소 2011.12.15 판결(平22年 (行ツ) 300号, 301号, 平22年 (行ヒ) 308号)
   XVII-2-531

최고재판소 2012.2.3. 제2소법정판결(平23(行ヒ) 18号) XVIII-2-405

최고재판소 2012.2.9. 제1소법정판결(平23(行ツ) 第177号, 平23(行ツ) 第178号, 平23
   (行ヒ) 第182号) XVIII-2-412

최고재판소 2012.2.28. 제3소법정판결(平22(行ツ) 392号, 平22(行ヒ) 第416号)
   XVIII-2-397

최고재판소 2012.4.2. 제2소법정판결(平22(行ヒ) 367号) XVIII-2-397

최고재판소 2012.4.20. 제2소법정판결(平22(行ヒ) 102号) XVIII-2-423

최고재판소 2012.4.23. 제2소법정판결(平22(行ヒ) 136号) XVIII-2-423

동경고등재판소 2010. 2. 18. 판결(平20(ネ) 2955号) XVI-2-285

동경고등재판소 2011. 7. 25. 판결(平23年(行コ)99号) XVII-2-521

동경지방재판소 1974. 7. 16. 제3 민사부판결 III-27

神戸地法 2000. 1.31. 판결 VII-431

名古屋高裁金澤支部 2003. 1.27. 판결 X-346

岡山地裁 2006.10.15. 결정(判例時報1994号 26면) XIV-2-309

東京地裁 2007. 2.29. 판결(判例時報2013号 61면) XIV-2-308

横浜地裁 2008. 3.19. 判決(判例時報2020号 29면) XV-2-423

千葉地裁 2008. 8.21. 판결(判例時報2004号 62면) XIV-2-302

동경지방재판소 2010. 4. 16. 판결(平21(行ウ) 46号) XVI-2-297

동경지방재판소 2010. 1.22 판결(平20(行ウ)601号, 617号, 618号, 619号)
   XVI-2-279

최고재판소 第2小法廷 平成25 (2013). 1. 11. 平成24年(行ヒ) 第279号, 判例時報 2177

58頁. XXI-2-350

최고재판소 第三小法廷 平成27(2015).3.3. 平成26年(行ヒ)第225号 民集69巻2号143頁.
XXI-2-343

최고재판소 第二小法廷 平成27(2015).3.27. 平成25年(オ)第1655号 判例タイムズ1414号
131頁. XXI-2-356

최고재판소 第三小法廷 平成27(2015).9.8. 平成26年(行ヒ)第406号 民集69巻6号1607頁.
XXI-2-347

최고재판소 大法廷判決 平成27(2015).12.16. 平成25年(オ)第1079号 判例タイムズ1421号
61頁. XXI-2-367

최고재판소 大法廷判決 平成27(2015).12.16. 平成26年(オ)第1023号 判例タイムズ1421号
84頁. XXI-2-360

최고재판소 最高裁判所第一小法廷 平成28年4月21日, 判例タイムズ1425号 122면
XXIII-1-414/407

최고재판소 最高裁判所第三小法廷 平成28年4月12日, 判例タイムズ1427号 63면
XXIII-1- 419/407

최고재판소 最高裁判所第二小法廷 平成28年7月15日, 判例タイムズ1430号, 121면
XXIII-1-422/407

최고재판소 最高裁判所第一小法廷 平成28年3月10日, 判例タイムズ1426号, 26면
XXIII-1-426/407

平成16年4月27日最高裁判所第三小法廷判決・平成13年(受)1760号　XXIV-1-255

最判 1992・10・29 民集46巻 7号 1174頁 XXV-2-133, 157

最判 2006・2・7 民集 60巻 2号 401頁 XXV-2-135

長崎地判 平30. 7. 9. 判所ウェブサイト[平成27年 (行ウ) 第4号] XXV-2-548

最判 平18. 11. 2. 民集60, 9, 3249 [平成16年 (行ヒ) 第114号] XXV-2-550

最判 昭27. 1. 25. 民集6, 1, 22 [昭和25年 (オ) 第220号] XXV-2-550

最判 平元. 2. 17. 民集43, 2, 56 [昭和57年 (行ツ) 第46号] XXV-2-550

最判 令1. 7. 22. 裁時1728, 4 [平成30年 (行ヒ) 第195号] XXV-2-552

最判 平23. 5. 30. 判時 2123, 2 [平成22年 (行ツ) 第54号] XXV-2-579

最判 平24. 1. 16. 判時2147, 127 [平成23年 (行ツ) 第263号] XXV-2-579

최고재판소 2021년 6월 4일(最高裁判所第二小法廷 令和3年6月4日判決, 令和2年(行ヒ)第133号) ⅩⅩⅦ-1-212

최고재판소 2020년 6월 30일(最高裁判所第三小法廷令和2年6月30日判決, 令和2年(行ヒ)第68号) ⅩⅩⅦ-1-216

최고재판소 2021년 5월 14일(最高裁判所第二小法廷令和3年5月14日判決, 令和2年(行ヒ)第238号) ⅩⅩⅦ-1-219

최고재판소 2020년 11월 25일(最高裁判所大法廷令和2年11月25日判決, 平成30年(行ヒ)第417号) ⅩⅩⅦ-1-222

최고재판소 2020년 7월 14일(最高裁判所第三小法廷令和2年7月14日判決, 平成31年(行ヒ)第40号) ⅩⅩⅦ-1-225

최고재판소 2021년 6월 15일 판결(最高裁判所第三小法廷 令和3年6月15日 判決, 令和2年(行ヒ)第102号) ⅩⅩⅦ-1 - 229

오사카지방재판소 2021년 2월 22일(大阪地方裁判所令和3年2月22日判決, 平成26年(行ウ)第288号, 平成28年(行ウ)第47号) ⅩⅩⅦ-1-232

센다이고등재판소 2020년 3월 12일(仙台高等裁判所令和2年3月12日判決, 令和2年(ネ)第164号) ⅩⅩⅦ-1-236

센다이고등재판소 2020년 9월 30일(仙台高等裁判所令和2年9月30日判決, 平成29年(ネ)第373号, 令和2年(ネ)第56号, 令和2年(ネ)第62号) ⅩⅩⅦ-1-238

센다이지방재판소 2020년 10월 28일(仙台地方裁判所令和2年10月28日判決, 平成29年(ワ)第1175号) ⅩⅩⅦ-1-239

오사카지방재판소 2021년 2월 22일 판결(大阪地判令和3年2月22日(平成26年(行ウ)第288号ほか)). ⅩⅩⅧ-1-382

도쿄고등재판소 2022년 3월 3일 판결(東京高判令和4年3月3日(令和3年(行 コ)第180号)). ⅩⅩⅧ-1-382

도쿄지방재판소 2022년 5월 16일 판결(東京地判令和4年5月16日(令和3年(ワ)第7039号)).

行政判例研究 XXIX-1

2024년 6월 25일   초판인쇄
2024년 6월 30일   초판발행

편저자   사단법인 한국행정판례연구회
          대   표   안   철   상

발행인   안종만 · 안상준

발행처   (주) **박영사**

          서울특별시 금천구 가산디지털2로 53, 210호
          (가산동, 한라시그마밸리)
          전화 (733) 6771   FAX (736) 4818
          등록 1959. 3. 11.   제300-1959-1호(倫)

편저자와
협의하여
인 지 를
생 략 함

www.pybook.co.kr   e-mail: pys@pybook.co.kr

파본은 구입하신 곳에서 교환해 드립니다. 본서의 무단복제행위를 금합니다.

정 가 45,000원   ISBN 979-11-303-4800-1
                           ISBN 978-89-6454-600-0(세트)
                           ISSN 1599-7413 44